"十三五"江苏省高等学校重点教材(编号：2019-2-022)

跨境电子商务理论与实务

KUAJING DIANZI SHANGWU LILUN YU SHIWU

主　编　李冠艺
副主编　陈　明　杨向阳

南京大学出版社

图书在版编目(CIP)数据

跨境电子商务理论与实务 / 李冠艺主编. —南京：南京大学出版社，2019.12
ISBN 978-7-305-22562-8

Ⅰ.①跨… Ⅱ.①李… Ⅲ.①电子商务—教材 Ⅳ.①F713.36

中国版本图书馆 CIP 数据核字(2019)第 160623 号

出版发行	南京大学出版社
社　　址	南京市汉口路 22 号　邮编　210093
出 版 人	金鑫荣
书　　名	**跨境电子商务理论与实务**
主　　编	李冠艺
副 主 编	陈　明　杨向阳
责任编辑	王日俊　秦　露
照　　排	南京理工大学资产经营有限公司
印　　刷	丹阳兴华印务有限公司
开　　本	787×1 092　1/16　印张 17.25　字数 426 千
版　　次	2019 年 12 月第 1 版　2019 年 12 月第 1 次印刷
ISBN	978-7-305-22562-8
定　　价	50.00 元

网　　址：http://www.njupco.com
官方微博：http://weibo.com/njupco
微信服务号：njuyuexue
销售咨询热线：(025)83594756

* 版权所有，侵权必究
* 凡购买南大版图书，如有印装质量问题，请与所购图书销售部门联系调换本书为江苏省高等教育教改立项研究重点课题"产教融合下电子商务人才培养模式创新——基于大数据平台、动态自适应教材和产教融合教学的一体化创新(项目号 2017JSJG455)"的研究成果。

本书为江苏高校现代服务业协同创新中心专项课题"基于大数据模式的电子商务教材创新研究(项目号 NCXTCX1807)"的研究成果。

书　　名：跨境电子商务理论与实务
主　　编：李冠艺
出　版　社：南京大学出版社

本书教学资源可扫描下面二维码

前 言
Foreword

　　十多年来,我国电子商务各个领域发生了巨大变化,从形式到内涵所涉及的诸多方面都得到了不断完善与丰富,日益融入人们的生活。电子商务在国民经济发展中的作用也愈发显著。近几年,随着国内外电子商务行业的发展与变化,跨境电子商务作为一个新兴的电子商务业务模式,逐渐得到社会各界的关注与重视,在我国进出口交易额中的比重也逐年剧增,跨境电子商务将成为下一个万亿级市场,引领电子商务行业发展。跨境电子商务的发展,刺激了跨境电子商务人才的需求,对于高等学校相关专业人才的培养工作也提出了新的要求,打造跨境电子商务教材体系与系列教材显得十分必要。

　　跨境电子商务人才培养需要高质量的教材支持。目前,跨境电子商务人才培养的教材可大致分为两类:一类是主要由从事跨境电子商务实务操作与管理的一线专家组织编写,其着重强调实务操作,忽视了相关管理学基础理论的学习,这容易导致学习者只知其然而不知其所以然,使其很难结合具体问题进行具体分析,从而不利于学习者在跨境电子商务行业长期发展;另一类则主要由从事跨境电子商务相关课程教学的高校教师组织编写,其着重强调诸如管理学、经济学及国际贸易等相关理论内容,而对跨境电子商务相关实务重视不够,这容易导致学习者可能缺乏实际动手操作能力,不能很快适应工作等问题。为尽可能避免以上不足,此《跨境电子商务理论与实务》教材主要由长期从事跨境电子商务实务操作与管理的专业人士与长期从事跨境电子商务教学与科研的骨干教师共同反复研讨合作编写。

　　本书在编写过程中特别注重跨境电子商务理论与跨境电子商务实践的结合,内容包括跨境电子商务概述、跨境电子商务平台相关的基本认知和实际操作、跨境电子商务品牌营销、跨境电子商务风险控制以及跨境电子商务其他配套服务等。本书包括九章内容:第1章,跨境电子商务概述;第2章,跨境电子商务模式;第3章,跨境电子商务选品与定价;第4章,跨境电子商务采购与供应链管理;第5章,跨境电子商务营销推广;第6章,跨境电子商务物流;第7章,跨境电子商务支付;第8章,跨境电子商务客户关系管理与服务;第9章,跨境电子商务政策与法规。本书由李冠艺任主编,陈明、杨向阳任副主编,参与编写的人员均为跨境电子商务的教学研究者和实践者。在分工完成初稿后,由李冠艺进行统稿。赵南南、许媛媛、徐欣怡、王成志、李丰琼参与了本书的相关工作,在此一并感谢。

跨境电子商务是一个全新的领域,其发展仍未成熟,实践领域发展变化较快,跨境电子商务相关概念与观点仍需经过一定时间的沉淀方可形成行业共识,编撰本教材可谓是一项极大的挑战。虽然我们秉承"工匠精神",在充分调研与吸收实践领域素材并结合理论内容基础上,在全书的结构、内容和行文等方面均力求极致,但疏漏仍在所难免,不当之处望读者不吝批评指正。

编 者

2019.9

目录
Contents

第1章　跨境电子商务概述　1
第1节　什么是跨境电子商务　1
一、跨境电子商务的定义　1
二、跨境电子商务的特征　2
三、跨境电子商务的功能与业务流程　4
四、跨境电子商务与传统外贸的区别　5
五、跨境电子商务与国内电商的区别　7
六、跨境出口电商与跨境进口电商　8
第2节　跨境电子商务发展历程　9
一、跨境电子商务的发展历程　9
二、跨境电子商务的发展趋势　12
三、跨境电子商务发展面临的问题　13
第3节　跨境电子商务组织与人才　15
一、跨境电子商务组织创新　15
二、跨境电子商务职业人才现状　16
三、跨境电子商务岗位划分　17
四、跨境电子商务岗位所需技能解析　21
实验　跨境电子商务岗位调研与从业规划　24
思考题　33

第2章　跨境电子商务模式　34
第1节　跨境电子商务分类　34
一、按照商品流向划分　34
二、按照交易主体划分　34

三、按照服务类型划分 ………………………………………… 35
　　四、按照平台运营方式划分 …………………………………… 35
　　五、按照行业范围划分 ………………………………………… 36
第2节　跨境进口电商模式 ………………………………………… 36
　　一、海外代购模式 ……………………………………………… 36
　　二、直发/直运平台模式 ……………………………………… 37
　　三、自营B2C模式 ……………………………………………… 37
　　四、导购/返利模式 …………………………………………… 37
　　五、海外商品闪购模式 ………………………………………… 37
　　六、海外商品批发模式 ………………………………………… 37
第3节　跨境出口电商模式 ………………………………………… 38
　　一、跨境出口B2B模式 ………………………………………… 38
　　二、跨境出口B2B模式 ………………………………………… 38
第4节　跨境电子商务主流模式及平台 …………………………… 39
　　一、第三方跨境电子商务B2B模式及平台 …………………… 39
　　二、独立跨境电子商务B2B模式及平台 ……………………… 40
　　三、第三方跨境B2C模式及平台 ……………………………… 41
　　四、独立跨境B2C模式及平台 ………………………………… 41
　　五、第三方跨境C2C模式及平台 ……………………………… 43
实验　速卖通前台体验 ……………………………………………… 43
思考题 ………………………………………………………………… 46

第3章　跨境电子商务选品与定价 …………………………… 47
第1节　跨境电子商务选品综述 …………………………………… 47
　　一、跨境电子商务选品含义及选品思路 ……………………… 47
第2节　跨境电子商务选品考量因素及注意事项 ………………… 49
　　一、跨境电子商务选品考量因素 ……………………………… 49
　　二、跨境电子商务选品注意事项 ……………………………… 50
　　三、货源的选择 ………………………………………………… 51
第3节　跨境电子商务选品方法 …………………………………… 51
　　一、根据资源定位选品 ………………………………………… 51
　　二、根据平台模式选品 ………………………………………… 52
　　三、根据客户需求选品 ………………………………………… 52
　　四、根据竞争对手选品 ………………………………………… 52
　　五、根据客户端选品 …………………………………………… 52

第4节　商品定价策略 …… 52
　　一、跨境电子商务商品价格的构成 …… 52
　　二、商品定价策略 …… 54
　实验　速卖通平台选品 …… 56
　思考题 …… 71

第4章　跨境电子商务供应链管理 …… 72

第1节　跨境电子商务采购 …… 72
　　一、跨境电子商务采购概述 …… 72
　　二、跨境电子商务采购流程 …… 74
　　三、跨境电子商务采购管理 …… 75
第2节　跨境电子商务供应链管理 …… 78
　　一、跨境电子商务供应链概述 …… 78
　　二、跨境电子商务供应链的重要性 …… 80
　　三、跨境电子商务供应链战略 …… 82
　　四、跨境电子商务出口供应链管理 …… 85
　　五、跨境电子商务进口供应链管理 …… 88
第3节　跨境电子商务供应链设计 …… 89
　　一、跨境电子商务供应链设计原则 …… 89
　　二、跨境电子商务供应链设计的基本要求 …… 90
　　三、供应链设计的基本内容 …… 91
　　四、供应链设计的评价指标 …… 92
　　五、跨境电子商务供应链优化 …… 93
　实验　供应链管理虚拟仿真实验 …… 94
　思考题 …… 95

第5章　跨境电子商务营销推广 …… 96

第1节　跨境电子商务营销理论基础 …… 96
　　一、跨境电子商务营销概念与特点 …… 96
　　二、跨境电子商务营销策略的优化 …… 97
第2节　跨境电子商务站内营销 …… 99
　　一、平台活动 …… 99
　　二、店铺自主营销 …… 100
　　三、客户管理营销 …… 100
第3节　跨境电子商务站外营销 …… 101

一、搜索引擎营销 ………………………………………………………… 101
　　二、E-mail 营销 …………………………………………………………… 105
　　三、社交媒体营销 ………………………………………………………… 108
　　四、海外红人营销 ………………………………………………………… 113
　第 4 节　跨境电子商务移动营销 …………………………………………… 114
　　一、移动端特点概述 ……………………………………………………… 114
　　二、移动端客户习惯 ……………………………………………………… 115
　实验　社交媒体营销活动策划 ……………………………………………… 116
　思考题 ………………………………………………………………………… 122

第 6 章　跨境电子商务物流 ……………………………………………… 123
　第 1 节　跨境电子商务物流概述 …………………………………………… 123
　　一、跨境电子商务物流定义与特征 ……………………………………… 123
　　二、跨境电子商务物流现状与问题 ……………………………………… 125
　第 2 节　跨境电子商务物流模式 …………………………………………… 127
　　一、传统跨境物流模式 …………………………………………………… 127
　　二、新型跨境物流模式 …………………………………………………… 135
　第 3 节　跨境电子商务物流运作流程 ……………………………………… 139
　　一、品检 …………………………………………………………………… 140
　　二、包装 …………………………………………………………………… 140
　　三、发货 …………………………………………………………………… 140
　第 4 节　跨境电子商务物流管理 …………………………………………… 142
　　一、跨境电子商务物流管理含义 ………………………………………… 142
　　二、跨境电子商务物流管理要素 ………………………………………… 142
　第 5 节　跨境电子商务物流关境 …………………………………………… 149
　　一、跨境电子商务出口关境 ……………………………………………… 149
　　二、跨境电子商务进口关境 ……………………………………………… 152
　实验　选择合适的邮政快递 ………………………………………………… 155
　思考题 ………………………………………………………………………… 163

第 7 章　跨境电子商务支付 ……………………………………………… 164
　第 1 节　跨境电子商务支付概述 …………………………………………… 164
　　一、跨境电子商务第三方支付产生的背景 ……………………………… 164
　　二、跨境电子商务第三方支付概念与优缺点 …………………………… 165
　　三、跨境电子商务第三方支付原理 ……………………………………… 166

第2节 跨境电子商务支付工具ㆍㆍㆍㆍㆍㆍㆍㆍㆍㆍㆍㆍㆍㆍㆍㆍㆍㆍㆍㆍㆍㆍㆍㆍㆍㆍㆍㆍㆍ 166
一、跨境电子商务线下支付工具ㆍㆍㆍㆍㆍㆍㆍㆍㆍㆍㆍㆍㆍㆍㆍㆍㆍㆍㆍㆍㆍㆍㆍㆍㆍ 167
二、跨境电子商务线上支付工具ㆍㆍㆍㆍㆍㆍㆍㆍㆍㆍㆍㆍㆍㆍㆍㆍㆍㆍㆍㆍㆍㆍㆍㆍㆍ 172

第3节 跨境电子商务移动支付ㆍㆍㆍㆍㆍㆍㆍㆍㆍㆍㆍㆍㆍㆍㆍㆍㆍㆍㆍㆍㆍㆍㆍㆍㆍㆍㆍㆍㆍ 185
一、跨境电子商务移动支付的概念ㆍㆍㆍㆍㆍㆍㆍㆍㆍㆍㆍㆍㆍㆍㆍㆍㆍㆍㆍㆍㆍㆍㆍ 185
二、跨境电子商务移动支付的特点ㆍㆍㆍㆍㆍㆍㆍㆍㆍㆍㆍㆍㆍㆍㆍㆍㆍㆍㆍㆍㆍㆍㆍ 186
三、跨境电子商务移动支付的分类ㆍㆍㆍㆍㆍㆍㆍㆍㆍㆍㆍㆍㆍㆍㆍㆍㆍㆍㆍㆍㆍㆍㆍ 187

第4节 跨境电子商务国际结算ㆍㆍㆍㆍㆍㆍㆍㆍㆍㆍㆍㆍㆍㆍㆍㆍㆍㆍㆍㆍㆍㆍㆍㆍㆍㆍㆍㆍㆍ 189
一、国际结算的含义ㆍㆍㆍㆍㆍㆍㆍㆍㆍㆍㆍㆍㆍㆍㆍㆍㆍㆍㆍㆍㆍㆍㆍㆍㆍㆍㆍㆍㆍㆍㆍㆍㆍ 189
二、国际结算的特点ㆍㆍㆍㆍㆍㆍㆍㆍㆍㆍㆍㆍㆍㆍㆍㆍㆍㆍㆍㆍㆍㆍㆍㆍㆍㆍㆍㆍㆍㆍㆍㆍㆍ 189
三、国际结算方式ㆍㆍㆍㆍㆍㆍㆍㆍㆍㆍㆍㆍㆍㆍㆍㆍㆍㆍㆍㆍㆍㆍㆍㆍㆍㆍㆍㆍㆍㆍㆍㆍㆍㆍ 190
四、主要国际结算方式的特点ㆍㆍㆍㆍㆍㆍㆍㆍㆍㆍㆍㆍㆍㆍㆍㆍㆍㆍㆍㆍㆍㆍㆍㆍㆍㆍㆍ 191

第5节 跨境电子商务支付风险ㆍㆍㆍㆍㆍㆍㆍㆍㆍㆍㆍㆍㆍㆍㆍㆍㆍㆍㆍㆍㆍㆍㆍㆍㆍㆍㆍㆍㆍ 192
一、跨境电子商务支付中的风险ㆍㆍㆍㆍㆍㆍㆍㆍㆍㆍㆍㆍㆍㆍㆍㆍㆍㆍㆍㆍㆍㆍㆍㆍㆍ 192
二、跨境电子商务支付风险控制ㆍㆍㆍㆍㆍㆍㆍㆍㆍㆍㆍㆍㆍㆍㆍㆍㆍㆍㆍㆍㆍㆍㆍㆍㆍ 195

实验 选择合适的跨境支付与收款方式ㆍㆍㆍㆍㆍㆍㆍㆍㆍㆍㆍㆍㆍㆍㆍㆍㆍㆍㆍㆍㆍㆍ 198
思考题ㆍㆍㆍ 207

第8章 跨境电子商务客户关系管理与服务ㆍㆍㆍㆍㆍㆍㆍㆍㆍㆍㆍㆍㆍㆍㆍㆍㆍㆍㆍㆍ 208

第1节 客户关系管理ㆍㆍㆍㆍㆍㆍㆍㆍㆍㆍㆍㆍㆍㆍㆍㆍㆍㆍㆍㆍㆍㆍㆍㆍㆍㆍㆍㆍㆍㆍㆍㆍㆍㆍㆍㆍㆍ 208
一、客户关系管理的概念和内涵ㆍㆍㆍㆍㆍㆍㆍㆍㆍㆍㆍㆍㆍㆍㆍㆍㆍㆍㆍㆍㆍㆍㆍㆍㆍ 208
二、客户关系管理的功能ㆍㆍㆍㆍㆍㆍㆍㆍㆍㆍㆍㆍㆍㆍㆍㆍㆍㆍㆍㆍㆍㆍㆍㆍㆍㆍㆍㆍㆍㆍ 210
三、客户关系管理的分类ㆍㆍㆍㆍㆍㆍㆍㆍㆍㆍㆍㆍㆍㆍㆍㆍㆍㆍㆍㆍㆍㆍㆍㆍㆍㆍㆍㆍㆍㆍ 212

第2节 跨境电子商务客户关系管理ㆍㆍㆍㆍㆍㆍㆍㆍㆍㆍㆍㆍㆍㆍㆍㆍㆍㆍㆍㆍㆍㆍㆍㆍㆍ 213
一、跨境电子商务客户关系管理的基本流程ㆍㆍㆍㆍㆍㆍㆍㆍㆍㆍㆍㆍㆍㆍㆍㆍ 213
二、跨境电子商务客户关系管理的功能和目标ㆍㆍㆍㆍㆍㆍㆍㆍㆍㆍㆍㆍㆍㆍ 215
三、跨境电子商务客户关系的建立过程ㆍㆍㆍㆍㆍㆍㆍㆍㆍㆍㆍㆍㆍㆍㆍㆍㆍㆍㆍ 216
四、跨境电子商务客户开发ㆍㆍㆍㆍㆍㆍㆍㆍㆍㆍㆍㆍㆍㆍㆍㆍㆍㆍㆍㆍㆍㆍㆍㆍㆍㆍㆍ 218
五、跨境电子商务客户的流失与维持ㆍㆍㆍㆍㆍㆍㆍㆍㆍㆍㆍㆍㆍㆍㆍㆍㆍㆍㆍㆍ 221

第3节 跨境电子商务客户服务内容ㆍㆍㆍㆍㆍㆍㆍㆍㆍㆍㆍㆍㆍㆍㆍㆍㆍㆍㆍㆍㆍㆍㆍㆍㆍ 226
一、解答客户咨询ㆍㆍㆍㆍㆍㆍㆍㆍㆍㆍㆍㆍㆍㆍㆍㆍㆍㆍㆍㆍㆍㆍㆍㆍㆍㆍㆍㆍㆍㆍㆍㆍㆍㆍ 226
二、解决售后问题ㆍㆍㆍㆍㆍㆍㆍㆍㆍㆍㆍㆍㆍㆍㆍㆍㆍㆍㆍㆍㆍㆍㆍㆍㆍㆍㆍㆍㆍㆍㆍㆍㆍㆍ 227
三、促进销售ㆍㆍㆍㆍㆍㆍㆍㆍㆍㆍㆍㆍㆍㆍㆍㆍㆍㆍㆍㆍㆍㆍㆍㆍㆍㆍㆍㆍㆍㆍㆍㆍㆍㆍㆍㆍㆍㆍ 228
四、管理监控职能ㆍㆍㆍㆍㆍㆍㆍㆍㆍㆍㆍㆍㆍㆍㆍㆍㆍㆍㆍㆍㆍㆍㆍㆍㆍㆍㆍㆍㆍㆍㆍㆍㆍㆍ 229

实验 客户差评处理ㆍㆍㆍㆍㆍㆍㆍㆍㆍㆍㆍㆍㆍㆍㆍㆍㆍㆍㆍㆍㆍㆍㆍㆍㆍㆍㆍㆍㆍㆍㆍㆍㆍㆍㆍㆍ 230

思考题 ··· 236

第9章　跨境电子商务法规与政策 ··· 237
第1节　电子商务法律法规概述 ·· 237
　　一、电子商务法的概念、现状与特征 ··· 237
　　二、电子商务法的基本原则 ·· 242
第2节　跨境电子商务贸易与运输法律法规 ·· 243
　　一、规范对外贸易主体、贸易规范、贸易监管的一般性法律 ····················· 243
　　二、贸易合同方面的法律 ··· 243
　　三、知识产权方面的法律和规范 ·· 243
　　四、跨境运输方面的法律法规 ··· 243
第3节　跨境电子商务监管法律法规 ··· 244
　　一、通关方面的法律法规 ··· 244
　　二、商检方面的法律法规 ··· 244
　　三、外汇管理的有关规定 ··· 244
　　四、税收方面的法律法规 ··· 244
第4节　跨境电子商务知识产权保护 ··· 245
　　一、跨境电子商务知识产权概述 ·· 245
　　二、跨境电子商务知识产权保护面临的问题与建议 ································· 246
第5节　跨境电子商务消费者权益保护 ·· 249
　　一、网络消费者具有的权利及保护原则 ··· 249
　　二、国内外网上消费者权益保护的立法现状 ··· 253
　　三、跨境电子商务中消费者权益保护存在的问题 ··································· 255
　　四、加强跨境电子商务消费者权益保护的对策建议 ································ 256
第6节　我国对跨境电子商务的政策支持 ·· 258
　　一、对跨境零售的支持 ··· 258
　　二、对于海关、商检和财税的指导意见 ··· 260
　　思考题 ··· 260

参考文献 ··· 261

第1章

跨境电子商务概述

 本章学习概要

1. 跨境电子商务的定义、特征、功能及基本的业务流程。
2. 跨境电子商务与传统外贸和国内电商的区别。
3. 跨境电子商务的发展历程、现状及面临的问题。
4. 跨境电子商务职业人才现状、岗位划分及所需技能。
5. 跨境电子商务职业规划。

第1节 什么是跨境电子商务

一、跨境电子商务的定义

21世纪以来,随着世界范围内跨境电子商务的高速发展,这一概念的边界也在不断延伸,内涵与统计口径也在不断扩充之中。厘清跨境电子商务的概念,是促进该行业健康发展的重要前提。

(一) 我国政府有关政策法规中关于跨境电子商务的界定

自2013年以来,国务院及各部委和地方出台了一系列政策法规,支持并规范跨境电子商务行业的发展。从时间发展上来看,中央颁布的这些政策法规最开始集中在跨境电子商务的外汇支付环节,随后扩展到跨境电子商务零售的税收、通关质检等环节及跨境电子商务综合试验区建设等。其中,跨境电子商务外汇支付业务是指支付机构通过银行为小额电子商务(货物贸易或服务贸易)交易双方提供跨境互联网支付所涉的外汇资金集中收付及相关结售汇服务。跨境电子商务零售指的是跨境电子商务B2C业务(企业对消费者),既涉及出口,也涉及进口。相关法规中还指出了电子商务的经营主体,包括三类:一是自建跨境电子商务销售平台的电商出口企业,二是利用第三方跨境电子商务平台开展电商出口的企业,三是为电商出口企业提供交易服务的跨境电子商务第三方平台。而质检总局发布的规范中则将跨境电子商务经营主体概括为跨境电子商务的经营企业、物流仓储企业、平台运营企业和与跨境电子商务相关的企业。跨境电子商务综合试验区则着力在跨境电子商务B2B(企业对企业)方面,包含交易、支付、物流、通关、退税、结汇等诸多环节。此外,国务院办公厅2015

年发布的指导意见中,强调了跨境电子商务的零售、平台、通关、检验检疫监管、税收、支付结算、财政金融支持等诸多方面,并指出这是有利于用"互联网＋外贸"实现优进优出的手段。

从这些政策法规可以看出,我国政府界定跨境电子商务主要指利用跨境电子商务平台开展跨境业务的市场主体,以及跨境业务的主要环节。具体包括跨境电子商务零售(B2C)及以跨境电子商务综合试验区为依托的跨境电子商务 B2B,既包括出口,也包括进口。涉及对外贸易的跨境电子商务交易、外汇支付、物流、税收等关键环节也都在跨境电子商务概念的边界范围之内。此外,传统电子商务依托的互联网信息技术也是跨境电子商务内涵中不可或缺的一部分。

(二) 学术文献中关于跨境电子商务概念的界定

国外学术界有关跨境电子商务(Cross-border Electronic Commerce)的研究大多是将跨境电子商务与传统电商或者传统对外贸易进行对比,分析跨境电子商务具备的成本优势、信息优势及给中小企业带来的机遇与挑战等,并在对比中对跨境电子商务的边界与内涵进行划定。国内学者在给出定义时主要围绕以下几个关键词展开,包括交易主体、电子商务平台、支付结算以及物流等。相比于国内电子商务,跨境电子商务的交易主体分属于不同的关境,电商平台、支付结算及物流都是传统电子商务适应国际贸易的发展与延伸。研究还指出,这是一种新型的贸易方式,依靠互联网和国际物流,既涉及出口电商,也涉及进口电商。

国内学者的这些研究内容基本涵盖了跨境电子商务的主要环节,勾勒出了跨境电子商务概念与定义的简要雏形,强调了信息技术与通关物流等的重要性。以网上交易平台为代表的信息技术体现着跨境电子商务在传统对外贸易基础上的拓展,以国际支付、国际运输、通关质检等环节为代表的跨境贸易,体现了跨境电子商务与传统电商相比内涵上的扩充。

(三) 跨境电子商务的定义

综合以上从管理部门政策法规及学术文献中对跨境电子商务这一概念的梳理与回顾,跨境电子商务是指分属不同关境的企业或个人,利用互联网平台完成贸易的撮合,继而完成资金结算、货物和服务的交割的一种国际贸易方式。跨境电子商务包含出口与进口贸易,也包括货物贸易和服务贸易,贸易模式主要包含跨境 B2B、B2C、C2C、海外代购等。

二、跨境电子商务的特征

电子商务一般具有如下特征:采用电子方式,特别是通过 Internet 的方式促成交易;可以实现商品交易、服务交易(其中含人力资源、资金、信息服务等);包含企业间的商务活动,也包含企业内部的商务活动(生产、经营、管理业务等);涵盖交易的各个环节,如询价、报价、订货、售后服务等;电子方式只是形式,其主要目的是跨越时空、提高效率。

那么,跨境电子商务具有哪些特征呢?跨境电子商务是一般电子商务在国际贸易中的应用,具体而言具有以下特征:

(一) 全球性

跨境电子商务依附于网络,具有全球性和非中心化的特性。任何个体只要具备了一定的技术手段,在任何时候、任何地方都可以让信息进入网络,相互联系进行交易。跨境电子商务是基于虚拟的网络空间展开的,丧失了传统交易方式下的地理因素要素。

(二) 可追踪性

跨境电子商务在整个交易过程中,议价、下单、物流、支付等信息都会有记录,消费者可以实时追踪自己商品的发货状态和运输状态。例如,对跨境进口商品,我国对跨境电子商务企业建立了源头可追溯、过程可控制、流向可追踪的闭环检验、检疫监管体系,这样既提高了通关效率,又保障了进口商品的质量。

(三) 无纸化

跨境电子商务主要采取无纸化操作的方式,电子计算机通信记录取代了一系列的纸面交易文件,用户主要发送或接收电子信息。电子信息以字节的形式存在和传送,这就使整个信息发送和接收过程实现了无纸化。

(四) 多边化

跨境电子商务整个贸易过程的信息流、商流、物流、资金流已经由传统的双边形式逐步向多边演进,呈现出网状结构。跨境电子商务可以通过A国的交易平台、B国的支付结算平台和C国的物流平台,实现与其他国家间的直接贸易。中小企业不再简单依附于单向的交易或是跨国大企业的协调,而是形成一种互相动态连接的生态系统,依托这种系统,中小企业之间可以不断达成可能的新交易,以动态结网的形态来组织贸易,也可以从中不断分享各类商务知识和经验。未来跨境电子商务的制高点是"基于云和数据的全球电商生态圈",中小企业能够由此获取跨境贸易所需要的各种服务,而通过各种服务,中小企业将会不断积累数据和信用。

(五) 透明化

跨境电子商务不仅可以通过电子商务交易与服务平台,实现多国企业之间、企业与最终消费者之间的直接交易,而且在跨境电子商务模式下,供求双方的贸易活动可以采取标准化、电子化的合同、提单、发票和凭证,使得各种相关单证在网上即可实现瞬间传递,增加贸易信息的透明度,减少信息不对称造成的贸易风险。这将传统贸易中一些重要的中间角色被弱化甚至替代了,使国际贸易供应链更加扁平化,形成了制造商和消费者的"双赢"局面。通过电子商务平台,跨境电子商务大大降低了国际贸易的门槛,使得贸易主体更加多样化,大大丰富了国际贸易的主体阵营。

(六) 复杂性

跨境电子商务融合了国际贸易和电子商务两个方面的特征,具有更大的复杂性,这主要表现在三个方面:一是信息流、资金流、物流等多种要素必须紧密结合,任何一方面的不足或衔接不够,都会阻碍整体跨境电子商务活动的完成;二是流程繁杂,法规不完善,电子商务作为国际贸易的新兴交易方式,在通关、支付、税收等领域的法规还不完善;三是风险触发因素较多，容易受到国际政治经济宏观环境和各国政策的影响。这种复杂性具体来说有以下几个方面：

（1）跨境电子商务流程比一般电子商务流程更复杂、涉及的环节更多。国际货物贸易除了交易双方外，还需涉及运输、保险、银行、商检、海关等部门的协作、配合，所以跨境电子商务的展开必然涉及政府相关涉外行政机构，这是跨境电子商务区别于一般电子商务的明显特征。另外，对外贸易过程较国内贸易要复杂得多，与之对应的跨境电子商务也相应要复杂一些。

（2）在开展跨境电子商务过程中还会遇到更多的障碍，其中尤其以技术和文化差异较为显著。各国使用的电子商务相关技术标准并不完全相同，不同国家的软件和硬件之间差异较大，兼容性也不一样，并且难以协调，所以容易导致冲突。跨境电子商务中文化上的差异主要有两个，一个是语言，另一个是使用习惯。语言不同会导致买卖双方在开展电子商务过程中存在沟通上的困难。使用习惯不同主要体现在对电子商务流程的认识和网站设计思想上，不同国家对电子商务流程的设计不尽相同，在网站设计时对相关元素（比如网站布局、字体、文字大小、网站颜色等）的运用也不尽相同。

（3）跨境电子商务比国内电子商务更容易遇到政策和法律上冲突的问题。比如，不同国家的政策和法律对电子商务税收、电子商务交易的有效性、消费者隐私权保护、交易平台法律责任、垃圾邮件和网络广告、链接和软件的许可专利性等问题都有不同的认识，所以争议产生后，解决难度较大。

三、跨境电子商务的功能与业务流程

(一) 跨境电子商务的功能

1. 跨境电子商务的发展使国际贸易主体出现了重大变化

跨国服务公司导致了信息在全球范围内的加速流动，产生了"虚拟"公司或企业这样一种新型的企业组织形式，向世界市场提供产品或服务。在各自专业领域拥有卓越技术的公司利用现代信息技术进行沟通协作，相互联合形成合作组织，可以更加有效地向市场提供商品和服务，迅速扩大市场范围。

2. 跨境电子商务扩大了传统进出口贸易商品范畴

电子商务使一切可以数字化的产品和大多数服务项目进入了国际贸易领域，尤其是一些在传统国际贸易中不可交易的产品或者由于传统交易成本太高而难以进行贸易的产品。世界贸易组织积极推进的网络贸易零关税方案，使出口国能充分发挥自身在网络化产品方面的竞争优势，提升外贸竞争力。

3. 跨境电子商务使进出口贸易方式发生变革

电子商务缔结了一种现代化的贸易服务方式，这种方式突破了传统贸易以单向物流为主的运作格局,实现了以物流为依据,信息流为核心,商流为主体的全新战略,可以将代理、展销等传统的贸易方式融合,将进出口贸易的主要流程引入网络,为贸易双方提供服务,促进进出口贸易深入发展,使贸易商品的供需双方可以通过网络直接接触,使得信息网络成为最大的中间商,贸易中间商、代理商和专业的进出口公司的地位相对降低,从而引发了国际贸易中间组织结构的革命。

4. 跨境电子商务是推动经济一体化、贸易全球化的技术基础

跨境电子商务不仅冲破了国家间的障碍,使国际贸易走向无国界贸易,同时它也正在引起世界经济贸易的巨大变革。对企业来说,跨境电子商务构建的开放、多维、立体的多边经贸合作模式,极大地拓宽了进入国际市场的路径,大大促进了多边资源的优化配置与企业间的互利共赢;对消费者来说,跨境电子商务使他们非常容易地获取其他国家的信息并买到物美价廉的商品。

(二) 跨境电子商务的业务流程

相对于同一国家(地区)而言,按照商品进出口类型,跨境电子商务业务可以分为跨境出口与跨境进口业务,业务属性不同,业务流程也不同。本书以商品进口形成的跨境进口与跨境出口为例,介绍跨境电子商务的具体业务流程。从跨境电子商务进口业务流程看,跨境电子商务企业通过事前备案,将企业信息、商品信息进行备案,将生产的商品在跨境电子商务企业的平台上在线展示。当境内消费者成功支付订单后,跨境电子商务企业将订单信息发送至服务平台进行申报;支付企业将订单支付信息发送至服务平台进行申报;跨境物流企业在成功预订舱单信息后,将对应的与跨境贸易相关的舱单信息(含运单信息)发送至服务平台进行申报。服务平台集齐三单信息后,自动生成清单供有报关报检资质的企业进行申报。清单经审核后,若无异常则放行进入终端配送环节,最终送达消费者或企业手中。有的跨境电子商务企业直接与第三方综合服务平台合作,由第三方综合服务平台代办物流、通关商检等一系列环节,从而完成整个跨境电子商务交易的过程。跨境电子商务出口的流程除了与进口流程的方向相反外,其他内容基本相同。

四、跨境电子商务与传统外贸的区别

(一) 跨境电子商务与传统外贸的区别

(1) 传统外贸电商主要是指通过互联网平台展示商品信息,然后通过一般贸易方式进出口货物的贸易方式,真正的交易和支付环节并不在线上完成,如阿里巴巴 B2B、Made-in-China、TradeKey、环球资源等。而跨境电子商务平台不只用于展示商品信息,而且支持买卖双方直接通过平台达成交易并完成支付环节。跨境电子商务由信息展示时代迈向了在线交易时代。

(2) 传统外贸参与主体为外贸企业、制造商,跨境电子商务的主体则较多元化,最初由小微企业、个体企业主、网络公司为主,随着产业的发展,许多传统外贸行业产业链上的制造

商、外贸企业、代理商、经销商等进入该行业,并进行规模化运作。

(3) 传统外贸交易以双边贸易为主,买卖双方分处不同的国家或地区达成交易完成结算,即使如香港转口贸易也是由几笔双边贸易构成的。跨境电子商务涉及的交易方远远多于传统贸易,呈现网状化特点。例如,A 国的制造商通过 B 国的电商平台进行销售,使用 C 国的结算支付方式和 D 国的物流配送,最终卖给 E 国的消费者,而 B 国电商平台的信息系统和客服支持又可能来自外包给另一个国家的公司,这样使得贸易形成一个网状综合系统。

(4) 与传统外贸形式不同的是,跨境电子商务对中间商依赖度大幅下降。传统进出口业务中,相当大的一块收益需要支付给代理商、批发商等贸易中介。这也是传统外贸利润不高的重要原因。通过跨境电子商务平台进出的商品,借助多平台提供的一体化服务,可以低成本地绕过代理商、批发商等贸易中介,实现生产商与消费者之间的无缝对接。原先需要支付给贸易中介的那部分成本就可以大量转移出来,扣除支付给跨境电子商务平台的佣金,剩余的收益除了转化为生产商的利润外,消费者在价格方面得到了实惠。

总之,传统外贸过程涉及的物流、信息流和资金流基本上都是双边和线性的,而在跨境电子商务中通常却呈现出多边、网络化和扁平化特征。

(二) 跨境电子商务相对于传统外贸的优势

跨境电子商务作为新兴的外贸出口模式,它的优势会越来越全面地体现出来。

1. 跨境电子商务交易模式的扁平化

在传统外贸模式下外贸的整个交易链非常长,一般包括生产制造商、出口商、进口商、渠道商、批发商、零售商,最终才面对终端的零售客户,这就是传统外贸时代 OEM(定点生产,俗称代工生产)大单追求廉价模式下的渠道特点。随着互联网对电子商务平台的冲击,传统的大额采购商已经逐渐放弃了原有的外贸采购渠道,而跨境电子商务的优势在于可以让中国制造商跳过传统外贸冗长的渠道,直接对接终端消费者并且产生销售订单。

2. 分享终端销售的利润

通过跨境电子商务模式,中国的出口企业走向了交易链的上游。对于很多中国制造企业来说,改革开放 40 多年外贸生产的历练最终让它们拥有了强大的生产制造能力,但是传统模式有其局限性,高耗能、高污染且利润极其微薄,而跨境电子商务通过在线互联网平台使中国供应商直接面对终端销售,提升了产品的利润,并且通过对终端客户个性化需求的满足,互联网品牌的建立,取得了持续性的利润增长,而这样的增长才真正有利于中国外贸企业发展成长。

3. C2B 模式带来产品设计的变化

海外客户对于中国制造的印象长期以来停留在廉价和低质量的阶段,这是对中国生产能力的极大误解。作为中国传统制造业的一名从业者常常可以体会到,从制造能力来说,中国可以生产出任何层级的商品,但是很长时间内因为传统外贸模式下的 OEM 生产,大额采购商大幅度地压低价格,中国供应商只能生产符合采购价格利益的商品,在这样的模式下生产出来的产品质量自然不稳定。而跨境电子商务时代,中国制造商通过在线模式直接面对终端客户,通过跟客户的密切交流,挖掘客户的需求,再结合大数据生产出满足客户特定需求的产品,这样的模式在互联网时代被称之为 C2B 模式。在 C2B 模式下,终端消费者成为主导,通过在线互联网生产制造企业完全根据客户的需求打造产品,使利润率达到最高值。

4. 营销模式的变化

在传统的外贸模式下,外贸市场营销推广成本十分高昂,传统展会模式无论是中国境内的广交会还是海外参展,这几年交易效果日益变差。在跨境电子商务 1.0 时代的信息整合平台,年费同样高得惊人,传统的 B2B 电子商务平台环球资源网需要一年几十万元人民币的投入门槛,这对于传统的中小外贸企业来说是一笔巨大的资金投入。在跨境电子商务 3.0 时代,跨境电子商务的互联网营销模式变得更便捷、更廉价、更高效。跨境电子商务平台的收费模式也从单纯的年费转变为根据成交效果付款的扣点模式,在跨境电子商务的海外市场营销推广中,以内容营销为主导的 SNS 社交网站推广成为主流模式,视频推广以及全媒体、全渠道推广成为一种常态,而传统的搜索引擎——Google 这几年也转向社交和电商领域发展。

5. 客户体验为王

跨境电子商务时代通过在线零售方式,中国的外贸制造企业拥有了合理的利润,生产企业可以持续研发,获取品牌溢价,同时可持续提高零售客户的交易体验感。跨境电子商务时代客户的体验成为致胜关键,跨境电子商务在全面升级转型,物流、支付、售后等环节上都有质的提升,通过不断的努力,将大大提升客户的购物体验,增加客户的忠诚度和黏合度。

6. 跨境电子商务大数据和信保提升交易效率,扩大交易规模

阿里巴巴信保服务的价值在于通过阿里巴巴的信用背书可以把原本因为交易信用不能达成合作的订单完成交易。从这个角度来说,阿里巴巴的一达通和信保服务扩大了中国外贸的交易份额,最终也会有越来越多中小外贸企业受益。

五、跨境电子商务与国内电商的区别

(一) 业务环节的差异

国内电子商务属于国内贸易,而跨境电子商务实际上是国际贸易。较之国内电子商务,跨境电子商务业务环节更加复杂,需要经过海关通关、检验检疫、外汇结算、出口退税、进口征税等环节。在货物运输上,跨境电子商务通过邮政小包、快递方式出境,货物从售出到国外消费者手中经历的时间更长,因路途遥远,货物容易损坏,且各国邮政派送的能力相对有限,急剧增长的邮包量也容易引起争议。而国内电子商务发生在国内,以快递方式将货物送达消费者,路途近,到货速度快,货物损坏概率低。

(二) 交易主体差异

电子商务交易主体一般在国内,主要是国内企业对企业,企业对个人或者个人对个人。而跨境电子商务交易的主体是在关境之间,可能是国内企业对境外企业,国内企业对境外个人,或者国内个人对境外个人,交易主体遍及全球,有不同的消费习惯、文化习俗,这就要求跨境电子商务对国际化的流量引入、广告推广营销、当地品牌认知等有深入的了解。

(三) 交易风险差异

国内生产企业知识产权意识比较薄弱,再加上跨境B2C电商市场上的产品多为不需要科技和大规模生产的日用消费品,很多企业缺乏产品定位的意识,什么热卖就上什么产品,附加值低、无品牌、质量不高的商品和仿品充斥跨境电子商务市场,侵犯知识产权等现象时有发生,在商业环境和法律体系较为完善的国家,很容易引起知识产权纠纷,处理起来也比较繁杂。而国内电子商务行为发生在同一个国家,交易双方对商标、品牌等知识产权有统一的认识,侵权引起的纠纷较少,即使产生纠纷,处理时间较短,处理方式也较为简单。

(四) 适用规则差异

跨境电子商务比一般国内电商需要适应更多、更细、更复杂的规则,尤其是平台规则。跨境电子商务依赖的国内外平台很多,每个平台均有不同的操作规则,海外各国的平台及其规则更加多样,因此跨境电子商务需要熟悉海内外不同平台的操作规则,需要具备针对不同需求和业务模式进行多平台运营的技能。而国内电子商务只需遵循一般的电子商务规则。

六、跨境出口电商与跨境进口电商

跨境电子商务的商品流动跨越了国家地理空间范畴。按照商品流动方向划分,可分为跨境进口电商、跨境出口电商两类。2015年,我国跨境电子商务交易规模为5.4万亿元,同比增长28.6%,其中,跨境出口交易规模为4.49万亿元,跨境进口交易规模为9 072亿元。在跨境出口中,跨境B2B模式的市场交易规模为3.78万亿元,占比为83.2%,跨境B2C与跨境C2C模式的市场交易规模为7 200亿元,占比为16.8%。可见,我国跨境电子商务交易仍以跨境出口为主,其中又以跨境B2B出口为主要形式。

顾名思义,跨境进口电商指的是从事商品进口业务的跨境电子商务,具体指国外商品通过电子商务渠道销售到我国市场,通过电子商务平台完成商品的展示、交易、支付,并通过线下的跨境物流送达商品、完成商品交易的电商企业,其代表性企业有天猫国际、京东全球购、洋码头、小红书等。跨境出口电商指的是从事商品出口业务的跨境电子商务,具体指将本国商品通过电子商务渠道销售到国外市场,通过电子商务平台完成商品的展示、交易、支付,并通过线下的跨境物流送达商品、完成商品交易的电商企业,其代表性企业有亚马逊海外购、易贝、阿里速卖通、环球资源、大龙网、兰亭集势、敦煌网等。

第2节 跨境电子商务发展历程

一、跨境电子商务的发展历程

（一）按年代划分

跨境电子商务发展按照年代划分，主要经历了如下几个阶段。

1. "金关工程"阶段（20世纪90年代）

1993年国务院提出实施"金关工程"，并于2001年正式启动。"金关工程"的目标是要建设现代化的外贸电子信息网，将海关、商检、外经贸、金融、外汇管理和税务等部门实现计算机联网，用EDI方式进行无纸贸易，全面实现国家进出口贸易业务的计算机化。"金关工程"留下来的机构和成果，最突出的是海关的中国电子口岸、商务部国际电子商务中心，还有马云的阿里巴巴。

中国电子口岸是"金关工程"的重要组成部分，是在1998年亚洲金融危机期间，为打击走私和骗汇活动，紧急筹建、逐步发展起来的。海关总署等12个部委牵头建立中国电子口岸，借助国家电信公网，将外经贸、海关、工商、税务、外汇、运输等部门的进出口业务信息流、资金流、货物流的电子数据，集中存放在公共数据中心，企业可以上网办理报关、出口退税、核销、转关等进出口手续。中国国际电子商务中心（CIECO）成立于1996年，其使命是建立国家"外经贸专用网"，是商务部信息化建设执行机构和技术支撑单位，肩负着推动中国电子商务发展与应用、电子商务国际合作与交流的重任。

1997年，马云带领团队在北京开发了外经贸部官方网站、网上中国商品交易市场、网上中国技术出口交易会、中国招商、网上广交会、中国外经贸等一系列国家级网站。在国际电子商务中心做解决方案时，逐渐让马云有了建立国际电子商务网站的想法。1999年，马云带领18位创始人在杭州的公寓中正式成立了阿里巴巴，创立了阿里巴巴国际交易市场，成为全球领先的小企业电子商务平台，帮助全球小企业拓展海外市场。

2. 网上黄页模式发展阶段（20世纪初期）

随着互联网兴起，有人将传统的纸质黄页搬到了网上，也就是网络黄页。20世纪初，中国电子商务迈入发展阶段，越来越多的企业意识到网络的优势和可能带来的利益，网络黄页成为继网站建设和搜索引擎后，当时企业应用网络的第三大热点。网络黄页有帮助企业建站和上网功能，又有网络营销和业务推广功能，极大降低了中小企业业务运营成本，提供了与大企业平等竞争的机会，是广大中小企业的优先选择，网络黄页网站飞速发展起来。当时的网络黄页可分为三种形式：(1) 电信部门推出的黄页，如中国电信黄页、网通黄页、铁通黄页等；(2) 各大门户网站推出的黄页，如新浪黄页、搜狐黄页、网易黄页；(3) 专业的网络黄页服务机构，如全球黄页、经贸大黄页、网库黄页。对外贸企业来说，网络黄页推广主要是加入面向全球市场的国家级和世界级黄页目录,以及在目标市场的网络黄页上做广告。中国互联网普及特别是阿里巴巴成立后,这种黄页式国际电子商务服务成为一种流行的模式。当时很多做外贸的网站,如全球资源、中国制造网、全球市场、激聪网、ECVV等,基本上都是网上黄页的模式。而竞价排名、增值服务、广告、线下服务就是服务商赚钱的方法,这个阶段被称为B2B电子商务1.0时代。

3. 网上交易模式发展阶段(2006年至2010年)

2006年,中国电子商务交易额突破万亿元大关。同年11月国家邮政与阿里巴巴签订电子商务战略合作框架协议,双方在电子商务信息流、资金流、物流方面达成长期战略合作伙伴关系。在信息流和资金流的电子化之后,物流电子化逐步成为现实,电子商务也由城市逐渐渗透到农村,这些都预示着电子商务2.0时代的到来。2008年是中国经济和电子商务发展历程中的转折年。电子商务1.0时代步入尾声,电子商务2.0时代拉开帷幕。电子商务1.0时代,平台服务商的主要盈利来源是信息费、推广费、广告服务。而电子商务2.0时代,盈利模式已转向交易佣金、互联网金融和网络配套服务等方面。在电子商务2.0时代,企业做跨境电子商务有两种途径:一种是平台电商模式,可以在第三方平台上建立网店门户,目前中国知名的跨境平台有亚马逊、eBay、阿里巴巴、速卖通、敦煌网等。另一种是独立电商模式,可以构建自己的品牌,搭建自己的网站并推广,做独立电商,如兰亭集势、大龙网等。

4. 外贸综合服务平台模式发展阶段(2010年以后)

2010年11月,阿里巴巴收购深圳达通,形成了从"外贸资讯"到"外贸交易"一站式外贸服务链条。此外,典型的外贸综合服务平台还有宁波世贸通等,为客户提供包括融资、运输、保险、仓储、外贸单证制作、报关、报检、口岸通关、核销、退税等一体化的外贸操作服务。国务院于2013年7月出台促进外贸发展,提高外贸便利化水平的"国六条",支持外贸综合服务企业的发展,为中小企业出口提供融资、通关、退税、物流、保险等外贸服务。外贸综合服务平台的兴起,是我国外贸业务模式的创新。通过外贸综合服务企业提供进出口环节相关服务,降低了中小外贸企业的经营成本,对促进外贸转型具有的积极意义。

(二) 按照技术平台划分

跨境电子商务发展按照平台技术划分,主要经历了如下几个阶段。

1. 跨境电子商务1.0时代

跨境电子商务1.0阶段(1999—2003年)的主要商业模式是网上展示、线下交易的外贸信息服务模式。第三方平台主要的功能是为企业信息及产品提供网络展示平台,并不在网络上涉及任何交易环节。此时的盈利模式主要是向进行信息展示的企业收取会员费(如年服务费)。跨境电子商务1.0阶段发展过程中,也逐渐衍生出竞价推广、咨询服务等为供应商提供一条龙的信息流增值服务。

通过电商平台可以非常容易地找到国际买家和优质的供应商,而这样的方式更高效,更节省成本,这就是跨境电子商务的原始价值。对于客户询盘的处理就是最原始的跨境电子商务数据处理，优秀的跨境电子商务人可以通过客户询盘数据判定客户的国别、客户的采购量、客户的诚信度以及客户的续单能力，但是当初这些数据的处理还是比较简单和初级的，更多凭的是经验和感性的判断。那时候已经有一些第三方的数据机构，比如，中国信用出口保险公司，但是收费高昂，交流不通畅，跟中小微外贸企业距离遥远。

在跨境电子商务1.0阶段中，阿里巴巴国际站平台及环球资源网为典型代表平台。其中，阿里巴巴成立于1999年，以网络信息服务为主，线下会议交易为辅，是中国最大的外贸信息黄页平台之一。环球资源网于1971年成立，前身为Asian source，是亚洲较早提供贸易市场的资讯者，并于2000年4月28日在纳斯达克证券交易所上市，股权代码为GSOL。在此期间还出现了中国制造网、韩国EC21网、Kellysearch等大量以供需信息交易为主的跨境电子商务平台。跨境电子商务1.0阶段虽然通过互联网解决了中国贸易信息面向世界买家的难题，但是依然无法完成在线交易，对于外贸电商产业链的整合仅完成信息流整合环节。

2. 跨境电子商务2.0时代

2004年，随着敦煌网的上线，跨境电子商务2.0阶段来临。这个阶段，跨境电子商务平台开始摆脱纯信息黄页的展示行为，将线下交易、支付、物流等流程实现电子化，逐步实现在线交易平台。相较于第一阶段，跨境电子商务2.0更能体现电子商务的本质，借助于电子商务平台，通过服务、资源整合有效打通上下游供应链，包括B2B（平台对企业小额交易）平台模式及B2C（平台对用户）平台模式两种模式。跨境电子商务2.0阶段，B2B平台模式为跨境电子商务主流模式，通过直接对接中小企业商户实现产业链的进一步缩短，提升商品销售利润空间。

在跨境电子商务2.0阶段，第三方平台实现了营收的多元化，同时实现后向收费模式，将"会员收费"改成以收取交易佣金为主，即按成交效果来收取百分点佣金。同时，还通过平台上营销推广、支付服务、物流服务等获得增值收益。

随着跨境电子商务的发展，电商平台结合外贸领域的业务实践不断导入包括互联网国外营销、国际支付、跨境支付、海外物流、金融等服务。传统外贸B2B的交易特征是金额大、周期长，再加上汇率等波动风险，这个时期的在线支付、金融物流模式应用不多，因为传统外贸的形势良好，更多的传统外贸企业还是选择传统的国际贸易流程，通过线下的出口代理公司、报关公司、物流公司完成外贸交易后的整体流程。但是这个时期电商平台的跨境支付金融物流等服务已经慢慢浸透到传统的跨境电子商务领域，并且慢慢地发挥越来越大的作用和功效。同时，随着电商平台对于这些数据的积累，一个基于跨境电子商务数据的生态圈逐步形成，为跨境电子商务3.0时代的到来打下了扎实的基础，数据时代呼之欲出。

3. 跨境电子商务3.0时代

2013年是跨境电子商务重要转型年，随着国际市场需求疲软，国内劳动力、生产资料成本上升和汇率的变化，传统的外贸模式已经越来越显出疲态，跨境电子商务似乎在一夜之间成为最具发展潜力的蓝海市场。传统外贸的工厂、供应商、制造企业纷纷进入跨境电子商务，而随着跨境电子商务时代的来临，中小跨境电子商务企业对于数据的应用和需求空前提高。跨境电子商务全产业链出现了商业模式的变化，随着跨境电子商务的转型，跨境电子商务3.0大时代到来。

跨境电子商务3.0时代具有大型工厂上线、B类买家成规模、中大额订单比例提升、大型服务商加入和移动用户量爆发五个方面特征。与此同时,跨境电子商务3.0时代服务全面升级,平台承载能力更强,全产业链服务在线化也是3.0时代的重要特征。在跨境电子商务3.0阶段,用户群体由草根创业向工厂、外贸公司转变,且具有极强的生产设计管理能力。平台销售产品由网商、二手货源向一手货源好产品转变。对于3.0阶段的主要卖家群体正处于从传统外贸业务向跨境电子商务业务艰难转型期,生产模式由大生产线向柔性制造转变,对代运营和产业链配套服务需求较高。另一方面,3.0阶段的主要平台模式也由C2C、B2C向B2B、MB模式转变,批发商买家的中大额交易成为平台主要订单。

二、跨境电子商务的发展趋势

(一)商品品类和销售市场更加多元化

随着跨境电子商务的发展,跨境电子商务交易商品向多品类延伸,交易对象向多区域拓展。

从销售商品品类看,跨境电子商务销售的商品品类主要为服装服饰、电子商品、计算机及配件、家居园艺、珠宝、汽车配件、食品药品等方便运输的商品。不断拓展销售品类已成为跨境电子商务业务扩张的重要手段,品类的不断拓展不仅使"中国商品"和全球消费者的日常生活联系更加紧密,而且也有助于跨境电子商务抓住最具消费力的全球跨境网购群体。

从销售目标市场看,以美国、英国、德国、澳大利亚为代表的成熟市场,由于跨境网购观念普及、消费习惯成熟、整体商业文明规范程度较高、物流配套设施完善等优势,在未来仍是跨境电子商务零售出口产业的主要目标市场,且将持续保持快速增长。与此同时,不断崛起的新兴市场正成为跨境电子商务零售出口产业增长的新动力。俄罗斯、巴西、印度等国家的本土企业并不发达,但消费需求旺盛,中国制造的商品物美价廉,在这些国家的市场上优势巨大。在中东欧、拉丁美洲、中东和非洲等地区,电子商务的渗透率依然较低,有望在未来获得较大突破。

(二)交易结构上,B2C占比提升,B2B和B2C协同发展

跨境电子商务B2C这种业务模式逐渐受到企业重视,近两年出现了爆发式增长,究其原因,主要是跨境电子商务B2C具有一些明显的优势。相对于传统跨境模式,B2C模式可以跳过传统贸易的所有中间环节,打造从工厂到商品的最短路径,从而赚取高额利润。在B2C模式下,企业直接面对终端消费者,有利于更好地把握市场需求,为客户提供个性化的定制服务。与传统商品和市场单一的大额贸易相比,小额的B2C贸易更为灵活,商品销售不受地域限制,可以面向全球200多个国家和地区,可以有效地降低单一市场竞争压力,市场空间巨大。

(三)交易渠道上,移动端成为跨境电子商务发展的重要推动力

移动技术的进步使线上与线下商务之间的界限逐渐模糊,以互联、无缝、多屏为核心的"全渠道"购物方式将快速发展。从B2C方面看,移动端购物使消费者能够随时、随地、随心购物,极大地拉动了市场需求,增加了跨境零售出口电商企业的机会。从B2B方面看,全球

贸易小额化、碎片化发展的趋势明显,移动技术可以让跨国交易无缝完成,卖家可随时随地做生意。基于移动端媒介,买卖双方的沟通变得非常便捷。

(四) 物流服务全面提升

为适应跨境电子商务的需求,兼顾成本、速度、安全,甚至包含更多售后内容的物流服务产品应运而生,大量提供一体化服务的物流整合商也开始出现。如以海外仓储为核心的跨境电子商务全程物流服务商已经出现,递四方、出口易等都强化了对物流和供应链的整合,在海外建立了物流仓储。通常小额跨境物流配送需要15~30天的时间,而通过对不同卖家需求的不同货运方式组合,这一配送时间已经被大大缩短。此外,海外仓储建设的逐步完善更将提升卖家在国际贸易竞争中的地位。

(五) 在大数据时代,产业生态更为完善,各环节协同发展

跨境电子商务涵盖商检、税务、海关、银行、保险、运输各个部门,产生物流、信息流、资金流、单据流等数据。在大数据时代,这些都是可利用的信息,企业通过对数据的分析,为信用、融资、决策提供了依据。随着跨国电子商务经济的不断发展,软件公司、代运营公司、在线支付公司、物流公司等配套企业都开始围绕跨境电子商务进行集聚,其服务内容涵盖网店装修、图片翻译描述、网站运营、营销、物流、售后服务、金融服务、质量检验、保险等,整个行业生态体系越来越健全,分工更清晰,并逐渐呈现出生态化的特征。

三、跨境电子商务发展面临的问题

我国跨境电子商务领域存在较大的问题包括以下几个方面。

(一) 同质化竞争激烈

目前,我国大多数出口跨境电子商务所采用的都是典型的"卖产品"的模式,而大多数产品款式、功能、外形、价格、服务高度同质化,可能会带来恶性价格竞争,导致利润、转化率越来越低,营销成本越来越高的恶性循环。而进口跨境电子商务的产品也多集中在母婴用品、营养保健品、美容护肤品、鞋帽箱包以及家居用品上,从长期趋势来看,竞争亦是越来越激烈。

(二) 仓储物流难题

在跨境电子商务过程中,很多时候会出现运输成本高、配送周期长、无法追踪货物物流信息、清关时间长、妥投率低、退货成本高的情况,甚至还会出现丢货、被海关扣留等众多跨境物流难题。在跨境物流中,货物往往需要经过四五次甚至更多次的转运,包裹破损、丢失的情况经常发生,这不仅会给客户带来不好的购物体验,还可能导致买家投诉甚至拒付货款,使得卖家的运营成本大幅度提高。

(三) 回款结汇难题

在资金结算方面,由于出口的货物多数为包裹,通过平邮或快递方式出入境,跨境电子

商务无法按普通外贸企业那样正常结汇和退税，很多销售货款只能通过违法的灰色渠道回到国内，这就加大了回款的风险。第三方支付公司也存在着服务不规范、手续费用高昂、冻结资金等问题。从外汇监管者的角度而言，由于许多跨境电子商务无法及时有效地提供报关单等资料，监管者无法核实交易的真实性，从而增加了他们的工作难度。

（四）灰色区域的法律问题

由于目前大量的跨境电子商务是通过邮政或快递形式以样品、礼品等方式进出口的，这样的小额外贸常利用样品或广告品，或者利用个人邮政免税政策来避税，同时由于个人邮寄政策相对宽松，一般没有传统外贸那样严格的检疫检验进出口环节，这样，产品质量得不到保证，就会给消费者带来各种隐忧。另外，这些跨境电子商务也逃避了诸如许可证、进口配额、各种质量认证等海关监管手段，这些行为必然会增加目的国海关管理难度和工作量，从长期来看势必会引起法律问题，导致各国监管政策的加强。

（五）信息网络安全体系不完善

电子商务的运作涉及多方面的安全问题，如资金安全、信息安全、货物安全、商业机密等，特别是有关网上支付结算信息的安全性和可靠性，一直困扰着电子商务的发展。此外，跨境电子商务还面临交易安全的挑战，在跨境电子商务活动中，合约、价格等信息事关商业机密，而网络病毒和黑客侵袭会导致商务诈骗、单据伪造等行为。

（六）电子商务法律制度不健全

虽然在促进跨境电子商务发展方面，国家出台了一些政策和法规，但是在跨境电子商务征税、网上争议解决、消费者权益保护等方面的法律法规还较为缺乏。跨境电子商务是一项复杂的系统工程，它不仅涉及参加贸易的双方，而且涉及不同地区、不同国家的工商管理、海关、保险税收、银行等部门。跨境物流存在运费高、关税高且安全性低等问题，支付环节则涉及外汇兑换和资金风险，如何公平仲裁、保障贸易纠纷双方利益，需要有统一的法律和政策框架以及强有力的跨地区、跨部门的综合协调机制。但是，目前我国有关电子商务的法律并不健全，如知识产权保护问题、信息资源与网络安全问题、电子合同的效力和执行问题等都需要法律方面的进一步完善。此外，在跨国家、跨地区、跨部门协调方面也存在一些问题，需要不断完善。

（七）跨境电子商务人才缺口大

跨境电子商务在快速发展的同时，逐渐暴露出综合型外贸人才缺口严重等问题。一方面是语言方面的限制，当前做跨境电子商务的人才主要来自外贸行业，英语专业人才居多，一些小语种跨境电子商务人才匮乏。另一方面是对跨境电子商务人才综合能力的要求高，跨境电子商务从业者除了要熟悉电商和外贸的基本知识外，还要了解国外的市场、交易方式、消费习惯以及各大平台的交易规则和特征。基于这两方面，符合跨境电子商务要求的人才很少，跨境电子商务人才匮乏已经成为业内常态。

第3节 跨境电子商务组织与人才

一、跨境电子商务组织创新

(一) 生产和流通关系发生根本性转变

生产规模大型化、专业化催生了现代化生产,为了降低生产成本获取规模经济,就需要通过大批量集中生产的方式,这样就出现了产能过剩和供需失衡。生产的过于集中导致了生产远离消费,即生产与消费在时间和空间上难以同步,而互联网信息技术的出现加大了产需之间的分离,商品流通是解决产需分离的核心,流通的地位随之凸显。过去生产决定流通的走向,现在流通引导生产的进行,甚至有些生产直接在流通中进行,即生产流通一体化。

(二) 大数据下物流供应链重组改造

传统的贸易供应链一般由供应商、制造商、分销商、零售商和终端用户组成,传统的供应链中信息流运作模式常见的是链式双向信息流模式。链式双向信息流模式中,信息的交互、决策主要是在相邻节点企业的相邻环节之间进行的。在移动互联网、大数据、云计算以及物联网等技术的推动下,传统的商业模式发生了根本改变,供应渠道更加扁平化,商品流通甚至可以实现从生产者直接到顾客,这样的转变为物流企业在时间和空间两个维度创造新价值奠定了很好的基础。过去是根据往年的销售情况来预测今年的库存和生产,如今借助大数据和云计算随时不断优化库存结构和商品品类,运用大数据和云计算分析建模,有效减少了供需之间的失衡。过去供给决定需求,在互联网的变革下,开始从顾客的需求向上推移,根据需求的信息重新设计相应的供给点的安排,促使整个物流供应链进行重组改造。

(三) 专业化的"第三方物流"兴起

第三方物流,又称 TPL 或 3PL,是指基于物流业务外包的形式,通过签订合同或契约由专业的物流服务公司向物流需求公司提供物流服务。由于互联网技术的应用和现代化生产的发展,企业面临着前所未有的竞争压力,在巨大的竞争压力下,企业不得不专注于自己的核心业务,降低成本和提高效率成为企业获取竞争优势的关键,专业化分工的结果导致了许多非核心业务从企业的生产经营活动中剥离出来,这就为第三方物流提供商创造了巨大的成长空间。互联网的普及与快速发展极大地推动了物流外包领域的扩张。作为一种外部供应商,第三方物流公司的出现改变了传统流通企业粗放式的管理观念,促使传统流通企业向精益化、专业化转变。

(四)跨境电子商务组织的"用户体验"定位

随着互联网的发展,面对网上商城各种线上优惠活动,传统流通企业客流锐减。跨境电子商务对传统贸易的冲击也是如此,不但"去中间化"趋势明显,而且互联网让消费者的消费习惯发生了根本性的改变。跨境电子商务挤占了一部分贸易商的市场份额,从而让另一批贸易商趋于稳定和下沉,贸易商或制造商开始坚守自己的"品质、体验和服务",他们利用用户反馈与评价让顾客产生更好的感受,进而让消费者形成持续信任和依赖,通过互联网渠道在体验上与客户产生连接,同时将自己的服务提高到超出消费者的预期。

二、跨境电子商务职业人才现状

(一)跨境电子商务发展背景

近年来,我国的跨境电子商务发展很快,跨境电子商务在国际贸易中的地位和作用正日益重要。另外,我国政府高度重视跨境电子商务的发展。自2012年以来,政府频繁出台相关政策,以促进跨境电子商务快速、健康地发展。2016年,在中国(杭州)跨境电子商务综合试验区基础上,我国在天津、上海、宁波、苏州等12个城市设立跨境电子商务综合试验区。

随着我国跨境电子商务的快速发展,各类企业对跨境电子商务人才的需求越来越强烈。虽然目前开设国际贸易和电子商务专业的学校很多,学校每年向企业输送大量的国际贸易和电子商务专业的毕业生,但是,兼具国际贸易和电子商务特征的跨境电子商务企业对人才素质的综合性需求较强。单一的专业无法满足企业对人才的需求,越来越多的企业招不到合适的跨境电子商务人才,人才缺口依然很大。

(二)跨境电子商务职业人才调查状况

全国电子商务职业教育指导委员会跨境电子商务人才培养指南开发项目组为及时跟踪了解我国跨境电子商务行业发展现状、从业人员现状、岗位需求状况以及各岗位所要求的职业知识、技能及素养,开展了跨境电子商务职业能力开发、人才培养方案制定、课程标准开发、实训基地建设、人才培养方案制定等工作,并就当前跨境电子商务进出口企业人才需求进行调研。

1. 关于人员岗位结构现状

调研发现,目前跨境电子商务涉及的岗位主要包括营销策划总监、运营主管、物流主管、国际市场推广专员、营销专员、海外仓专员、网站开发专员、UI设计师、网络编辑等。其中,跨境电子商务进出口企业在岗位类别、岗位排名、人员规模方面基本一致,但与出口企业相比,进口类企业多了采购的岗位,而且进口企业对此类岗位重视度比较高,仅次于客服专员。

2. 关于人才层次现状

进出口电商企业人才学历分布区域一致,目前跨境电子商务企业人才学历层次主要集中在本科和高职两个层次,其次是研究生学历及中职等其他学历层次的人才。但是,目前各级、各类学校相关人才的培养还不能达到跨境电子商务企业对从业人员实践操作能力方面的要求。

3. 关于各层次人才面向的职业范围

体现的职业范围为学生毕业时的就业岗位以及毕业3~5年后其职业发展可能达到的职位。

(1) 本科面向的职业范围

在跨境电子商务出口人才需求方面,对本科人才需求比例较高的岗位有运营主管(国外)、客服主管(国外)、营销策划总监(国外)、物流主管等。在跨境电子商务进口人才需求方面,外汇管理专员、客服主管(国内)、物流主管、国际采购专员(国外)、运营主管等岗位对本科人才需求量较大,但不同地区对同一岗位的学历要求相异。另外,本科生面向跨境出口企业比进口企业多出的退税专员、海外仓专员(国外)、国际市场推广专员(国外)岗位,对岗位人员在税务、国际商务、国际物流等方面均具有较高的要求。跨境电子商务进口企业比出口企业多出了外汇管理专员和国际采购专员,并且对岗位人员在国际经济与贸易、国际采购等方面有较高要求。因此,本科毕业生主要面向对外语、计算机、专业深度、科学管理水平要求较高的复合型岗位。

(2) 高职面向的职业范围

在跨境电子商务出口人才需求方面,对高职高专人才需求比例较高的岗位有备案专员、仓库管理员(国内)、仓储申请专员(国内)、物流专员、客服专员(国外)等。在跨境进口企业人才需求方面,对高职高专毕业生需求较多的有运营专员、物流主管、客服专员(国内)、营销专员、备案专员、物流专员、仓库管理员等。因此,高职高专毕业生主要面向备案专员、仓库管理员(国内)、物流专员、运营专员等生产管理一线的专业岗位,此类岗位通常对岗位人员专业知识储备和操作技术熟练程度有较高要求。

(3) 中职面向的职业范围

目前,中职毕业生就业主要面向仓库管理员(国内)、运营专员(国外)、物流主管、客服专员、网站开发员、营销专员等相关的岗位。

总体来说,跨境电子商务出口型岗位人才需求量大于进口型,跨境进出口岗位学历要求基本一致。经济较发达地区对跨境电子商务人才需求更高,这些特征与国内跨境电子商务的发展处于初期阶段是相符的,也说明了当今我国对跨境电子商务专业人才的需求是迫切的。

三、跨境电子商务岗位划分

(一)跨境电子商务相关岗位划分

跨境电子商务先关岗位可以做以下划分(如下图1-1所示)。

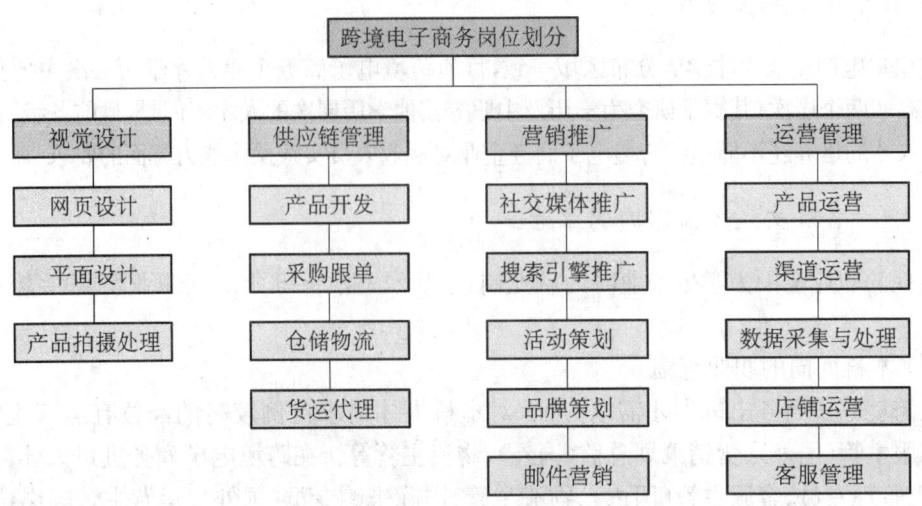

图 1-1 跨境电子商务岗位划分

(二) 跨境电子商务相关岗位说明

1. 跨境电子商务视觉类岗位说明

岗位	说 明
网页设计	● **概念界定**：网页设计师是指精通 Photoshop、Coreldraw、Frontpage、Dreamweaver 等多项网页设计工具的网页设计人员 ● **工作内容**：项目中各种交互界面、LOGO、按钮等相关元素的设计及制作；提升产品的用户体验与视觉美观度，推进界面及交互设计的最终实现 ● **核心技能**：绘图制作软件运用能力、审美能力、创新创意能力、图形图像处理能力、网页美工能力
平面设计	● **概念界定**：平面设计师是在二度空间的平面材质上，运用各种视觉元素的组合及编排来表现其设计理念及形象的方式 ● **工作内容**：公司形象、品牌形象、产品包装及宣传材料设计，商品的美化，图片、动画、广告等设计和制作 ● **核心技能**：创新创意能力、设计软件应用能力、图形图像处理能力、包装设计能力
产品拍摄处理	● **概念界定**：摄影师是指使用照相机、感光片、光源和造型技艺在室内外拍摄人像、风景、产品及生产或生活图像信息的人员 ● **工作内容**：负责公司日常宣传的拍照，负责公司平台商品的拍照发布 ● **核心技能**：拍照能力、审美能力、图形图像处理能力、视频制作能力

2. 跨境电子商务供应链管理类岗位说明

岗位	说　　明
产品开发	● **概念界定**：关注市场动态，评估市场容量，分析产品前景，开发在外贸电子商务市场上具有市场潜力的产品 ● **工作内容**：制定开发市场目标；制定产品开发计划，搜集、分析、汇总及评估新产品的信息 ● **核心技能**：市场洞察能力、创新创意能力、商业敏感能力、行业分析能力
采购跟单	● **概念界定**：指负责开发、评审、管理产品供应商，优化产品供应渠道，降低采购成本，进行采购过程全程跟踪 ● **工作内容**：分析采购需求，开发合适的供应商，并对采购过程进行全程跟踪和服务，对产品的质量、销售、售后等进行调查和服务 ● **核心技能**：采购操作能力、制定采购计划能力、成本核算能力、供应商开发能力、商务谈判能力
仓储物流	● **概念界定**：指的是商品的出入库管理和物流发货运输管理 ● **工作内容**：管理库存货品，保持合理的安全库存；掌握货品流动与库存状况，进行实物盘点；定期盘点实物，定期审核和结算仓储费用；制定物流运输方案 ● **核心技能**：协调管理能力、出入库管理能力、理货能力、盘点结算能力、物流方案制定能力、风险防控能力
货运代理	● **概念界定**：代表所属企业（单位）向海关和检验检疫部门办理进出口货物报关纳税、检验检疫等通关手续，并以此为职业的人员 ● **工作内容**：申报出口货物的商品编码、商品名称、规格型号等报关单有关项目，并办理填制报关单、提交报关单证等与申报有关的事宜；申请办理缴纳税费和退税、补税事宜，办理出入境检验检疫业务 ● **核心技能**：清关能力、报关知识运用能力、处理跨境电子商务法律法规能力、单证处理能力、外语能力

3. 跨境电子商务营销推广类岗位说明

岗位	说　　明
社交媒体推广	● **概念界定**：利用海外媒体和社交网站使企业获得海外品牌及当地询盘的一种服务 ● **工作内容**：负责在各个海外主流媒体、论坛、社区进行品牌、产品的推广和运营，提高网站关键词排名，网站浏览量和订单转换率；提升产品及品牌知名度和用户口碑 ● **核心技能**：社交媒体运营操作能力、营销推广能力、数据总结分析能力、外语能力
搜索引擎推广	● **概念界定**：负责公司的独立站 SEM 推广、SEO 优化，提出相关优化方案；评估、分析网站的关键词，提升网站关键词在谷歌等搜索引擎的排名 ● **工作内容**：利用网络营销手段（Google Adwords/Retargeting）获取国际目标买家。与产品类目管理部门协作，挖掘顾客需求和产品卖点，确定推广策略 ● **核心技能**：SEO 能力、办公软件应用能力、竞价推广能力、外语能力
活动策划	● **概念界定**：负责和主导各大平台线上线下活动的策划与执行工作，包括活动策划方案的编写、商务谈判、活动执行、资源协调，对活动效果负责 ● **工作内容**：负责各商业活动的策划与组织实施；协助部门经理对活动进行整体协调；负责活动现场的统筹、监督管理与执行；执行定期行销活动资讯的更新与维护 ● **核心技能**：活动策划能力、项目协调能力、贯彻执行能力、资源调配能力、沟通表达能力、临场应变能力、活动组织能力、外语能力

续 表

岗位	说　　明
品牌策划	● **概念界定**：指企业针对外部环境的变化给品牌带来的影响所进行的维护品牌形象、保持品牌的市场地位和品牌价值的一系列活动的统称 ● **工作内容**：对品牌推广及内容营销的执行效果进行监测并不断优化执行方式；负责品牌广告的预算、审核、管理 ● **核心技能**：品牌推广能力、创新创意能力、竞品分析能力、外语能力
邮件营销	● **概念界定**：通过电子邮件的方式向目标用户传递有价值信息的一种营销手段 ● **工作内容**：推广品牌形象，对客户提供产品和服务，维护客户关系、拓展新客户 ● **核心技能**：文案撰写能力、数据分析能力、外语能力、客户关系处理能力

4. 运营管理类岗位说明

岗位	说　　明
产品运营	● **概念界定**：分析和调研商品市场需求，优化品类结构，提炼商品买点，制定品类目标等的相关活动 ● **工作内容**：负责商品和品类发展规划和日常经营管理工作，制定运营方案、目标及执行策略 ● **核心技能**：数据分析能力、市场调研、类目优化能力、外语能力
渠道运营	● **概念界定**：构建商品的销售渠道，维护站内站外销售推广平台，制定销售目标和运营目标 ● **工作内容**：负责维护线上渠道关系；负责平台内运营渠道的维护和评估；负责维护线下分销渠道和社交平台的维护 ● **核心技能**：沟通交流能力、营销推广能力、渠道开拓能力、站内推广能力、外语能力
数据采集与处理	● **概念界定**：专门从事行业数据搜集、整理、分析，并依据数据做出行业研究、评估和预测的专业人员 ● **工作内容**：利用数据给产品、营销、运营等提供必要的、有力的、有价值的分析支持，提高运营的有效性 ● **核心技能**：数据分析能力、指标搭建能力、数据处理能力、外语能力
店铺运营	● **概念界定**：主要是指在相关跨境电子商务平台中开展店铺规划、日常维护、活动推广、数据分析等相关活动 ● **工作内容**：负责平台账号的管理，商品 SKU 和类目的日常维护，完善平台各项政策与制度，保持平台好评率和信用度 ● **核心技能**：平台运营能力、成本核算能力、数据分析能力、竞品分析能力、外语能力
客服管理	● **概念界定**：为平台客户提供包括咨询、订单查询、售后服务等相关活动的人员 ● **工作内容**：在线处理客户咨询、投诉；巩固客户关系，为客户提供最具针对性的解决方案；及时反馈客户的意见和建议；提升客户满意度 ● **核心技能**：情绪管控能力、客户管理能力、沟通交流能力、纠纷处理能力、客户调研能力、外语能力

四、跨境电子商务岗位所需技能解析

(一) 视觉设计类岗位

岗位方向	岗位名称	工作场景	职业能力	技能工具	基本素质
视觉设计	网页设计	跨境电子商务平台、跨境运营企业、社交网站	网站设计、网页布局、WEB前端设计、流行趋势把握、视觉传达、视觉设计、用户体验设计、风格把控、设计规范、创意设计、界面设计、平面设计、交互设计、动效设计、图文搭配、色彩搭配、字体设计、跨文化交际、语言处理、平台规则、政策法规	图形设计软件、网页制作软件、原型制作软件	团队意识、创新意识、学习能力、语言表达能力、审美能力、敏感度、抗压能力、执行力
	平面设计	跨境电子商务平台、跨境运营企业、社交网站、自媒体、报纸杂志	网站设计、视觉设计、用户体验计、风格把控、设计规范、创意设计、界面设计、平面设计、图文搭配、色彩搭配、字体设计、界面审美、视觉传达、跨文化交际、语言处理、平台规则、政策法规	平面设计软件、排版软件	团队意识、创新意识、学习能力、语言表达能力、审美能力、敏感度、抗压能力、执行力
	产品拍摄处理	跨境电子商务平台、跨境运营企业、自媒体、报纸杂志	摄影、艺术修养、图像审美、协调沟通、色彩搭配、视频剪辑、特效处理、视觉传达、跨文化交际、语言处理、平台规则、政策法规	剪辑工具、平面设计软件、调色软件	团队意识、创新意识、学习能力、语言表达能力、审美能力、执行力

(二) 供应链管理类岗位

岗位方向	岗位名称	工作场景	职业能力	技能工具	基本素质
供应链管理	产品开发	跨境电子商务平台、外贸企业、跨境运营企业、自媒体	商务谈判、创新创意、沟通协调、贯彻执行、商业敏感、营销推广、行业分析、市场分析、跨文化交际、语言处理、平台规则、政策法规	思维导图工具、办公软件	创新意识、学习能力、语言表达能力、审美能力、社交活动能力、敏感度、抗压能力、执行力
	采购跟单	跨境运营企业、外贸企业、跨境平台	市场预测、供应商开发、供应商考核、商务谈判、采购系统管理、订单跟踪、询价比价、品质管理、成本核算、渠道拓展、出入库管理	采购系统、POS系统、出入库系统、智能终端系统、条码系统、搜索引擎、采购系统、办公软件	团队意识、创新意识、学习能力、语言表达能力、审美能力、社交活动能力、逻辑思维能力、敏感度、抗压能力、执行力

续表

岗位方向	岗位名称	工作场景	职业能力	技能工具	基本素质
供应链管理	仓储物流	仓储管理、快递物流	仓库管理系统应用、仓储规划、出入库管理、摆货理货、货物分拣、货物打包、管理协调、仓库盘点、库存优化、退货处理、仓库保管保养、订单跟踪、询价比价、物流模板设置、品质管理、ERP管理、海外仓应用、风险防控	POS系统、条码系统、单据制作工具、仓储信息系统、自动化仓储设备、办公软件	团队意识、创新意识、学习能力、语言表达能力、社交活动能力、抗压能力、执行力
	货运代理	报关报检公司、报关报检平台、物流公司、外贸企业	单证处理、外语能力、外贸法规、商品知识、国际贸易术语、办公软件应用、单据处理、通关处理、海运常识	报关员资格证、通关电子化系统、办公软件、单证管理系统、报检员资格证书	团队意识、学习能力、语言表达能力、社交活动能力、逻辑思维能力、敏感度、抗压能力、执行力

（三）营销推广类岗位

岗位方向	岗位名称	工作场景	职业能力	技能工具	基本素质
营销推广	社交媒体推广	跨境电子商务平台、跨境运营企业、社交网站、自媒体	品牌推广、数据分析、渠道拓展、行情分析、活动评估、用户分析、文案制作、热点捕捉、外语能力、跨文化交际、语言处理、平台规则、政策法规、创新创意、产品提炼、推广实施、市场营销、新媒体推广	社交软件、办公软件、H5工具	团队意识、创新意识、学习能力、语言表达能力、审美能力、社交活动能力、逻辑思维能力、敏感度、抗压能力、执行力
	搜索引擎推广	跨境电子商务平台、跨境运营企业、社交网站、搜索引擎平台	方案制定、市场调研、竞品分析、搜索引擎规则、文案制作、外语能力、竞价推广、跨文化交际、语言处理、平台规则、政策法规、关键词优化、SEO、站内推广、数据分析、数据处理	关键词挖掘工具、日志分析工具、SEO排名查询工具、办公软件、数据分析工具、社交软件	团队意识、创新意识、学习能力、语言表达能力、审美能力、逻辑思维能力、敏感度、抗压能力、执行力
	活动策划	跨境电子商务平台、跨境运营企业、自媒体	创新设计、项目协调、贯彻执行、资源调配、沟通表达、临场应变、办公软件应用、跨文化交际、语言处理、平台规则、政策法规、活动申报、绩效评估、成本预算、创新创意、活动组织、外语能力	思维导图工具、办公软件、社交软件、调研工具	团队意识、创新意识、学习能力、语言表达能力、审美能力、社交活动能力、逻辑思维能力、抗压能力、执行力

岗位方向	岗位名称	工作场景	职业能力	技能工具	基本素质
营销推广	品牌策划	跨境电子商务平台、跨境运营企业、社交网站、自媒体、外贸企业	品牌形象定位、品牌定位、品牌保护、品牌价值维护、品牌展现、品牌推广、品牌策划、品牌公关、危机公关、舆情控制、竞争分析、口碑营销、事件策划、跨文化交际、语言处理、平台规则、政策法规、品牌应用、品牌维权、品牌构建、外语能力	办公软件、数据分析工具	团队意识、创新意识、学习能力、语言表达能力、审美能力、社交活动能力、逻辑思维能力、敏感度、抗压能力、执行力
	邮件营销	跨境电子商务平台、跨境运营企业、社交网站、自媒体、外贸企业	文案撰写、EDM 页面设计、数据分析、客户开发、EDM 创意、申诉处理、客户关系处理、EDM 工具应用、跨文化交际、语言处理、平台规则、政策法规	EDM 工具软件、办公软件、文案处理工具	团队意识、创新意识、学习能力、语言表达能力、审美能力、社交活动能力、敏感度、抗压能力、执行力

（四）运营管理类岗位

岗位方向	岗位名称	工作场景	职业能力	技能工具	基本素质
运营管理	产品运营（选品、产品规划）	跨境电子商务平台、跨境运营企业、外贸企业	数据分析、用户分析、成本核算、产品定价、目标市场分析、竞品分析、市场调研、选品优化、卖点提炼、爆款打造、跨文化交际、语言处理、平台规则、政策法规	思维导图工具、办公软件、选品工具	团队意识、创新意识、学习能力、语言表达能力、审美能力、社交活动能力、敏感度、抗压能力、执行力
	渠道运营	跨境电子商务平台、跨境运营企业、社交网站、外贸企业	社区运营、搜索引擎运营、平台运营、KOL 运营、引擎广告运营、直通车推广、钻展营销、海报设计、宣传单设计、POP 促销、DM 促销、分销渠道管理、社交平台运营、站内推广、外语能力	思维导图工具、办公软件	团队意识、创新意识、学习能力、语言表达能力、社交活动能力、逻辑思维能力、抗压能力、执行力
	数据采集与处理	跨境电子商务平台、跨境运营企业、社交网站、外贸企业	需求分析、数据采集、数据分析、数据统计、数据挖掘、报告编写、问题寻找、报表汇总、数据跟踪、报告评估、数据处理、图表制作、数据源获取、指标体系建立、报告应用、工具选择应用、外语能力	数据分析工具、办公软件	团队意识、创新意识、学习能力、语言表达能力、社交活动能力、逻辑思维能力、敏感度、抗压能力、执行力

续 表

岗位方向	岗位名称	工作场景	职业能力	技能工具	基本素质
运营管理	店铺运营	跨境电子商务平台、跨境运营企业、自媒体	平台规则、店铺设置、行情分析、竞争对手分析、市场推广、营销策划、统筹协调、运营定位、活动策划、活动评估、店铺数据分析、KPI考核管理、流量获取、类目管理、详情页制作、上下架、站内活动申报、站内活动评估、站内活动策划、数据分析、竞品分析、支付结算、物流核算、外语能力	办公软件、支付结算软件、社交软件、选品工具、数据分析工具	团队意识、创新意识、学习能力、语言表达能力、审美能力、社交活动能力、敏感度、抗压能力、执行力
	客服管理	跨境电子商务平台、跨境运营企业	沟通表达、平台产品信息咨询、平台运营、产品演示、疑义解答、订单跟踪、客户投诉处理、退换货处理、纠纷处理、满意度提升、快速响应、会员管理、客户管理、精准营销、数据分析、引导复购、问题处理、突发事件处理、需求挖掘、物流跟踪、评价管理、外语能力	办公软件、CRM、订单管理系统、社交软件、调研工具	团队意识、学习能力、语言表达能力、审美能力、敏感度、抗压能力、执行力

实 验

跨境电子商务岗位调研与从业规划

一、实验目的

了解跨境电子商务相关企业及岗位情况,学会进行职业规划。

二、实验内容

1. 实验任务

跨境电子商务岗位调研与从业规划。

2. 实验步骤

(1) 查询电子商务企业库,选择自己毕业后想要进入的跨境电子商务企业;

(2) 通过网络搜索了解该企业的岗位架构、业务范畴、发展战略等信息,确定一个自己想要从事的岗位;

(3) 登录各招聘网站或公司官网,搜索该公司该岗位的招聘信息,包括岗位职责与能力需求;

(4) 通过市场调研及咨询前辈,了解该岗位的职业发展路径,做出职业发展规划;

(5) 填写实验产出表格。

3. 实验工具及素材

(1) 招聘网站及网址

① 拉勾：https://www.lagou.com/

② 前程无忧：http://www.51job.com/

③ 中华英才网：http://www.chinahr.com/

④ 智联招聘：http://www.zhaopin.com/

⑤ 猎聘：https://www.liepin.com/

(2) 电子商务企业库

① 电子商务企业库之 B2B 类企业

上市公司： 环球资源、生意宝、慧聪网、焦点科技、上海钢联、环球市场、欧浦智网、金泉网、科通芯城

新三板上市： 钢钢网、国联资源网、钢银电商、中国网库、钢之家、报春电商、中钢网、买卖机械网、锦桥纺织网、钢宝股份、诸葛修车网、搜了网、我的塑料网、票管家、高达软件、网盛数新、世界工厂网、企汇网、刻度信息、品尚汇、进货宝、华强电商、钢之家、康之家

综合类公司： 金银岛、铭万、香港贸发局、义乌购、淘金地、马可波罗、际通宝、一呼百应、鑫网易商、万商汇、沃易购、华南城网、拼多多、农村淘宝、京东、苏宁易购、乐村淘、惠农网、有种网、惠粮网、聚民惠、中粮我买网、唯品会、汇通达、买卖宝、赶街网、1号店、e万家、菜管家、光明都市菜园

服纺类公司： 中国服装网、环球鞋网、网上轻纺城、衣联网、中国绸都网、优料宝、搜布、金蚕网、链尚网

化塑类公司： 找塑料网、环球塑化网、奇化网、快塑网、找化工网、陌贝网、化塑汇、大易有塑、塑米城、我的塑料网、买化塑、世界高铁网、有料网、摩贝、找化客

农业类公司： 小农女、鲜易网、美菜、苗联网、有菜、链菜、宋小菜、饭店联盟、宜花科技、云农场、淘实惠、华禽网

差旅类公司： 票管家、旅游圈、e路同行、旅游圈、51BOOK、蜘蛛旅游网、力行网络、真旅网、八爪鱼、12306、智行火车票、高铁管家

企服类公司： 阿里云、金山云、千米网、钉钉、企业微信、销售易、纷享销客、今目标、容联七陌

快消类公司： 易酒批、品尚汇、进货宝、掌合天下、店商互联、棒小店

钢铁类公司： 找钢网、钢为网、鑫益联、兰格钢铁网、东方钢铁、运钢网、大大买钢、五矿电商、欧冶云商、飞谷网、纳金商城、乐钢网、钢铁王国、中拓钢铁网、河钢云商、荷钢网、中国联合钢铁网、钢谷网、钢域网、金陵钢宝网、积微物联、钢云、斯迪尔、西本新干线、玖隆在线、海鑫钢网、模宝商城、中钢在线、华钢网、中国钢材价格网、钢易网、自由钢铁网、中国钢企网、我爱钢铁网、中国钢市网、意达钢材信息网、中国志金钢铁网、天贸钢铁网、中国钢铁产业网、易联钢网、川盛钢铁网、钢铁123网、铁公鸡网、淘钢网、我要不锈钢、龙文钢材网、嘀嘀拼钢、中国钢铁超市、燕赵钢材现货网、山东钢铁网、成都钢铁网、上钢网、钢牛网、河北钢铁网、广州钢铁网

医药类公司： 珍诚医药、和力物联网、商康网、趣医网、健一网、药给力、快速问医生

印包类公司：中国包装网、找车品、七彩云、找浆纸网、阳光印网
建材类公司：远东电缆、好材、我的石材网
企业门户类公司：中搜、宜搜、易查、天搜、儒豹、巨联、中科聚盟
② 电子商务企业库之跨境电子商务企业
跨境出口电商企业：全球速卖通、兰亭集势、敦煌网、四海商舟、米兰网、易唐网、MFG.com、一达通、香港贸发局、越南中国商品网、DX、Everbuying、FastTech、FocalPrice、MadeInChina、Meritline、PandaWill、TinyDeal、TomTop、ZZKKO、傲基国际、乐狐网、大龙网、有棵树、传神、比邻互动、出口易、环球易购、借卖网、一城一品、阿里巴巴国际站、中国制造网、中国制造网、生意宝 TOOCLE3.0、环球市场、聚贸、亚马逊全球开店、eBay、Wish、棒谷科技、执御、傲基电商、安克创新、通拓科技、价之链、跨境翼、赛维电商、帕拓逊、新华锦、百事泰、择尚科技、恒汇通源、万方网络、宝信环球、三态股份、蓝思网络

跨境进口电商企业：天猫国际、京东、亚马逊、苏宁、唯品会、洋码头、聚美、1号店、顺丰海淘、跨境通、万国优品、考拉海购、爱淘城、西游列国、海淘城、海豚村爱美购、海淘通、酷海淘、德购商城、美月淘、海淘花、跨境易、一帆海购网、跨境淘、拉拉米、五洲会海购、保税国际、小红书、云猴网、街蜜、波罗蜜、蜜淘、什么值得买、格格家、小笨鸟、麦乐购、淘世界、豌豆公主、极客海淘、55海淘、网易考拉、宝贝格子、淘宝、蜜芽、丰趣海淘、贝贝、海狐海淘、比呀比、达令

③ 电子商务企业库之网络零售企业
上市公司：阿里巴巴、当当网、唯品会、趣天麦网、京东、聚美优品、当当网、亚马逊、eBay、天天网
综合平台：京东、天猫、腾讯电商、1号店、凡客诚品、苏宁易购、凡客V+、聚美优品、走秀网、淘宝、当当网、麦考林、国美电商、银泰网、易迅网、新蛋、唯品会、亚马逊、网易严选、国美电器、微店、一淘网、蘑菇街、指动生活、有货、礼物说
C2C类企业：淘宝、拍拍、易趣
海外平台电商企业：新蛋、亚马逊、eBay、MFG.com、乐天、Snapdeal、11main、Flipkart、考拉海淘、Lazada、The Hut、Redmart、Zalora、Shopee、Qoo10、Tokopedia、Tarad、11 street、EZBuy、BigMK
海外垂直电商企业：Zappos、Zulily、Bonobos、Yoox、Fab、Wayfair、Warby Parker、Net-a-Porter、Honest
海外O2O电商企业：Yelp、Groupon、Zagat、Uber、HRS、TripAdvisor、Airbnb、Livingsocial、Ocado、Warby Parker、Made、Opinio
海外品牌商：GAP、优衣库、ZARA、兰蔻、雅诗兰黛、倩碧
海外传统百货：沃尔玛、玛莎百货、百思买
海外互联网金融：Prosper、Lending Club、Paypal
网络数码品牌：小米手机、乐视、360奇酷、Bambook手机、网易手机、阿里云手机、锤子
网络服装品牌：凡客、马萨玛索、七格格、韩都衣舍、茵曼、裂帛、绿盒子、天使之城、兰缪、初语、欧莎、Justyle、混合二次方、粉红大布娃娃、NOP、百分之一、眼袋自制、零号男、诠渡良品、迪尔马奇、布衣传说、探索者、公子一派、战地吉普、素缕、AK、艾茉

网络箱包品牌：麦包包、简佰格、千姿百袋、伊米妮、北包包

网络鞋类品牌：涉趣、爱米高、人本、卡芙琳、阿卡莎、公羊、羊皮堂、哈森

网络食品品牌：三只松鼠、百草味、艺福堂、壳壳果、新农哥、良品铺子、柠檬绿茶

网络美妆品牌：芳草集、御泥坊、佰草集、袋鼠妈妈、膜法世家、阿芙精油、长生鸟

网络珠宝品牌：钻石小鸟、珂兰钻石、佐卡伊

网络蛋糕品牌：21cake、诺心、极致蛋糕

时尚电商：银泰网、YOHO!有货、奕尚网、高街网、Justyle、百盛网、eBay秀、尚品网、魅力惠、聚风尚、佳品网、寺库、奢华街、第五大道、珍品网、优众、走秀网、美西时尚、ASOS、易趣、naning9、非尚、野糖网

社会化电商：美丽说、蘑菇街、翻东西、花瓣网、凡客达人、零食控、豆瓣、豆果、顽兔、LC风格、爱乐活、蜂向标、微信、新浪微博、腾讯微博、搜狐微博

服装类垂直电商：邦购网、玛萨玛索、兰缪、梦芭莎、衣联网、韩都衣舍、茵曼、裂帛、绿盒子、七格格、天使之城、零号男、欧莎、NOP、太平鸟、七匹狼、骆驼、美特斯邦威、杰克琼斯、优衣库、阿迪达斯、森马、李宁、KAPPA、耐克、安踏、以纯、ZARA、H&M、九牧王、波司登、罗蒙、斯波帝卡、歌莉娅、欧时力、绫致、GXG、JUSTYLE

美妆类垂直电商：乐蜂网、聚美优品、天天网、米奇网、米粒商城、思思网、御泥坊、柚子舍、芳草集、兰蔻、雅诗兰、黛倩ణ、欧莱雅、玫琳凯、百雀羚、雅芳、丝芙兰、宝洁、丽人丽妆、天天美尚、抹茶美妆、小红唇、尚妆

家电类垂直电商：新蛋、新七天、绿森数码、易迅网、小米、华强北、颐高、三星、TCL、苹果、魅族、诺基亚、格力、海尔、美的、佳能、索尼、联想、华硕、戴尔、惠普、酷派、华为、东芝、神舟、长虹、美菱、老板电器、奥马电器、小狗电器

汽车类垂直电商：汽车之家、易车网、车易拍、优信拍、平安好车、车置宝、人人车、好车无忧、瓜子二手车、TrueCar、小马购车、御途网

酒水类垂直电商：酒仙网、也买酒、酒美网、品尚红酒、网酒网、红酒客、五粮液、茅台、泸州老窖

医药类垂直电商：淘宝网/天猫、京东、健一网、九州通、老百姓、珍诚医药、药药好、丁香园、云南白药、汤臣倍健、同仁堂、碧生源、贝茵曼、康恩贝

移动电商：买卖宝、口袋购物、大姨吗、美柚、蘑菇街、美丽说、明星衣橱、达令、美啦美妆、疯蜜、有赞

传统渠道商：沃尔玛、苏宁云商、国美电器、麦德龙、家得宝、家乐福、银泰商业、百联集团、王府井、汤臣倍健、屈臣氏、开心人、永辉超市、万达

国内传统3C/家电品牌：美的、海信、爱国者、惠普、海尔、创维、格兰仕、TCL、方太、帅康、魅族、格力、酷派、华为、神州、长虹

国内服装类传统品牌：七匹狼、李宁、美特斯邦威、森马、唐狮、真维斯、波司登、以纯、斯波帝卡、GXG、马克华菲、太平鸟、歌莉娅、雅莹、骆驼、雅戈尔、红豆、南极人、江南布衣、秋水伊人、紫淑、淑女坊、阿依莲、衣香丽影、杰克琼斯、九牧王、太子龙、Jasonwood

国内鞋类传统品牌：达芙妮、特步、安踏、百丽、奥康、柯玛妮克、红蜻蜓、意尔康、星期六、康奈

国内家纺类传统品牌：博洋家纺、富安娜、水星家纺、罗莱家纺、恒源祥、红豆家纺、梦洋家纺、罗莱生活

国内珠宝类传统品牌：每克拉美、周大福、周生生、老庙、周大生、爱迪尔、施华洛世奇、王廷珠宝

国内家居类传统品牌：顾家家居、曲美现代

国内酒类传统品牌：五粮液、茅台、泸州老窖

国内食品类传统品牌：光明、伊利、新希望、娃哈哈、诺心、百草味、雨润、洽洽、五芳斋、周黑鸭、零食小喵、天天果园、香送、21Cake

国外品牌商：三星、优衣库、麦当劳、卡西欧、可口可乐、Coach、ZARA、爱马仕、耐克、星巴克、兰蔻、玫琳凯、索尼、倩碧、施华洛世奇、ONLY、匡威、Kappa

比价/导购：我查查、一淘网、口袋购物

③ 电子商务企业库之零售 O2O 企业

社交类：微选平台、贝店、小红书、拼多多、环球捕手、有好东西、醉鹅娘、网易推手、云品仓、楚楚推、达令家、好货日报、好物满仓、每日一淘、闲鱼、婚礼纪、享物说、年糕妈妈、幸福西饼、京东拼购、有赞、邻家有货、唯品仓、顺联动力、袋鼠大大、甩甩宝宝、抖仓、胡美今、小鹅通、超链、see、贝贝集团、淘集集、大V店、抖音、云集、海购HGO、蜜芽、凯叔讲故事、苏宁拼购、微盟、小红唇、你我您、美家优享、爱风尚、爱库存、多样屋、花生日记、宜样、泡泡玛特、干聊、LOOK、创客云商、攀登读书会、享橙、达令家、萌店、钉钉、每日优鲜、楚楚推、闪兔、微店、什么值得买、全球时刻、聚宝赞、万色城、点点客、唯享客、唯抽商城、颜品生活、友米乐、淘淘集、安陶真选、碧选、如涵、麦朵、礼物说、爱抢购、浩瀚小店、飞书信、小亚通、零购官网、V小客、拼趣多、红人装、有货、巨袖商城、火球买手

服装类：靠谱好物、LOOK、口袋育儿、OOK、唯柚商城、V小客、拼满货、趣推推、一条视频、云集微店、思埠集团、微卖、逸想天开、礼物说、年糕妈妈、有毒App、火球买手、Camelia山茶花、优衣库、绫致时装、美特斯邦威、歌莉娅、探路者、鄂尔多斯、七匹狼、富安娜、森马服饰、罗莱家纺、梦洁家纺、Bonobos、九牧王、诺奇服装、依文服饰、GAP、Nordstrom、杉杉股份、朗姿股份、雅戈尔、walk.by、美衣地图、衣二三

家居建材类：南西街地板商城、天猫家居、京东家居、美乐乐、齐家网、曲美家具、红星美凯龙、居然之家、尚品宅配、日日顺家居、喜临门、土巴兔、金螳螂、家装e站、家居就、爱空间、惠装、美喵家居、房不剩房、酷漫居、宜华木业、顾家家居、宜家、美兹网、篱笆网、悦装网、汇通达、乐村淘、惠农网、中国农产品网、村村通、农卖网、云特产、中国土特产网、土大姐特产商城

酒类：中酒网、1919酒快直供、酒美网、也买酒、买买圈、链酒、酒立得、酒仙网、品尚红酒、网酒网、民酒网、橡树之约、搜搜酒、酒鬼酒、购酒网、茅台、泸州老窖、青青稞酒、红酒客、酒心网、酒便利、红酒世界网、挖酒网、迷露、酒急达、酒葫芦网、易酒批、一点到、点点酒

生鲜类：顺丰优选、中粮我买网、优菜网、沱沱工社、本地生活、京东生鲜、1号店生鲜、沃尔玛生鲜、菜管家、Farmigo、Argos Ocado、鲜品会、Blue Apron、笨鲜生、订菜网、大茶网、厨易时代、本来生活、15分、小农女送菜、青年菜君、调料师、我厨、五百家、果果哒、每日优鲜、Dmall、天天果园、缤果、天猫、苏宁、亚马逊、京东到家、虹领巾、多点、易果生鲜、盒马鲜生、爱鲜蜂、拼好货、乐生活、鲜易网、一米鲜、拼好货、良食网、新味、豆果网、莆田网、百果园、

Tesco、购菜、优食管家、食讯网、有菜、肉啃肉生鲜、食行生鲜、假日厨坊、邻当、优品悦动、宋小菜、两鲜网、U掌柜、美菜网、找冻品网、果食帮、品珍鲜活、美菜、本来生活、彩虹星球、鲜世纪、天天果园、新发地生鲜、分分钟食材、果时汇、每食家、优配良品、沱沱工社、云之鲜生、蔬东坡、一品一家、顺丰优选、爱鲜蜂、EMS极速鲜、鲜直达、7fresh

鲜花类：roseonly、胡须先生、中国鲜花网、爱尚鲜花、快递鲜花网、中国鲜花礼品网、花点时间、最美花开、花到家、花里花店、野兽派、赫拉公主、FlowerPlus花＋、魔幻主义花店、花开相爱、鲜花说、泰迪鲜花、中康电子商务、我订花网、花集网、泰笛科技

钻石类：佐卡伊、钻石小鸟、珂兰钻石、周大福、周生生、翡翠物语、宝珑网、潮宏基、金大福珠宝、卡地亚、周大生、蒂芙尼、行家圈、钻库网、恩卓拉、此时彼刻、每克拉美、普林尼、东方美宝、戴欧妮、OL珠宝网、戴维尼、九钻网、爱度、totwoo、Blue、Nile、Rocksbox、Orori、TrueFacet、AstleyClarke、SusanCaplan、BaubleBar、Chaumet、De Beers

3C家电类：京东、苏宁、国美、海尔、美的、乐视、亚马逊、易迅网、中关村、新七天、新蛋、绿森数码、太平洋电脑网

房产类：安居客、易居、绿城、ZillowTrulia、游天下、平安好房网、wimdu、彩生活、出国邦、美澳居、Q房网、房呀、107间、青客公寓、驻客公寓

眼镜类：宝岛、亿超眼镜、望客眼镜、LOHO眼镜、伊视可

汽车类：汽车之家、车易拍、优车诚品、车享网、Autotrader、Beepi、优信二手车、车风网、车101、车300、师傅看车、优车诚品、车猫网、天天拍车、小马购车、瓜子二手车、二手车之家、273二手车、易车网

商超百货类：顺丰嘿客、美宜佳、红旗连锁、银泰、王府井、上品折扣、天虹商场、新世界、永辉超市、友阿、猫屋、7-Eleven、飞牛网、万达、沃尔玛、1号店、乐购、华润万家、好邻居、全家、家乐福、华联超市、美廉美、塔吉特、麦德龙、好市多、乐天、山姆士、欧尚、梅西百货、Nordstrom、天狗网、云猴网、大商集团、百盛、马莎百货、马库斯、太平洋百货、宜家、彭尼百货、科尔士百货、老佛爷百货、掌合天下

母婴类：宝宝树、苏宁红孩子、摇篮网、乐友孕、好孩子、孩子王、贝备网、口袋育儿、小鹿叮叮、亲亲我、朵朵云、辣妈帮、绿盒子、宝宝树、蜜芽宝贝、妈妈网、亲亲宝贝、麦乐购、宝贝格子、辣妈商城、母婴之家、PCbaby、育儿网

医药类：北京好药师、七乐康、360健康、微医集团、可得网、河北华佗、健客网、上海道拓医药、搜药送、上海易恒医药科技、德开大药房、健一网、九州通、老百姓、珍诚医药、药药好、丁香园、叮当快药、快方送药、药给力、阿里健康、康爱多掌上药店、微医良药、好药网、天猫医药馆、1药网、药房网、康之家、药品终端网、海王星辰、老百姓大药房、一心堂、金象网

ODM模式：京造网、网易严选、淘宝心选、米家有品、企鹅优品、兔头妈妈甄选

精选模式：码头优选、聚美优选、唯品优品、必要、考拉工厂店

无人便利类：缤果盒子、Amazon Go、淘咖啡、EAT BOX、Take Go、Wheelys、7-Eleven、F5未来商店、百鲜网无人超市、24爱购智能便利店、小e微店、甘来智能微超、GOGO无人超市、果小美、猩便利、乐刻运动、小麦铺、天使之橙、每日优先便利购、咪哒minik、EasyGo未来便利店、深兰科技、哈米科技、豆便利、友唱M-bar、咖啡零点吧、扫货星球、便利家、非洗

不可

零售品牌：壹号餐桌、味back、干货宝、良品铺子、新农哥、三只松鼠、哎呦味、百草味、艺福堂、科尔沁、胡须先生、獐子岛

信息与技术服务平台：大丰收、村村乐、中农网、农技云、云菜园、农分期、微品致远、宅喵生活、海上鲜、云种养、南泥湾、农田管家、一亩田、千米网、冻品在线、我会种、小农女、链农、九拽供应链

农资平台：农商1号、田田圈、云农场、农一网、草帽网、七公里、爱种网

金融平台：聚土地、土流网、翼龙贷、乐钱、京农贷、农发贷

④ 电子商务企业库之生活服务电商

在线团购类：口碑、美团网、大众点评网、百度糯米、拉手网、窝窝团、高朋、Groupon

餐饮及外卖类：美团外卖、饿了么、淘点点、到家美食会、点我吧、生活半径、美餐网、易淘食、外卖超人、好厨师、叫个鸭子、我有外卖、开吃吧、壹号厨房、雕爷牛腩、鹅滴神、美食送、小李炭花、人人湘、下厨房、食神摇摇、大嘴巴、饭本、好豆网、早餐佳、老枝花卤、夹克的虾、好色派沙拉、美妙世界、速位、楼下100、隐食家、回家吃饭、一人宴、优粮生活、天财商龙、客如云、美味不用等、哗啦啦、二维火、掌贝微pos、餐行健、五味、趣吃饭、乐栈、三全、悠先点菜、麦豆米、瑞幸咖啡、连咖啡、友咖啡、小咖、coffee now、外卖超人、外卖超人

在线差旅类：途家网、蚂蚁短租、同程艺龙、携程旅行网、腾邦国际、芒果旅行网、小猪短租、佰程旅行网、去哪儿网、面包旅行、在路上、驴妈妈旅游网、airbnb、马蜂窝、途牛旅游网、众信旅游、海玩网、我趣网、穷游网、GetYourGuide、爱旅行网、筷子旅行网、七洲网、6人游、澳乐网、布拉旅行、游心旅行、童玩儿、跟谁游、世界邦旅行网、悦洋度假、酒店哥哥、住百家、偶们亲子出行、爱由游、唯唯游、飞猪、木西民宿、行知、遨游网、航班管家、航旅纵横、百度旅游、12306、华住、美团旅行

交通出行类：美团打车、易到、Uber、滴滴出行、快的打车、神州租车、一嗨租车、PP租车、LyftGrabTaxi、凹凸租车、AA租车、微微拼车、天天用车、宝驾租车、GrabTaxi、车极客、府上养车、养车点点、嘀嗒拼车、车易安、一点租车、车置宝、租租车、接我拼车、多诺租车、小酷拼车、巴适公交、嗒嗒巴士、包拼车、快快租车、嘟嘟巴士、惠租车、ofo小黄车、摩拜单车、优拜单车、小鸣单车、小鹿单车、CCbike、快免出行、小蓝单车、1步单车、小猪巴士、哈啰出行、西游电单车

在线教育类：阿卡索外教网、掌门一对一、VIPKID、学而思网校、阿凡题、小猿搜题、哒哒英语、黄冈网校、简单学习网、作业帮、小学宝、高思教育、龙门教育、喜马拉雅FM、知乎、得到app、千聊、分答、在行、新东方在线、VIPABC、学大教育、沪江教育、一起作业、极客学院、决胜网、我赢职场、爱辅导、易题库、学习宝、学堂在线、问卷网、星空琴行、365好老师、清睿口语100、孩子学啥、贝聊、轻轻家教、美术宝、选课网、悦宝园、小伴龙、老师好、乐乐课堂、请教他、学霸君、多艺艺术、疯狂老师、北风网、名师宝、学吧课堂、非常大脑、学点啥、跟数学、威科姆、笔记侠、思锐教育、51CTO、学乐中国、Everwise、智慧树、作业盒子、早道日语网校、三好网、优思教育、孩子有课、喵姐早教、流利说

在线票务类：猫眼微影、格瓦拉、大麦网、时光网、豆瓣电影、淘票票、娱票儿、万达电影、卖座电影、钱宝有票

婚嫁类：若爱网、喜事网、到喜啦、婚礼纪、易结网、聚喜猫、婚派网、婚秘、世纪佳缘、百合网、缘来网、网易花田、知己交友网、淘男网、蜜恋网、爱真心网

美业类：波波网、BirchBox、河狸家、嘟嘟美甲、点到按摩、小脸猫、美尔贝、悦美网、整形预约网、形容网、美丽神器、新氧网、更美、真优美、美黛拉、紫薇美妆、素剪、美到家、美丽多、百彩嘉、白鹭美、美丽来、唯美会、美容总监

汽车服务类：贝贝养车、喜汽猫、澎湃养车、麦轮胎、e保养、易捷卡、车险无忧、百车宝、摩卡爱车、e洗车、摩卡i车、响马帮、携车网、车女婿、弼马温养车网、尚匠汽车、优乐养车、呱呱洗车、约养车、乐车邦、车家快修、帮帮养车、怡驾、途虎养车网、汽车超人、优养养车、好胎屋、驾遇、惠驾学车、车点点、典典养车、路况通、路况电台、橙牛违章管家、小桔车服

家政类：窝窝家事、Homejoy、e家洁、阿姨帮、Care.com、阿姨来了、荣昌e袋洗、泡泡洗衣、泰笛洗涤、家政无忧、e家帮、有福妈妈、好阿姨、无忧保姆网、干洗客、爱洗网、懒猫洗衣、e洗网、熊管家、嘉佣坊、管家帮、洁小熊、好慷在线、58到家

在线医疗类：春雨医生、点妙手、点到位、活力蛙、青籁健康、点到、推推熊、一呼医生、天使医生、康大预诊、就医160、7点钟、九阿哥、魔魔达、华佗驾到、冬日中医、名医主刀、小瞄在线、罗宾医生、美呀丽牙、GlycoLeap、医和你、北大医信、涛医宝、巨人网络医疗部、大象医生、安心医生、医联、唯医、好人生、妙手医生、景联科技、平安好医生、腾讯微医

社区服务类：风先生、考拉先生、小区管家、生活半径、新潮小区、实惠APP、小区宝、8天在线、隔壁老王、生活圈C、59store、在家点点、爱助家

运动健身类：悦跑圈、咕咚运动、keep、点点运动、悦动圈、野兽骑行、去动、火辣健身、初炼、Strava、运动家、虎扑、动吧体育、趣运动、乐刻运动、美加美健身、运动侠、君子好球高尔夫、乐奇足球、薄荷网、六块腹肌、识货、体博网、小李子足球装备网、优个网、任意球、当客get、mesuca、激想体育

共享充电宝类：小电、街电、来电、怪兽充电、Hi电、云充吧、美团充电宝、伏特＋

共享雨伞类：漂流伞、要借伞、春笋、摩伞、共享e伞、JJ伞

共享衣服类：多啦衣梦、衣二三、女神派、摩卡盒子、魔法衣橱、爱美无忧、有衣、那衣服

⑤ 电子商务企业库之互联网金融

网络理财类：余额宝、百度理财、微信理财通、京东小金库、苏宁零钱宝、网易现金宝、挖财挖财宝

银行电商：工商银行、农业银行、中国银行、建设银行、交通银行、招商银行、中信银行、浦发银行、广发银行、光大银行、华夏银行、兴业银行、民生银行、浙商银行、微众银行

P2P网站：人人贷、陆金所、拍拍贷、联合贷、红岭创投、宜信、点融网、人人聚财、融360、好贷网、积木盒子、翼龙贷、有利网、爱投资、微贷网、钱多多、花果金融、理财范、宜人贷、你我贷、投哪网、融金所、温商贷、和信贷、团贷网、随时融、口贷网、车能贷、网利宝、贷合力、借贷宝、宜农贷、爱财狼、翼农贷、开鑫贷、金开贷、众信金融、民生易贷、Lending Club、Prosper、Zopa、现金巴士、手机贷

众筹平台类：点名时间、众筹网、天使汇、众筹汇、追梦网、爱创投、大家投、云筹、众投邦、积木盒子、人人投、开始众筹、3W咖啡、苏宁众筹、天使客、天使街、青橘众筹、百度众筹、车库咖啡、大伙投

虚拟货币类：亚马逊、腾讯、新浪、比特币、莱特币、无限币、狗币

网络支付类：Paypal、汇付天下、支付宝、快钱、网银在线、易宝支付、财付通、拉卡拉、环迅支付、微信支付、银联支付、微博支付、钱袋宝、支付宝钱包、Apple Pay、Samsung Pay、小米支付、美团支付、Huawei Pay、翼支付、平安付、盒子支付、万事达、连连支付、Square

网销保险类：淘宝、众安在线、腾讯、苏宁、顺丰、焦点科技、中国人寿、人保财险、中国平安、生命人寿、太平洋保险、泰康人寿、国寿财险、珠江人寿、安邦保险、京东、阳光保险、新华保险、国华人寿、华泰保险、百度保险、意时网、小雨伞保险、携程、去哪儿、生意宝、保保网

电商金融类：蚂蚁金服、生意宝、阿里巴巴、亚马逊、京东、苏宁、eBay、慧聪网、金银岛、敦煌网、一达通、苏宁云商、国美在线、腾讯、万达金融、乐视金融、国美金融、唯品会

移动理财类：挖财、铜板街、盈盈理财、随手记、卡牛、51信用卡管家

消费信贷类：趣分期、分期乐、速溶360、名校贷、优分期、分期购、人人分期、爱学贷、99分期、什马金融、农分期、斑马王国、会分期、房司令、家分期、美分期、课栈、美利金融、买单侠、捷信、米么金服、即科金融

⑥ 电子商务企业库之服务商

物流快递：菜鸟网络、EMS、宅急送、顺丰速运、联邦速递、韵达快运、圆通速递、中国邮政、申通快递、中通速递、汇通快运、如风达、天天快递、环球货联、运满满、福佑卡车、人人快递、京东众包、1号货的、云鸟配送、罗技物流、货车帮、一号货车、速派得、货拉拉、卡行天下、斑马快跑、货快运、优速快递、全峰快递、快捷快递、速尔、全一快递、德邦快递、递四方、转运四方、海带宝、国通快递、速递易、如风达、TNT、UPS、FedEx、DHL、达达、快货运、神盾快运、一站网、易货嘀、快召货车、物流小秘、快狗速运、58速运、叭叭速配、菜鸟裹裹、点我达、蜂鸟、顺丰到家、风先生

代运营类：瑞金麟、兴长信达、五洲在线、上海商派、宝尊、北联伟业、新七天、青葱

电商营销类：亿美软通、亿玛、webpower、博雅立方、四海商舟、悠易互通、好耶、爱点击

电商软件类：百胜软件、管易

培训招聘类：赢动教育、淘宝同学、淘宝大学、前程无忧、智联招聘、中华英才网、派代

网络安全类：金山、瑞星、360、卡巴斯基、乌云

广告联盟类：微信公众平台推广、百度广告联盟、谷歌广告联盟、阿里妈妈、黑马广告联盟、九赢、网易有道、腾讯搜搜

4. 实验产出

（1）企业信息

企业	岗位架构	业务范畴	其他

(2) 岗位信息

岗位	岗位职责	所需技能	发展路径

(3) 个人职业规划

岗位	一年规划	三年规划	五年规划

思考题

1. 跨境电子商务与传统外贸、传统国际贸易以及国内电商之间有什么样的区别?
2. 跨境电子商务的业务流程是什么?
3. 跨境电子商务行业有哪些工作岗位?岗位职责是什么?

第2章 跨境电子商务模式

本章学习概要

1. 跨境电子商务的不同分类方式。
2. 跨境电子商务主要进出口模式。
3. 跨境电子商务主流模式及典型平台。

第1节 跨境电子商务分类

一、按照商品流向划分

按照商品流向可将跨境电子商务分为跨境进口电商和跨境出口电商。

跨境进口电商指的是从事商品进口业务的跨境电子商务,具体是指将境外商品通过电子商务渠道销售到境内市场,通过电子商务平台完成商品展示、交易、支付,并通过线下的跨境物流送达商品、完成商品交易的电商企业。代表企业有天猫国际、京东全球购、洋码头、小红书等。

跨境出口电商指的是从事商品出口业务的跨境电子商务,具体是指将境内商品通过电子商务渠道销售到境外市场,通过电子商务平台完成商品展示、交易、支付,并通过线下的跨境物流送达商品、完成商品交易的电商企业。代表企业有亚马逊海外购、eBay、速卖通、环球资源网、大龙网、兰亭集势、敦煌网等。

二、按照交易主体划分

按照交易主体,通常把跨境电子商务划分为 B2B(Business to Business,企业对企业)、B2C(Business to Consumer,企业对客户)和 C2C(Consumer to Consumer,客户对客户或个人对个人)三类主要模式。

B2B 跨境电子商务主要是指通过互联网进行企业与企业之间的贸易往来与交易,大多是大宗贸易往来。B2B 模式跨境电子商务平台为不同国家或地区的企业提供商品的展示与营销平台,从而帮助企业最终达成交易。B2B 模式跨境电子商务平台的订单金额比较大,目前在跨境电子商务市场上占有重要地位。B2B 模式跨境电子商务平台的代表是阿里巴巴集团的国际站。

B2C跨境电子商务通常是指分属于不同国家或地区的企业和消费者，借助互联网技术，实现商品的查询、选择、购买、支付，最后企业将商品用物流的方式运送到消费者手中的过程。B2C模式跨境电子商务平台利用互联网技术为企业与消费者搭建一个交易的平台，在这个平台上，企业直接将商品卖给消费者，平台通过提供支付、物流、营销展示等服务获得利润。B2C模式跨境电子商务平台通过互联网将商品信息发布到电商平台，全球消费者也通过电商平台选择来自全世界各地的商品，减少了原有的批发商、零售商等一些中间环节，使得跨境交易更加便捷。B2C模式跨境电子商务平台的代表是全球速卖通。

C2C跨境电子商务同目前盛行的"海淘"模式比较相像。C2C模式跨境电子商务平台上聚集了世界各地的买家，是一个供个体与个体进行交易的场所，在这个平台上，大部分卖家都是个人。C2C模式跨境电子商务平台同传统的海外代购相比，也有较大的优势：跨境电子商务平台会审核并提供相应保障来增加交易双方的信任度，同时又满足了不同消费者个性化的需求。C2C模式跨境电子商务平台的代表是eBay。

三、按照服务类型划分

按服务类型划分，跨境电子商务平台可以分为信息服务平台和在线交易平台。

信息服务平台主要是为境内外会员商户提供网络营销平台，传递供应商或采购商等商家的商品或服务信息，促成双方完成交易。代表企业有阿里巴巴国际站、环球资源网、中国制造网。

在线交易平台不仅提供企业、产品、服务等多方面信息展示，并且可以通过平台线上完成搜索、咨询、对比、下单、支付、物流、评价等全购物链环节。在线交易平台模式正在逐渐成为跨境电子商务中的主流模式。代表企业有敦煌网、速卖通、DX、炽昂科技、米兰网、大龙网。

四、按照平台运营方式划分

按照平台运营方式划分，跨境电子商务的模式主要有两种：一是自建跨境电子商务平台，二是入驻第三方跨境电子商务平台。

自营型跨境电子商务通过在线上搭建平台，平台整合供应商资源以较低的进价采购商品，然后以较高的售价出口商品，主要以商品差价作为盈利模式。代表企业有兰亭集势、米兰网、大龙网、炽昂科技。

自营型跨境电子商务的主要特征表现为：① 开发与运营跨境电子商务平台，并作为商品购买主体从境外采购商品与备货；② 涉及商品供应、销售到售后整条供应链。自营型跨境电子商务的优势主要有：① 电商平台与商品都是自营的，掌控能力较强；② 商品质量保障性高，商家信誉度好，消费者信任度高；③ 货源较稳定；④ 跨境物流、关境与商检等环节资源稳定；⑤ 跨境支付便捷。其劣势主要有：① 整体运营成本高；② 资源需求多；③ 运营风险高；④ 资金压力大；⑤ 商品滞销、退换货等问题显著。

跨境电子商务第三方平台即电商销售平台，是外贸企业展示商品和进行交易的场所。

其买卖双方一方是作为卖家的国内外贸企业,另一方是作为海外买家的消费者。第三方平台提供方是为外贸企业自主交易提供信息流、资金流和物流服务的中间平台,它们不参与物流、支付等中间交易环节,其盈利方式是在交易价格的基础上增加一定比例的佣金作为收益。跨境电子商务第三方平台是互联网时代下的产物,相比传统贸易方式有着巨大的优势和市场活力,现已成为对外贸易的新锐力量,也推动着跨境零售出口成为新的外贸交易增长点。当前跨境出口领域比较有代表性的平台有 eBay、速卖通、Wish、亚马逊等。

平台型跨境电子商务的主要特征表现为:① 交易主体提供商品交易的跨境电子商务平台,并不从事商品的购买与销售等相应交易环节;② 国外品牌商、制造商、经销商、网店店主等入驻该跨境电子商务平台从事商品的展示、销售等活动;③ 商家云集,商品种类丰富。平台型跨境电子商务的优势与劣势也较为鲜明,其优势表现为:① 商品的货源广泛;② 商品种类繁多;③ 支付方式便捷;④ 平台规模较大,网站流量较大。其劣势表现为:① 跨境物流、关境与商检等环节缺乏自有的稳定渠道,服务质量不高;② 商品质量保障性差,易出现各类商品质量问题,导致消费者信任度降低。

五、按照行业范围划分

垂直跨境电子商务指在某一个行业或细分市场深化运营的跨境电子商务模式。垂直跨境电子商务不仅有品类垂直跨境电子商务,还有地域垂直跨境电子商务。所谓品类垂直跨境电子商务,主要指专注于某一类产品的跨境电子商务模式,比如近几年比较火热的母婴类;而地域垂直跨境电子商务,则是指专注于某一地域的跨境电子商务模式。

综合跨境电子商务是与垂直跨境电子商务相对应的概念,不像垂直跨境电子商务那样专注于某些特定的领域或某种特定的需求,展示与销售的商品种类繁多,涉及多个行业,如速卖通、亚马逊、eBay、Wish、兰亭集势、敦煌网等。

第2节 跨境进口电商模式

一、海外代购模式

海外代购就是找人帮忙在海外购买商品,通过快递发货或者直接携带回来。随着网络的发展,各种代购网店在网络上兴起。海外代购模式就是身在境外的个人或商户为有需要的国内消费者在当地采购所需要的商品,通过跨国物流将商品送到消费者手中。海外代购模式能够为消费者提供较为丰富的海外产品,可选择的品类多,用户流量也比较大。海外代购提供具有价格优势和品牌优势的国际商品,满足消费者个性化需求。

二、直发/直运平台模式

直发/直运平台模式又称为 dropshipping 模式,电商平台将接收到的消费者订单信息发给批发商或厂商,后者按照订单信息以零售形式给消费者发送货物。供货商是品牌商、批发商或厂商,可见直发/直运是一种典型的第三方 B2C 模式。其主要特点在于:首先,平台在寻找供货商的过程中,选择与可靠的海外供应商直接谈判,签订跨境零售供货协议,因此对跨境供应链的涉入较深;其次,为了解决跨境物流环节问题,这类电商会选择自建国际物流系统或者和特定国家的邮政、物流系统达成战略合作关系。

三、自营 B2C 模式

综合型自营跨境 B2C 平台,是指多品类、多元化经营的电子商务模式,其经营的商品一般是百货类。垂直型自营跨境 B2C 模式,是指在某一个行业或细分市场深化运营的电子商务模式,其网站商品都是同一类型产品。垂直型自营跨境电子商务的优势在于专注和专业,能够提供更加符合特定人群的消费产品,满足某一领域用户的特定习惯,因此能够更容易地取得用户信任,从而加深产品的印象和口碑传播,形成独特的品牌价值。

四、导购/返利模式

返利网的本质是购物导航,其核心价值是为购物网站带来订单。返利网的发展主要依靠返利网站的流量资源,采用购物返现金的形式聚集大量网购会员,会员从这里去各大网上商城购物。作为一种营销手段,它在一定程度上能增加店铺流量和成交量,从而让商家获得更多利益,为商家赢得更多新客户。

五、海外商品闪购模式

海外商品闪购模式就是电商平台定期、定时推出海外产品。闪购模式因电子商务的便捷性,规避了很多现场特卖的不足和缺失,又因其国际品牌商品的稀缺性,营造了良好的线上抢购氛围,满足了众多消费者的购物快感,同时造就了一大批准时蹲点、以在线抢购限量国际名品为消费习惯的海外闪购一族,缩短了用户决策时间,有效提高购买效率。

六、海外商品批发模式

海外商品批发模式即进口跨境 B2B 平台模式。海外经销商通过跨境电子商务平台与国内零售商进行跨境贸易,将最优质的货源低价供给与终端用户直接接触的卖家。进口跨境 B2B 到目前为止基本上都属于小额批发,充当中介撮合的作用,在境外商品和境内企业之间搭建沟通的桥梁。

第3节 跨境出口电商模式

一、跨境出口 B2B 模式

1. 信息服务平台

模式介绍：通过第三方跨境电子商务平台进行信息发布或信息搜索完成交易撮合的服务，其主要盈利模式包括收取会员服务费用和增值服务费用。

会员服务即卖方每年缴纳一定的会员费用后享受平台提供的各种服务，会员费是平台的主要收入来源。目前，该种盈利模式市场趋向饱和。

增值服务即买卖双方免费成为平台会员后，平台为买卖双方提供增值服务，主要包括竞价排名、点击付费及展位推广服务。竞价排名是信息服务平台进行增值服务最为成熟的盈利模式。

代表企业：阿里巴巴国际站、生意宝国际站、环球资源网、焦点科技。

2. 交易服务平台

模式介绍：能够实现买卖供需双方之间的网上交易和在线电子支付的一种商业模式，其主要盈利模式包括收取佣金以及展示费用。

佣金制是在成交以后按比例收取一定的佣金，不同行业采取不同的量度。买家可以通过真实交易数据准确地了解卖家状况。

展示费是上传产品时收取的费用，在不区分展位大小的同时，只要展示产品信息便收取费用，直接线上支付展示费用。

代表企业：敦煌网、大龙网、易唐网。

二、跨境出口 B2B 模式

1. 开放平台

模式介绍：开放平台开放的内容涉及出口电商的各个环节，除了开放买家和卖家数据外，还包括开放商品、店铺、交易、物流、评价、仓储、营销推广等各环节和流程的业务，实现应用和平台系统化对接，并围绕平台建立自身开发者生态系统。

开放平台更多地作为管理运营平台商存在，通过整合平台服务资源和共享数据，为买卖双方服务。

代表企业：亚马逊、速卖通、eBay、Wish。

2. 自营平台

模式介绍:平台对其经营的产品进行统一生产或采购、产品展示、在线交易,并通过配送将产品投放给最终消费群体。

自营平台通过量身定做符合自我品牌诉求和消费者需要的采购标准,来引入、管理和销售各品牌的商品,以品牌为支撑点突显自身的可靠性。自营平台在商品的引入、分类、展示、交易、配送、售后保障等整个交易流程各个重点环节管理均发力布局,通过互联网信息技术系统管理、建设大型仓储物流体系,实现对交易流程的实时管理。

代表企业:兰亭集势、环球易购、米兰网、DX。

第4节 跨境电子商务主流模式及平台

一、第三方跨境电子商务 B2B 模式及平台

(一) 模式简介

第三方跨境电子商务 B2B 平台,就是为交易活动中跨境电子商务 B2B 买卖双方提供信息发布、贸易磋商服务的机会和平台。

第三方跨境电子商务 B2B 平台模式,将跨境电子商务交易过程中所涉及的销售物流、金融、通关、外汇、售后等服务集中在平台上,跨境电子商务 B2B 企业凭借平台在全球各地的营销网络系统,以及海外仓开展跨境交易业务。全程的第三方跨境 B2B 平台可以为跨境电子商务 B2B 企业提供一条龙的外贸业务,如物流运输、海外营销推广、出口代理、售后等服务,解决跨境电子商务出口难题。

(二) 优势

第三方跨境电子商务 B2B 平台实现了各方资源的优化整合,为跨境电子商务企业降低了进入海外市场的门槛,为跨境电子商务 B2B 企业聚集了全球各地的家流量,减少企业的流量获取成本。

物流方面,为跨境电子商务 B2B 企业提供完善的物流服务体系支撑,很好地提升了跨境电子商务 B2B 企业客户的物流体验。

支付方面,为跨境电子商务 B2B 买卖双方企业提供第三方结算支持,增加双方交易的可信度。

跨境电子商务 B2B 企业可以依靠第三方平台的功能、服务等优势,提升客户体验。

(三) 缺点

容易受平台规则变化的限制,卖家处于比较被动的地位,也很难实现销售模式的创新。随着平台上卖家数量的不断增加,平台内部同行卖家间的竞争程度不断加剧,容易引发

价格战,卖家不得不降低价格,毛利也被迫压低。毛利的降低,使卖家很难对产品质量进行改善,质量越低,竞争力越低,价格就越低,可能形成恶性循环。

比价的竞争使卖家更倾向提供成本更低的产品,而无动力进行创新。价格透明,价格战激烈,导致无休止的比价,卖家很难进行客户群的积累。

平台上卖家数量庞大,各自的运营技巧悬殊,加上竞争激烈,可能出现好产品卖不过差产品的现象,不利于品牌形象的塑造。

(四)第三方跨境电子商务 B2B 平台代表

目前运行的第三方跨境电子商务 B2B 平台典型代表有阿里巴巴、环球资源网、中国制造网、敦煌网。虽然都归属为第三方跨境电子商务 B2B 平台,但它们各自的定位却有很大的区别。阿里巴巴的定位是全球领先的采购批发平台;环球资源网的定位是多渠道 B2B 媒体公司,促进大中华区的对外贸易;中国制造网的定位是中国产品信息荟萃的网上世界,将中国制造的产品介绍给全球采购商;敦煌网的定位是聚集中国众多中小卖家的产品,为国外众多中小买家有效提供采购服务的全天候国际网上批发交易平台。

二、独立跨境电子商务 B2B 模式及平台

(一)模式简介

独立跨境电子商务 B2B,是相对第三方跨境电子商务 B2B 而言的,是企业卖家与企业买家之间通过网络进行数据信息的交换、传递,直接开展交易活动的商业模式。B2B 卖家拥有自己的外贸网站,直接面对海外的 B2B 买家,交易流程以卖家的外贸网站为核心开展商业贸易。

(二)优势

国外 B2B 买家对国内 B2B 卖家的关注,更多的是企业信誉、企业实力、产品质量、品牌形象、生产能力、创新能力、服务能力等,而独立的网站能够全面、多角度地展示独特的品牌故事与企业实力,更容易取得国外 B2B 买家的信任。因此,独立跨境电子商务 B2B 模式在向买家展示企业实力、品牌形象、生产能力等方面更具有优势。

(三)独立跨境电子商务 B2B 平台代表

国内比较成功的独立跨境电子商务 B2B 典型代表有极赛。极赛,是跨境电子商务营销第一股——广州英虎网络股份有限公司旗下的跨境电子商务平台,致力于为独立跨境电子商务 B2B 企业服务,以"跨境电子商务独立才是王道"为理念,利用大数据对海外市场进行全面分析,为企业挖掘蓝海市场,从而为企业独立的 B2B 网站精准匹配客户,向网站独立引流,最终实现精准营销。

当然,采用独立跨境电子商务 B2B 模式的卖家要具备很强的实操能力,对贸易整个过程中涉及的各项流程,如报关、物流、支付结算、仓储、售后服务等要有独立的操作能力,才能将独立跨境电子商务 B2B 的优势最大化发挥出来。

三、第三方跨境 B2C 模式及平台

(一) 模式简介

B2C(Business to Customer)是企业与个人消费者通过互联网进行数字信息的交换、传递,开展交易活动的商业模式。卖家是企业,买家是个人消费者。

第三方跨境电子商务 B2C 平台,让众多的卖家企业与个人消费者通过集认证、付费、安全、客服和渠道于一体的专业第三方平台,完成买卖双方之间的跨境交易。

(二) 优势

为跨境电子商务 B2C 企业聚集了全球各地的消费者流量,减少企业的流量获取成本。

物流方面:为跨境电子商务 B2C 企业提供完善的物流服务体系支撑,很好地提升了客户的物流体验。

支付方面:为买卖双方提供第三方结算支持,增加双方交易的可信度。跨境电子商务 B2C 企业可以依靠第三方平台的功能、服务等优势,提升客户购物体验。

(三) 缺点

受平台规则变化的限制,卖家难以绕出平台限制实现创新。卖家集中聚集在一起,同类产品卖家之间的竞争激烈。激烈的竞争使卖家不得不降低价格去吸引消费者,低价出售商品,而这样意味着利润的降低。于是卖家又不得不通过降低产品质量来降低成本,以保持一定的利润空间。如此恶性循环,只会导致产品质量变差以及品牌信誉的降低。依靠平台的服务、流量分发,卖家企业容易对平台产生依赖性,品牌独立性不强。

(四) 第三方跨境电子商务 B2C 平台代表

目前,运行的第三方跨境电子商务 B2C 平台的典型代表有亚马逊、速卖通、Wish。这三个 B2C 平台的定位各有特色。速卖通的定位是帮助中国小企业接触终端消费者,小批量多批次快速销售,拓展利润空间,打造融订单、支付、物流于一体的外贸在线交易平台。亚马逊的定位就比较特别,采取阶段性定位战略。1994—1997 年,亚马逊第一次定位是成为"地球上最大的书店";1997—2001 年,亚马逊第二次定位是成为"最大的综合网络零售商";2001 年至今,亚马逊第三次定位是成为"最以客户为中心的企业"。Wish 的定位是一家移动跨境电子商务 B2C 平台,通过愿望清单的模式为用户提供产品分享、购买服务。

四、独立跨境 B2C 模式及平台

(一) 模式简介

独立跨境电子商务 B2C 是企业卖家利用外贸商城网站直接对接海外个人消费者,交易

流程包括商品咨询、下单、付款、物流信息查询、退换货服务、商品评价等,都集中在企业卖家的独立商城网站进行。

虽然现在第三方跨境电子商务 B2C 发展态势良好,但对于某些细分领域中具有独特优势的企业,第三方跨境电子商务 B2C 平台可能不是最好的选择。于是,在众多细分领域中纷纷出现一些走独立跨境电子商务 B2C 的企业,独自寻找自己在海外市场的发展空间。

(二) 优势

与第三方跨境电子商务 B2C 相比,独立跨境电子商务 B2C 的运营与发展更具灵活性、独特性,独特优势在于:

能够走差异化道路,为消费者提供个性化定制服务,打造自己独特的竞争优势。以某一细分领域切入,集中精力精细化运营,能够更好地满足消费者的某一特定需求。自主选择产品供应商,对所销售的产品直接进行质量监控,有效控制品质与供货进度。能够直接动态掌握客户需求与反馈,并迅速将客户的需求反馈给国内制造企业,更好地满足消费者实时变化的消费需求,迅速捕捉商机。当达到一定的规模时,容易形成规模效应,平台影响力也得到增强。通过创立平台网站的特色品牌,有利于中国制造的品牌在海外市场的推广,更有利于树立国际品牌形象。

(三) 缺点

独立跨境电子商务 B2C 走自主经营道路的过程中,会遇到一些发展障碍,主要表现为:

(1) 营销推广费昂贵。独立跨境电子商务 B2C 对流量要求较高,且完全依靠自己导入,为获取更多的新用户,就必须要增加网站的营销推广费。

(2) 对搜索引擎的依赖性强。独立网站流量的最主要入口是搜索引擎,因此对搜索引擎营销具有比较强的依赖性。

(3) 物流成本、体验有待优化。独立跨境电子商务 B2C 面向的是海外个人消费者,订单小,物流配送时间长,包裹容易丢失或损坏,导致物流成本高,物流体验差。

(4) 缺乏专业人才。独立跨境电子商务 B2C 订单的小额化、高频率,需要对应的客户服务人员多,针对海外消费者的小语种人才,目前的状况在国内是紧缺的。独立运营网站需要熟悉海外市场的专业营销推广人员,这类人才也是相对缺乏的。无论是小语种人才,还是专业的海外推广营销人才,由于人才供给不足,跨境电子商务企业纷纷展开对人才的争夺,人才竞争激烈。

(四) 独立跨境 B2C 平台代表

目前,独立跨境电子商务 B2C 的典型代表有环球易购、兰亭集势、米兰网、DX。

环球易购的定位是国内领先的出口跨境电子商务零售企业,主要采用买断式自营方式进行海外直销,推广中国制造。

兰亭集势的定位是为全世界中小零售商提供一个基于互联网的全球整合供应链,集合国内供应商向国际市场提供"长尾式采购"模式。

米兰网定位于"Dress Difference",利用跨国在线零售的方式,通过其创新的商业模式、领先的精准网络营销技术、世界一流的供应链体系,引领新的商业文明,为全球消费者提供具有品质保障且独特的时尚服饰。

DX 的定位是国内第一家真正意义上的跨境电子商务 B2C 企业,主营 3C 电子产品,设置比价功能,以期做全网最低价。

五、第三方跨境 C2C 模式及平台

(一) 模式简介

C2C(Customer to Customer)是个人卖家与个人消费者通过互联网进行信息的交换、传递,开展交易活动的商业模式。卖方是个人卖家,买方即个人消费者。

第三方跨境电子商务 C2C 平台是众多的个人卖家与个人消费者通过某个集认证、付费、安全、客服和渠道于一体的专业第三方平台,完成买卖双方之间的跨境交易。

(二) 优势

弥补了个人卖家在引流与营销技巧上的先天不足,降低了国内个人卖家进入国际市场的门槛。实现了个人卖家只需要投入比较少的成本,就能够将产品卖到海外市场的目标,主要体现在节省了货品展示成本、网店成本、营销成本等方面。个人卖家很难为客户提供完善的物流服务,依靠平台,就能够很好地提升客户的物流体验。相比于企业卖家,个人卖家在与客户建立信任度方面,特别是在支付环节上比较困难,有平台作为支撑提供第三方支付结算,更容易取得消费者的信任。

(三) 缺点

个人卖家对平台的依赖性大,处于比较被动的地位。与企业卖家相比,个人卖家的采购议价能力比较差,在平台上的竞争能力比较低。这种商业模式发展有局限性,较难真正做到规范化和标准化,平台对品质和真伪的控制能力比较弱,买家的信任度不如 B2C 等模式。

(四) 第三方跨境电子商务 C2C 平台代表

单纯的第三方跨境电子商务 C2C 平台,这种商业模式的发展目前来看还比较薄弱,典型代表之一的 Etsy 是一个在线销售手工工艺品的网站,集聚一大批极富影响力和号召力的手工艺术品设计师在 Etsy 开店,销售自己的手工艺品。

实 验

速卖通前台体验

一、实验目的

了解速卖通平台各模块的含义及功能。

二、实验内容

1. 实验任务

体验速卖通,并搜索任意产品,了解平台具体构成。

2. 实验步骤

(1) 登录速卖通官网,进行前台体验;

(2) 选择一款产品,进行搜索,了解平台具体的页面构成;

(3) 查看实验素材速卖通前台截图,了解各个模块的含义及其意义;

(4) 填写实验产出表格。

3. 实验工具及素材

(1) 实验平台网址

速卖通:https://www.aliexpress.com/

(2) 实验素材

速卖通前台截图

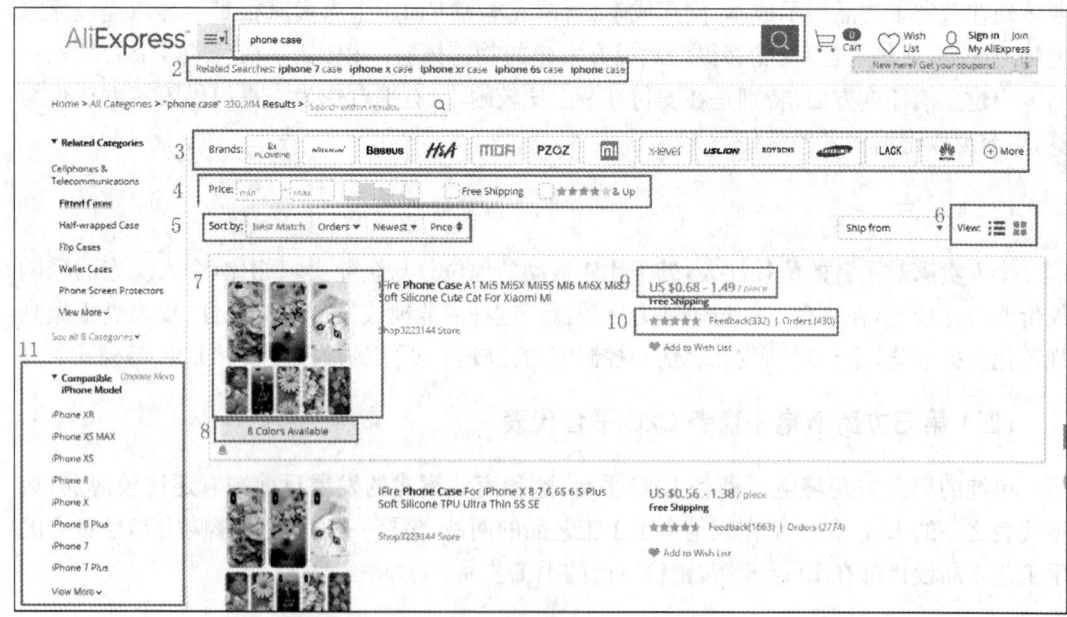

第 2 章 跨境电子商务模式

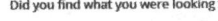

4. 实验产出

模块序号	含义及作用
1	
2	
3	
4	
5	
6	
7	
8	
9	
10	
11	
12	
13	
14	

思考题

1. 跨境电子商务有哪些分类?
2. 跨境电子商务有哪些主流的模式及代表平台?
3. 跨境进出口电商的模式是什么?

第3章
跨境电子商务选品与定价

 本章学习概要

1. 什么是跨境电子商务选品。
2. 跨境电子商务选品考量因素及注意事项。
3. 跨境电子商务选品的方法。
4. 跨境电子商务商品如何定价。

第1节 跨境电子商务选品综述

近年来,跨境电子商务成了关注热点,国家给跨境电子商务发展提供了很好的机遇和政策支持。中国制造业丰富的产品线、低廉的价格也有天然的优势,但是面对如此多的产品,如何选择符合境外客户需求的产品就成了难题。

一、跨境电子商务选品含义及选品思路

(一)选品含义

从出场角色关系看,选品即选品人员从供应市场中选择适合目标市场需求的产品。从这个角度看,选品人员一方面要把握用户需求,另一方面要从众多供应市场中选出质量、价格和外观最符合目标市场需求的产品。成功的选品,最终能实现供应商、客户、选品人员三者的共赢。

从用户需求的角度看,选品要满足用户对某种效用的需求,比如带来生活便利、满足虚荣心、消除痛苦等方面的心理或生理需求。从产品的角度看,选出的产品在外观、质量和价格等方面要符合目标用户需求。由于需求和供应都处于不断变化之中,选品也是一个无休止的过程。

(二)选品思路

选品的整体思路是在把握网站目标市场定位的前提下,研究需要开发产品的行业所处情况,获得对供需市场的整体认识。之后借助数据分析工具,进一步把握目标市场的消费规律,并选择合适的参考网站,结合供应商市场,进行有目的的产品开发。

1. 网站目标市场定位

通过对网站整体定位的理解和把握,产品专员选择适合的品类进行研究分析。网站综合性定位对产品集成的要求,主要体现在以下两个方面。

在广度方面,要拓展品类开发的维度,全面满足用户对某一类别产品的不同方面的需求,在拓宽品类宽度的同时,也提升品类的专业度。开发产品时,应考虑该品类与其他品类间的关联性,提高销售关联度,从而提高产品订单数。

在深度方面,每个子类的产品数量要有规模,品相要足够丰富,产品要有梯度,体现在品相、价格等方面;要挖掘有品牌的产品进行合作,提高品类口碑和知名度;要对目标市场进行细分研究,开发针对每个目标市场的产品。

2. 行业动态分析

从行业的角度研究品类,了解中国出口贸易中该品类的市场规模和同类分布,对于认识品类的运作空间和方向有较大的指导意义。

目前,了解某个品类的出口贸易情况,主要有以下三种途径。

① 第三方研究机构或贸易平台发布的行业或区域市场调查报告。第三方研究机构或贸易平台具备独立的行业研究团队,这些机构具备全球化的研究视角和资源,因此,它们发布的研究报告,往往可以带来较系统的行业信息。

② 行业展会。行业展会是行业中供应商为了展示新产品和技术、拓展渠道、促进销售、扩大品牌知名度而进行的一种宣传活动。参加展会,可以获得行业最新动态和企业动向。

③ 出口贸易公司或工厂。产品专员在开发产品时要与供应商进行直接沟通。资质较老的供应商对所在行业的出口情况和市场分布都很清楚,通过他们,产品专员可以获得较多有价值的市场信息。需要注意的是,产品专员需要先掌握一定的行业知识后,再与供应商进行沟通。

3. 区域化用户需求分析

结合网站定位,并借助第三方信息(研究报告、行业展会等)及网络分析工具,进行区域化用户需求分析。

4. 数据分析工具

以数据来源看,数据分为外部数据和内部数据。外部数据是指企业以外的其他公司或市场本身产生的数据;内部数据是指企业内部经营过程中产生的数据。要想做出科学、正确的决策,需要对内外部数据进行充分的调研和分析。

(三) 跨境电子商务选品要点

1. 确定商品线

跨境进口零售商品销售的前提是必须有现货,而且必须拥有稳定的货源,而不是等客户下单了才找货。在有现货的基础上,建立自己的商品线就是头等大事了。商品线的设置,决定了卖家的目标客户群、销售渠道、竞争对手、企业成本以及盈利能力。

商品线是平台生存的关键。只有能给平台带来利润的商品,才是值得放进平台商品线的商品。当然,商品线的选择也不是一次性到位的,要根据平台的销售情况,不断调整优化。这期间,平台会更加了解商品的行业情况,了解竞争对手在这些品类上的动态,关注对手的SKU(库存量单位)和价格变化,保持竞争力。更重要的是,可以通过行业和店铺的热销品牌、商品,飙升品牌、商品的综合对比分析,找到最合适的供应商。另外,品牌是重要因素,好的品牌可以带来更多的销量和关注度,甚至还可以带动店铺内其他品牌、单品的销量。

2. 确定目标客户群

商品线确定好之后,要了解目标客户群,了解他们的消费特点、品牌偏好以及这些品牌在该市场的占有率,同时也需要了解竞争对手如何布局同类商品线。另外,也要了解目标人群的地域差异、性别差异、年龄差异、收入差异等。

3. 选择个性化产品

以精细化、差异化为出发点,寻找独一无二的产品。欧美日韩有很多性价比非常高的非标类的长尾商品,虽然目前在国内名气很小甚至不为人所知。选品要有前瞻性,要去研究未来1~3年哪些品类可能会爆发,哪些商品可能会进入销售生命期的高峰,如个性化定制的商品未来会有长足的发展。所以,选品要尽量做到差异化、精细化。

第2节 跨境电子商务选品考量因素及注意事项

一、跨境电子商务选品考量因素

选品的考量因素有以下几个方面。

1. 处于生命周期的上升期

处于生命周期上升期的商品市场潜力大、利润率高,跨境电子商务的商品利润率大多是50%以上,甚至100%以上。

2. 便于运输

要求商品体积较小、重量较轻、易于包装、不易破碎,可以大大降低物流成本和物流环节货损的概率。

3. 售后简单

服务成本低,一旦处理不当,会直接影响客户的购物体验及评价、安装指导等。售后服务复杂的商品以及价值低于运费的商品也不适合作为跨境电子商务的选品。

4. 具备独特性

有自己独特的功能或商品设计，包括独特的商品研发、包装设计等，这样的商品才能不断激发买家的好奇心和购买欲望。

5. 价格合理

在线交易的价格如果高于商品在目的国当地的市场价，或者偏高于其他在线卖家，就无法吸引买家在线下单。

6. 合规合法

不能违反平台的规定和目的国的法律法规，尤其不能销售盗版、仿冒或违禁品。这种商品不仅不能盈利，商家甚至还要付出违反法律的代价。

二、跨境电子商务选品注意事项

有很多可在国内电商平台自由销售的商品，在跨境电子商务交易中是被禁止销售的，如减肥药。所以，卖家在选择出口跨境电子商务商品时，要注意以下几点。

1. 符合平台特色，遵循平台规则

例如，Wish和亚马逊是不一样的。Wish是一个快销平台，要快速推广商品，这个平台的特点是需要大量的、多品类的商品，所以卖家要选择多种品类的商品。而亚马逊平台对商品质量的要求比较高，所以卖家就要选择质量比较好的商品。

另外，各个跨境电子商务平台的规则不同，卖家选品时就必须了解和遵循各平台不同的规则。

2. 最大限度地满足目标市场的需求

卖家在进行选品的时候，需要以客户的需求为导向发现刚需品。关乎衣食住行的商品每个人都离不开，这类商品无处不在，卖家要关注日常细节，深入了解目标消费者的实际需求。

需要注意的是，跨境电子商务的目标市场主要包括美国站、欧洲站、日本站、非洲站等。位于这些目标市场的消费者不同，卖家需要有针对性地采取差异化的选品策略。

3. 注重知识产权保护

随着我国出口电商市场的快速发展，整个行业所面临的监管和知识产权风险也会加剧。因此，在跨境电子商务产品的选择方面，应该遵从知识产权保护原则，选择不侵权产品进行销售。目前，越来越多的国家对各项标准体系进行了完善和更新，此举使得跨境电子商务出口产业所面临的压力大大增加，也势必会引起跨境电子商务出口卖家对知识产权保护、专利保护等问题的重视。

三、货源的选择

1. 线下货源

线下货源是指在当地可以找到的实体店货源,包括专业批发市场和工厂货源。

如果资金比较充裕的话,卖家首先在当地专业批发市场进货,一是可以亲自验看商品的质量;二是确保有库存,不会出现买家想购买某商品却断货的情况。专业批发市场货源的优点是方便、运输成本低、可见实物、可议价,且比较稳定。

如果能和工厂达成合作,工厂货源是最好的货源渠道,不但可以节省成本,商品售后也有保障,而且工厂货源是人性化的,可定款、定价、定量。对于未来的发展,工厂货源是最佳选择。

2. 线上货源

网上商城批发是一个比较常见的渠道,因为没有地域的限制,所以进货比较方便,成本也较低,且货源比较稳定,操作简单,缺点是见不到实物。例如,阿里巴巴上聚集了各类厂家,很多厂家都提供批发业务,商品也配有图片。不过这些厂家都要求卖家大量进货,如果店铺前期资金和经验不足,卖家可以在阿里巴巴的小额批发区进货,虽然进价会高些,但是风险低,待销量提高以后再去寻找优质货源就比较容易了。

现在很多电子商务网站上不仅有做批发的,很多还提供代理或代销服务。网代比较适合电商新手,不用什么成本就能将店开起来。但是卖家在找这类代理的时候一定要多对比,可以先买回一两件商品试试,因为现在很多网站提供的商品在质量上没有保障,代理了这样的商品,有问题就会遭到投诉,最后不仅亏了本,还可能会降低店铺的信誉。

第 3 节　跨境电子商务选品方法

一、根据资源定位选品

对于绝大多数进口跨境电子商务的卖家来说,最难的就是"我要卖什么商品"。销量大的商品,竞争店铺太多;价格高的商品销量又上不去;太小众、长尾商品又怕找不到客户。实际上,卖家在选品时首先要对自己有清晰的定位,即了解卖家自身的资源。

如果有雄厚的资金,就可以大批量采购工厂货品;如果是中小卖家,就尽可能选择自己熟悉的品类或者有良好货源的品类。还有,公司资源储备方面是否有优势,比如要进入母婴类,公司有没有母婴商品的经营经验,公司的主要负责人有没有相关的从业经验。另外,卖家要从影响买家购买的因素来考虑,即物流速度、价格、服务和质量。因为品类的选择直接决定着价格、物流方式等。

二、根据平台模式选品

具体选择何种商品,不同平台也会有所区别,这与平台的特点及规则有一定关系。以供应链见长的电商,其布局较早,在货品选择、销售上更具优势,这类平台如网易考拉主打精品。平台流量很多的企业可以将用户流量转变为购买力,如京东、淘宝全球购,这类平台的卖家选品广度、深度都比较大。因此,要根据平台的模式来决定商品线的广度和深度。

三、根据客户需求选品

跨境进口零售 B2C 或者海淘 C2C 的模式都是以消费者个性化需求为核心的。从用户需求的角度看,选品要满足用户对某种效用的需求。从商品的角度看,选出的商品应该是在外观、质量和价格等方面符合目标用户差异化需求的商品。

四、根据竞争对手选品

了解客户需求以后,还需要评估竞争情况,有两个方面需要考虑。

第一,商品质量是否具备竞争力。竞争对手的平台质量如何,是否能够提供更好的购物体验,是否能够提供更广的选择范围,定价是否有竞争力,物流速度如何。在进入某个品类的商品之前,需要仔细考虑这些问题。

第二,从搜索引擎的角度来看,现在跨境进口零售独立平台的引流主要还是靠搜索引擎,要从 SEO(搜索引擎优化)的角度了解对手的网站平台是否具有较大优势。选品也一样,关键看商品能否为客户创造出独特价值。

五、根据客户端选品

选择的商品最终端销售是在无线端还是在 PC 端与选品的决策也有重大的关系。由于移动设备显示屏有限,在移动端上无法进行价格比较。在移动平台上通过低价商品博得更多关注的概率,相比其他平台会小很多,所以不能一味地选择低价商品,要区分哪些品类和价位的商品适合在移动端或者 PC 端销售。

第4节 商品定价策略

一、跨境电子商务商品价格的构成

从事跨境电子商务经营的核心目的是赢利,而利润=商品价格-成本,也就是说商品价格取决于成本和利润。所以,我们要非常清楚真正的商品成本,这也是我们后期商品定价策略的基础。商品的实际成本一般由下面几部分组成:进货成本(商品价格+快递成本+破损成本)+跨境物流成本+跨境电子商务平台成本(包括推广成本、平台年费、活动扣点)+售后维护成本(包括退货、换货、破损成本)+其他综合成本(人工成本、跨境物流包装成本等)。

(一) 进货成本

进货成本指从国内供应商处采购商品的成本,一般包括工厂进价和国内物流成本。进货成本取决于供应商的价格基础。在进行跨境商品定价之前,首先应该了解商品采购价格处于这个行业价格的什么水平,也就是供应商的价格水平是不是具备优势。选择一个优质的供应商是跨境电子商务经营的重中之重,优质的商品品质、商品研发能力、良好的电商服务意识都是选择供应商要考虑的因素,但最核心的因素是供应商的价格必须具备一定的市场竞争力,这样才可能拥有足够的利润空间去做运营和推广。

(二) 跨境物流成本

跨境物流成本是商品实际成本的重要组成部分,根据跨境物流模式的不同而有所不同。在跨境物流费用的报价上,商品标价里通常会写上"包邮",这样的标价方式比较吸引客户。所以,卖家一定要将跨境物流费用计算在商品价格之中。

(三) 跨境电子商务平台成本

一般包括入驻费用、成交费用、推广费用、平台年费和活动扣点,其中的核心是推广费用,如阿里巴巴速卖通平台的 P4P(Pay for Performance)项目推广费用。如果卖家的资金实力不够雄厚,对于商品的推广投入成本更应该谨慎且要有非常详细的预算,一般资金投入建议是:(工厂进价+国际物流成本)×(10%~35%)。就入驻费用而言,目前只有敦煌网和 Wish 不收取,其余平台都要收取,且每年在 1 万元以上。就成交费用而言,阿里巴巴速卖通按每笔成交额的 5% 收取,而亚马逊则是按成交额的一定比例收取,一般为 8%~15%,其他的平台也有相应规定。跨境电子商务平台成本越高,商品的价格就会越高,就越不具备价格竞争力。

(四) 售后维护成本

售后维护成本是很多跨境创业新人最容易忽视的一个成本。很多中小跨境卖家在我国境内发货,线长、点多、周期长,经常会出现一些商品破损、丢件以及客户退货退款的纠纷。因为跨境电子商务的特性,类似的成本投入往往比较高,所以在核算成本的时候应该把这个成本明确核算进去。核算的比例一般是:(进货成本+国际物流成本+推广成本)×(3%~8%),如果超过这个比例,建议放弃这类商品。

(五) 其他综合成本

其他综合成本包括人工成本、办公成本、跨境物流包装成本等。

(六) 利润率

利润率也是跨境电子商务卖家需要考虑的因素,利润率越高,商品的售价也就越高。

二、商品定价策略

(一) 跨境电子商务产品传统定价策略

了解传统的、最受欢迎的零售电商定价策略,有助于卖家混合使用这些不同的定价策略,为所销售的商品设定一个最合适的价格。电商卖家经常使用的、传统的商品定价策略主要有基于成本的定价、基于竞争对手的定价和基于商品价值的定价。

1. 基于成本的定价

基于成本的定价可能是零售行业最受欢迎的定价模式,其最大的优点就是简单。一家商店,无论是实体店铺还是电商店铺,无需进行大量的市场调研就可以直接设定价格,并确保每个销售商品的最低回报。因而,这种定价又被称为"稳重定价"。卖家要想运用基于成本的定价策略,就需要知道商品的成本,并提高标价以创造利润。该定价策略的计算方式为:成本+期望的利润额=价格。基于成本的定价策略可以让零售电商卖家避免亏损,但这种定价策略容易带来价格战。

2. 基于竞争对手的定价

采用基于竞争对手的定价策略时,只需"监控"直接竞争对手对特定商品的定价,并设置与其相对应的价格就可以了。这种零售定价模式,只有当与竞争对手销售同质时,才可以达到效果。实际上,如果使用了这种策略,就是在假设对竞争对手已经做了些相关研究,或是竞争对手至少拥有足够的市场地位,并假设他们的价格一定是匹配市场期望的。但是这种定价策略可能会带来价格竞争,卖家要谨慎使用基于竞争对手的定价方式。

3. 基于商品价值的定价

如果专注于商品价值,卖家思考的问题则是:在一段特定时期内,顾客会为一个特定商品支付多少费用,而这个费用是由商品为顾客带来的价值所决定的,这种定价就是基于商品价值的电商定价策略。因为这种定价策略取决于顾客对商品的价值认知,所以又被称为"认知定价策略"。基于商品价值的电商定价是几种定价策略中最复杂的一种。

这种策略需要进行市场研究和用户分析,卖家需要了解最佳消费者的关键特征,考虑他们购买的原因,了解哪些商品功能对他们来说是最重要的,并且知道价格因素在他们的购买过程中占了多大的比重。

基于价值的定价策略并不意味着仅仅设定一个价格。相反,这是一个相对复杂的过程。随着顾客对市场和商品的了解加深,卖家需要不断对价格进行重复、细微的改动。但无论是从平均商品利润还是整体盈利水平来说,这种定价方式可以带来更多的利润。

(二) 跨境电子商务产品其他定价策略

1. 折扣定价策略

利用电商平台的促销功能,设置折扣价是常见的定价策略。折扣价格并不是长期打折,折扣目的是通过促销来吸引消费者,即使商家给出折扣优惠价,这个价格中依然包含利润、成本及运费。卖家也可以定期设置一些折扣活动,参与平台的推广活动,从而拉动销量,价格越优化,平台排名优势越明显。

2. 引流型定价策略

引流型定价策略,又被称为"狂人策略",具体做法是研究同质商品销售价格,确定行业的最低价,以最低价减去其5%~15%的价格为商品的销售价格,用销售价格倒推"上架价格"。"上架价格"的定价方法有两种。

(1) 上架价格=销售价格/(1-15%),可以用来打造爆款,简单、有效,但不可持续,风险较大。

(2) 上架价格=销售价格/(1-30%),此策略略微保守,可以通过后期调整折扣来让销售价格回到正常水平。

3. 盈利款式的定价策略

盈利商品的调价能力(也就是商品的溢价能力),是定价策略中最核心的部分。对确定能产生利润的商品,卖家应该在商品品质和供应商供应链能力方面做好把控,其品质必须非常可靠且稳定,供应商的供应能力(包括库存、研发等)应该完善且持续性强。

一个店铺的优质盈利商品必须具备下面几个特性。

(1) 行业竞争不充分、不密集

卖家进入跨境电子商务平台调研,输入商品的关键词,查询这个阶段有多少竞争对手在卖同系列同款式的商品,查看其排名和商品曝光是否具备优势。一般来说,同类供应商越密集,商品定价越低,溢价能力越弱。

(2) 商品的差异化特征

跨境电子商务商品应在照片拍摄、商品描述上具备差异化,在功能、属性方面有自己的特点。以女装为例,卖家在拍摄商品照片时聘请国外的专业模特,溢价能力就会提高。在船模型上刻字,给客户提供个性化、差异化的服务,商品溢价能力也会大大提高。

(3) 营销效果明显

把商品进行营销推广,添加购物车数据越多,溢价能力就会越高。

(4) 客户的品牌印象良好

品牌和高档仅是客户的感觉,客户会从店铺装修、店铺设计、图片美工、描述等细节感受这个店铺的专业度和商品的档次,所以卖家一定要在店铺的设计和定位上下足功夫,做好文章。店铺的设计越专业,商品溢价能力越强。

(5) 销售量、好评率高

这一点最为明显,也最为直接。如果店铺的销售量高、好评率高、客户满意度高,商品溢价能力自然也高。

(6) 对于供应商的压价能力良好

如商品是爆款,销量非常大,店铺订货就会采用大额订单的模式,通常这时供应商就会给店铺一个更低廉的价格,店铺就拥有了一个比较大的价格空间,后期的溢价能力也就比较强。

实 验
速卖通平台选品

一、实验目的

学习速卖通选品逻辑。

二、实验内容

1. 实验任务

参考实验素材关于速卖通平台选品的操作指南,思考如何在速卖通平台选品。

2. 实验步骤

(1) 阅读实验素材——速卖通平台选品操作指南(以"通讯设备""手机屏保膜"行业为例),思考选品逻辑;

(2) 填写实验产出表格。

3. 实验工具及素材

速卖通平台选品操作指南

(1) 行业情报选品

打开速卖通后台,点击数据纵横里的行业情报。

选择所要了解的行业或者类目。

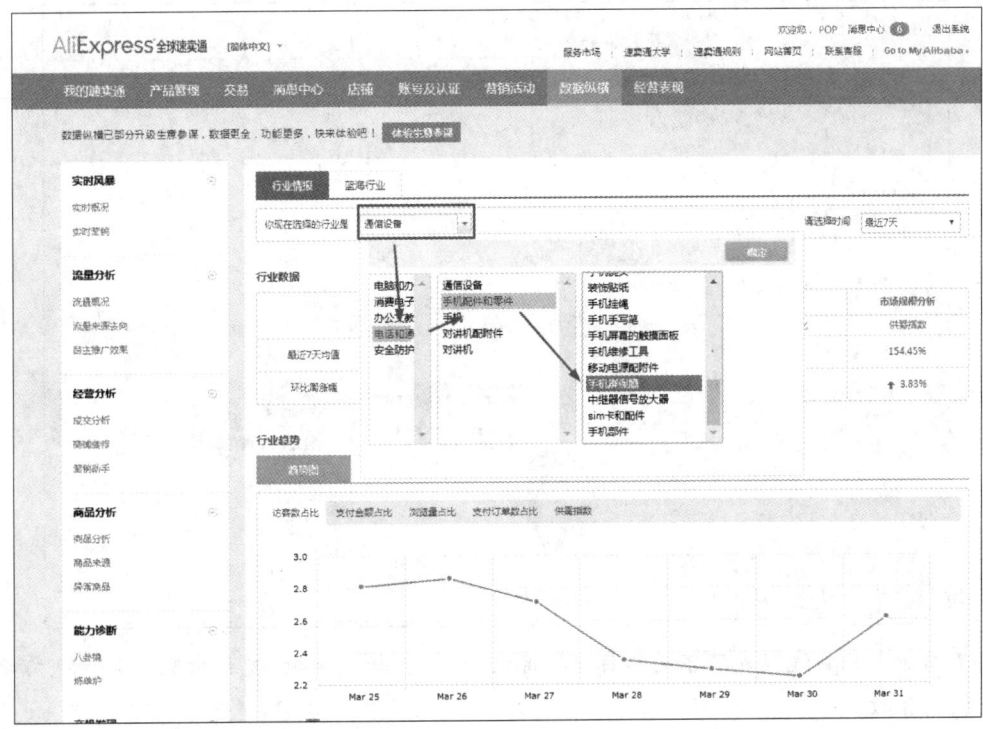

在这里可以看到行业数据和趋势。

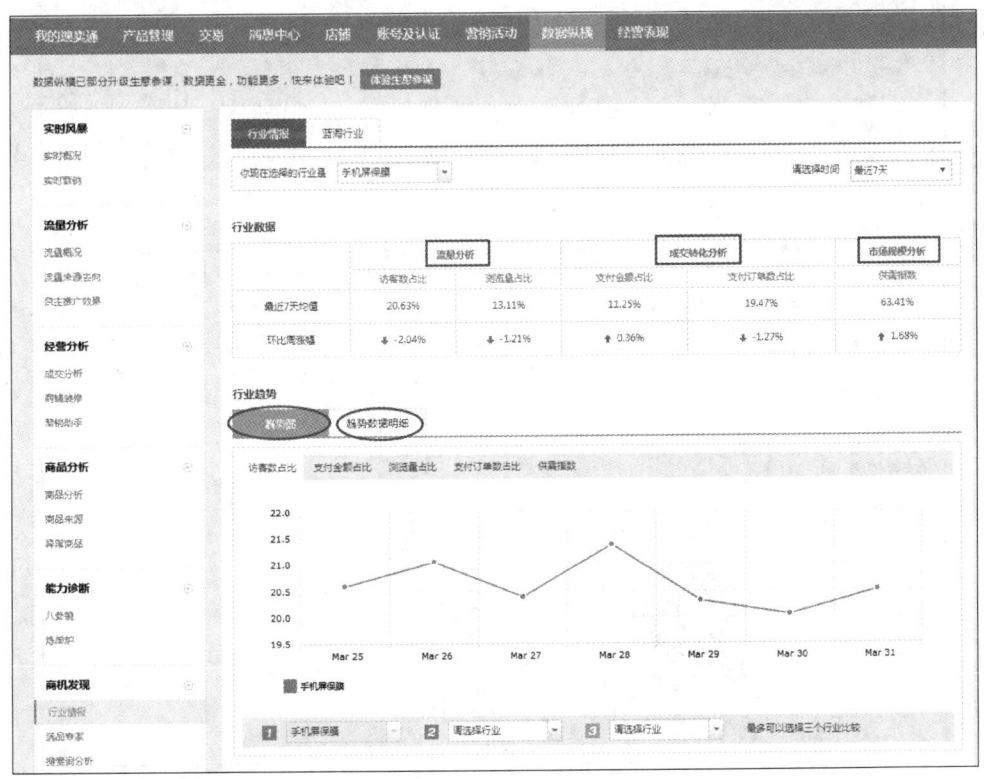

在行业趋势里选择要进行对比的类目。

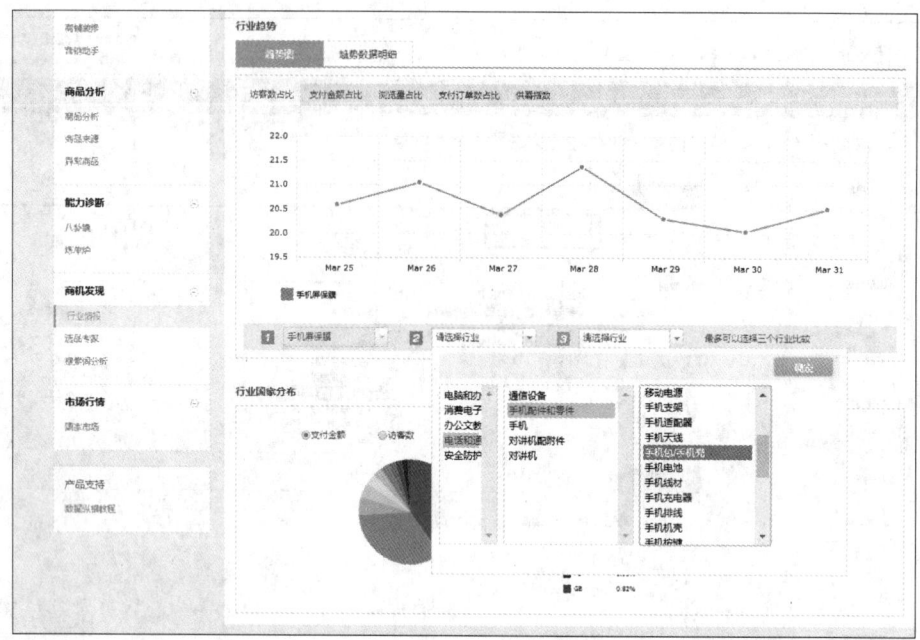

不同颜色的曲线代表了不同类目下产品的数据，包括访客数、支付金额、浏览量、订单数以及供需指数。

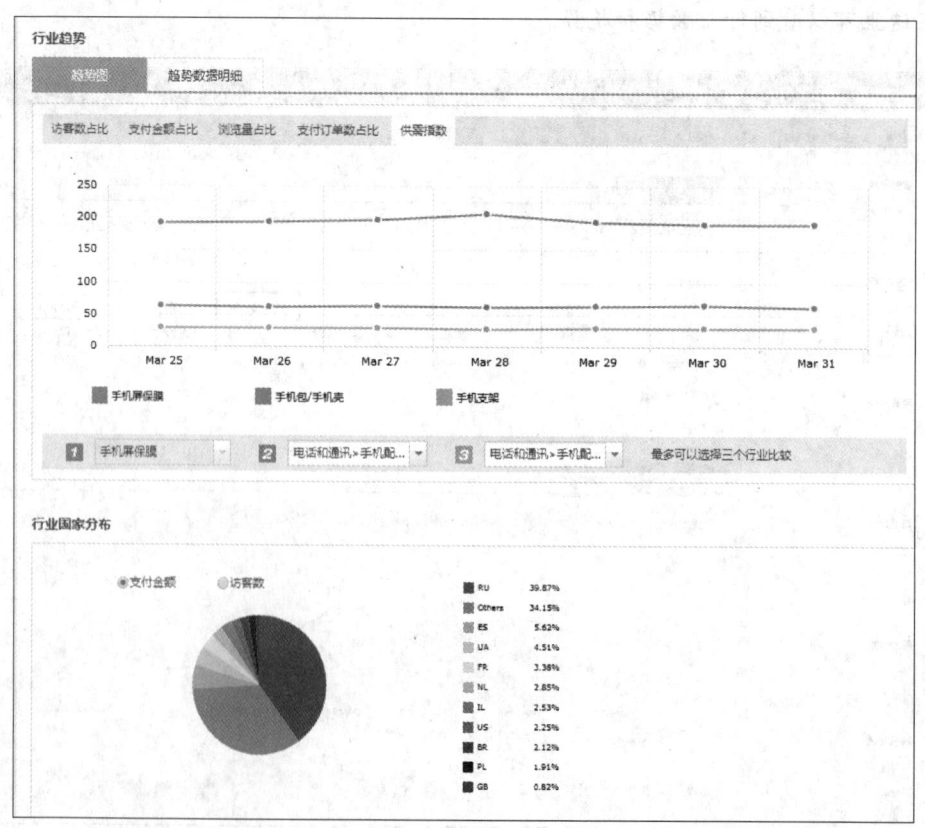

点开行业趋势里的趋势数据明细,可以看到你所选择的行业在不同时间里的各大数据,下载下来进行分析。

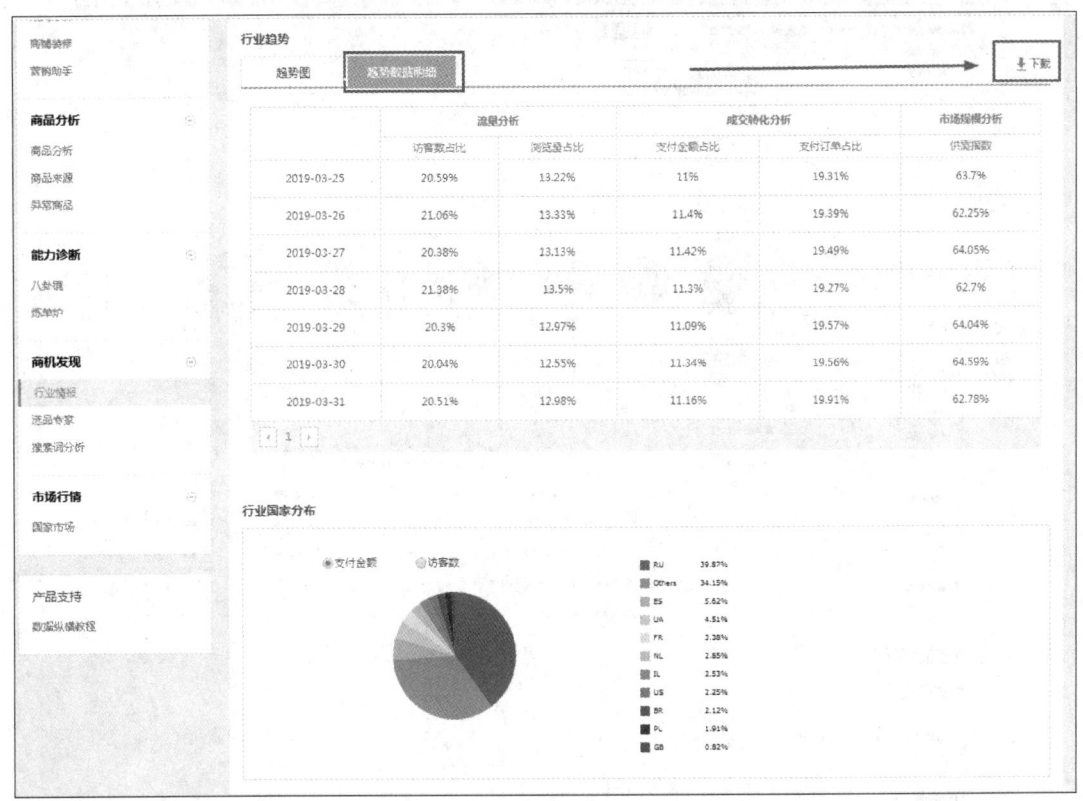

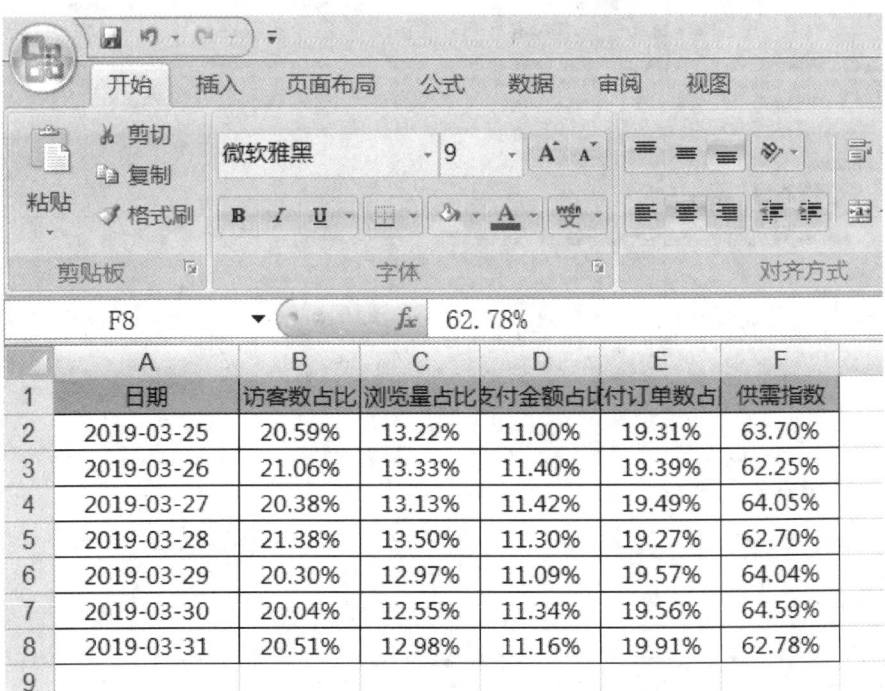

点开蓝海行业，根据选择的产品行业可看到以下截图：

(2) 选品专家选品

打开数据纵横里的选品专家。

选择所要了解的行业，时间为最近 30 天，可以看到：圆圈越大销量越高；颜色越红，竞争越大，颜色越蓝，竞争越小，而要争夺的就是大圈的蓝海市场。

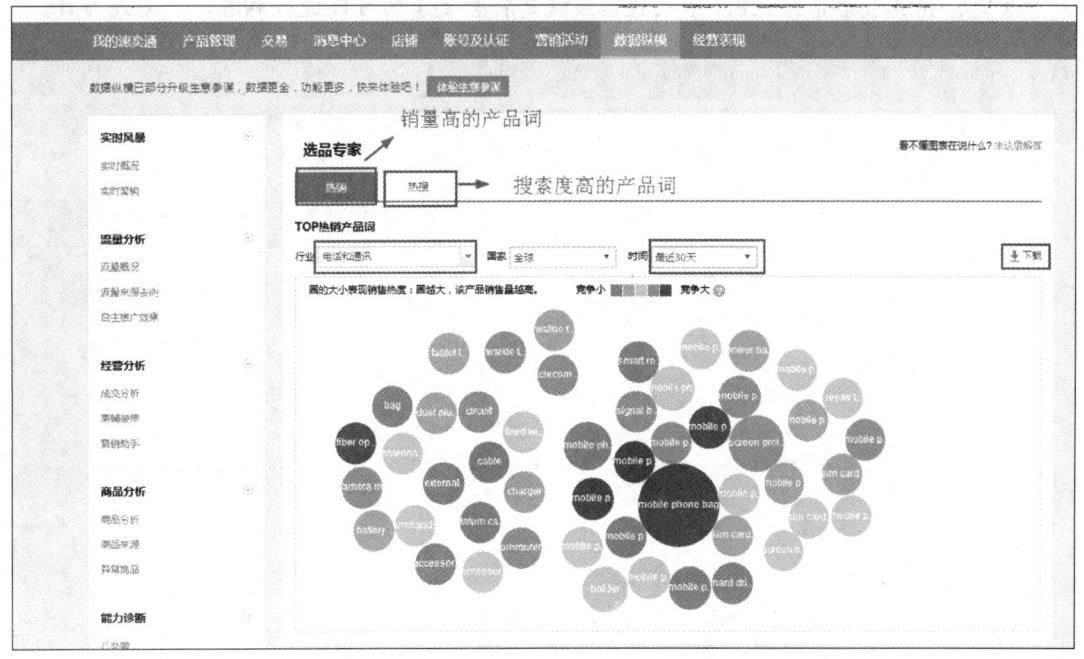

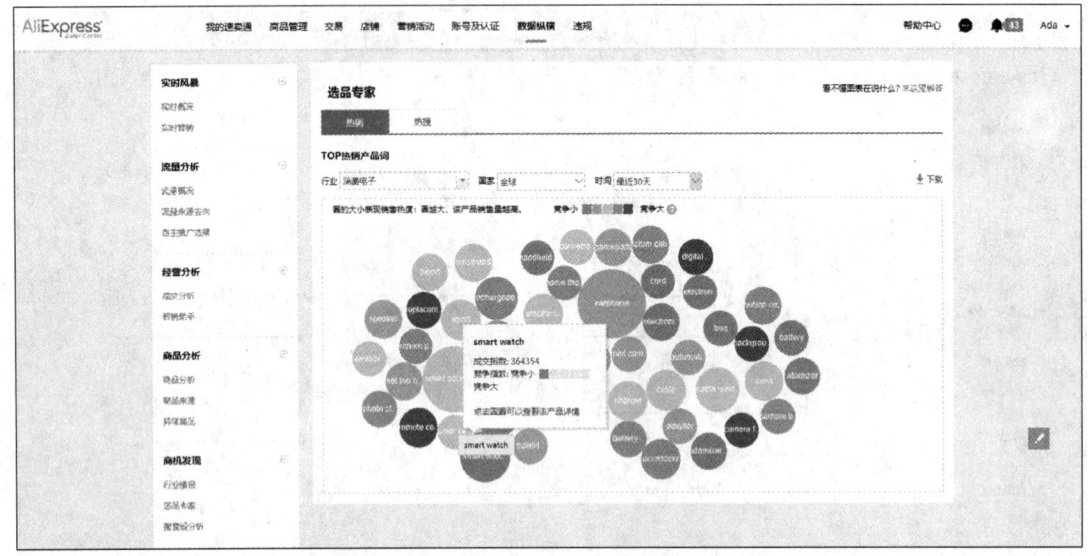

这里的 mobile phone cable 手机数据线就是符合要求的可以进行参考的产品或类目。

A 行业	B 国家	C 商品关键词	D 成交指数	E 浏览-支付转化率排名	F 竞争指数
电话和通讯	全球	accessory bundle	2287	36	1.29
电话和通讯	全球	accessory suit	1287	18	0.18
电话和通讯	全球	antenna for communication	2392	26	1.77
电话和通讯	全球	armbands	4865	11	0.89
电话和通讯	全球	battery charger case	2589	32	0.46
电话和通讯	全球	cable	51	33	0.01
电话和通讯	全球	camera bag	9	49	0.11
电话和通讯	全球	camera module	655	29	2.58
电话和通讯	全球	circuit	781	43	2.39
电话和通讯	全球	communication cable	62	47	3.28
电话和通讯	全球	datum cable	69	38	0.08
电话和通讯	全球	dust plug	6005	9	0.53
电话和通讯	全球	external battery pack	42980	8	0.13
电话和通讯	全球	fiber optic equipment	1118	46	3.58
电话和通讯	全球	fixed wireless terminal	372	30	0.94
电话和通讯	全球	hard drive bag	28	35	0.15
电话和通讯	全球	hdd enclosure	17	37	0.1
电话和通讯	全球	holder	156924	4	0.79
电话和通讯	全球	mobile phone	69836	28	0.05
电话和通讯	全球	mobile phone adapter	44735	6	0.64
电话和通讯	全球	mobile phone antenna	1103	34	1.09
电话和通讯	全球	mobile phone bag	1471117	3	5.36
电话和通讯	全球	mobile phone battery	33775	10	2.79
电话和通讯	全球	mobile phone cable	336304	1	0.13
电话和通讯	全球	mobile phone charger	171257	5	0.67
电话和通讯	全球	mobile phone cooler	77	31	0.1
电话和通讯	全球	mobile phone docking station	17	48	0.29
电话和通讯	全球	mobile phone flex cable	17593	23	4.44
电话和通讯	全球	mobile phone housing	10380	21	2.09
电话和通讯	全球	mobile phone keypads	1039	19	1.04
电话和通讯	全球	mobile phone lcds	40009	14	2.15
电话和通讯	全球	mobile phone lcds	40009	14	2.15
电话和通讯	全球	mobile phone len	14005	7	0.77
电话和通讯	全球	mobile phone sim card	54	42	0.63
电话和通讯	全球	mobile phone sticker	3742	12	1.37
电话和通讯	全球	mobile phone strap	7034	16	1.7
电话和通讯	全球	mobile phone stylus	2706	15	0.5
电话和通讯	全球	mobile phone touch panel	8304	25	3.62
电话和通讯	全球	power bank part	446	22	0.3
电话和通讯	全球	repair tool set	1298	24	1.25
电话和通讯	全球	screen opening tool	21	39	0.85
电话和通讯	全球	screen protector	508675	2	1.82
电话和通讯	全球	signal booster	1624	27	2.24
电话和通讯	全球	sim card adapter	3367	13	1.29
电话和通讯	全球	sim card cutter	66	20	0.72
电话和通讯	全球	sim card reader	69	41	0.3
电话和通讯	全球	smart remote control	25	50	0.01
电话和通讯	全球	tablet lcds	21	45	0.14
电话和通讯	全球	telecom part	577	44	1.87
电话和通讯	全球	walkie talkie	10858	17	2.01
电话和通讯	全球	walkie talkie part	220	40	0.47

(3) 热搜榜单选品

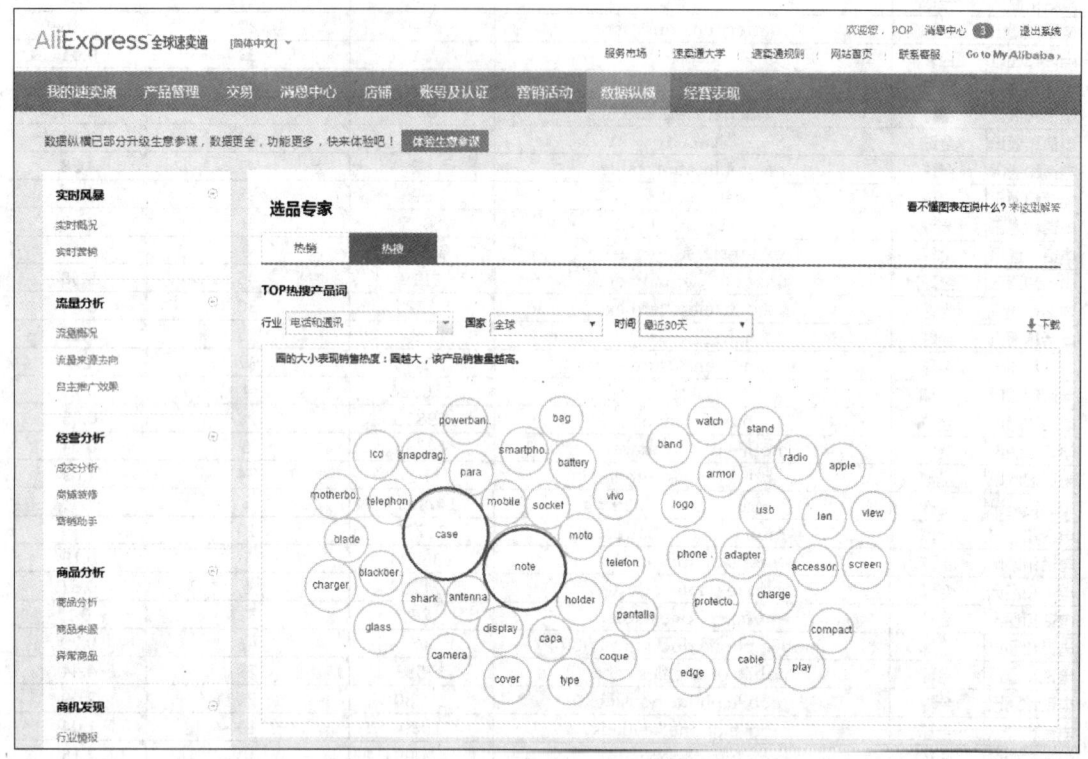

从中可以看出,case 和 note 是在电话和通信行业中搜索度较高的词汇,由此推出 case 为此行业中销售量较高的类目;note 为各大类目中较为热搜的手机系列。

	A	B	C	D	E	F	G
1	行业	国家	商品关键词	搜索指数	搜索人气	支付转化率	竞争指数
2	电话和通讯	全球	accessory	2657	1925	48	1033.89
3	电话和通讯	全球	adapter	3371	2125	35	804.97
4	电话和通讯	全球	antenna	2053	1257	36	475.91
5	电话和通讯	全球	apple	7999	5351	40	617.27
6	电话和通讯	全球	armor	1602	994	43	693.93
7	电话和通讯	全球	bag	1978	1636	49	2883.64
8	电话和通讯	全球	band	1470	1137	47	345.15
9	电话和通讯	全球	battery	9358	4967	10	197.61
10	电话和通讯	全球	blade	2706	1564	4	106.78
11	电话和通讯	全球	box	1365	856	50	432.3
12	电话和通讯	全球	cable	14381	8232	21	465.39
13	电话和通讯	全球	capa	1553	968	44	6637.22
14	电话和通讯	全球	case	134478	72777	8	183.73
15	电话和通讯	全球	charge	4580	2596	45	392.86
16	电话和通讯	全球	charger	25158	13257	26	86.39
17	电话和通讯	全球	compact	1594	942	22	639.98
18	电话和通讯	全球	coque	7045	4166	13	1018.07
19	电话和通讯	全球	cover	9718	5929	9	2213.07
20	电话和通讯	全球	display	4827	2845	37	204.26
21	电话和通讯	全球	edge	3027	1918	25	504.57
22	电话和通讯	全球	glass	21027	11084	7	206.94
23	电话和通讯	全球	holder	10433	6436	28	222.3
24	电话和通讯	全球	lcd	8350	4352	24	131.54
25	电话和通讯	全球	len	1504	1024	20	838.16
26	电话和通讯	全球	logo	1579	1092	34	1049.63
27	电话和通讯	全球	mobile	2144	1395	41	8822.68
28	电话和通讯	全球	motherboard	3310	1903	38	241.77
29	电话和通讯	全球	moto	5108	3110	17	285.98
30	电话和通讯	全球	note	121153	53800	5	23.37
31	电话和通讯	全球	pad	1347	920	42	392.64
32	电话和通讯	全球	pantalla	1377	804	23	1870.06
33	电话和通讯	全球	para	3012	2087	12	3690.6
34	电话和通讯	全球	phone	16113	9488	14	1305.9
35	电话和通讯	全球	play	4527	2755	16	87.76
36	电话和通讯	全球	powerbank	7781	3674	29	72.26
37	电话和通讯	全球	protector	6074	3609	2	502.23
38	电话和通讯	全球	radio	1365	950	39	663.45
39	电话和通讯	全球	screen	4626	2804	3	699.13
40	电话和通讯	全球	shark	1756	1073	31	20.69
41	电话和通讯	全球	smartphone	11972	5370	33	2043.42
42	电话和通讯	全球	socket	4231	2268	15	59.77
43	电话和通讯	全球	stand	1921	1230	32	944.49
44	电话和通讯	全球	telefon	2362	1557	6	5922.38
45	电话和通讯	全球	telephone	2321	1313	11	9276.55
46	电话和通讯	全球	tv	1313	1032	46	642.96
47	电话和通讯	全球	type	6683	3784	27	270.38
48	电话和通讯	全球	usb	29991	17363	1	1322.48
49	电话和通讯	全球	view	1433	867	18	591.9
50	电话和通讯	全球	vivo	3182	1669	19	81.65
51	电话和通讯	全球	watch	2117	1636	30	635.65

这里以 case 为例，点击 case 的圆圈，从以下截图可以看出：面积越大，产品搜索量越大；连线越粗，产品关联性越强。

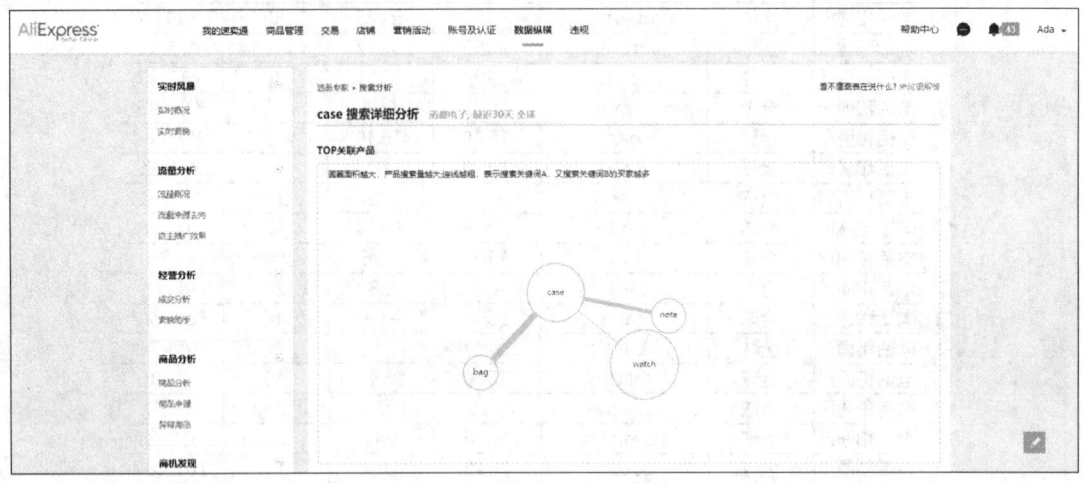

可以看出，在 case 类目下 note 搜索量最高；而在搜索 case 的买家当中，又继续搜索 bag 的买家最多。

下面会有一个热搜属性的图表，可以选择下载数据。

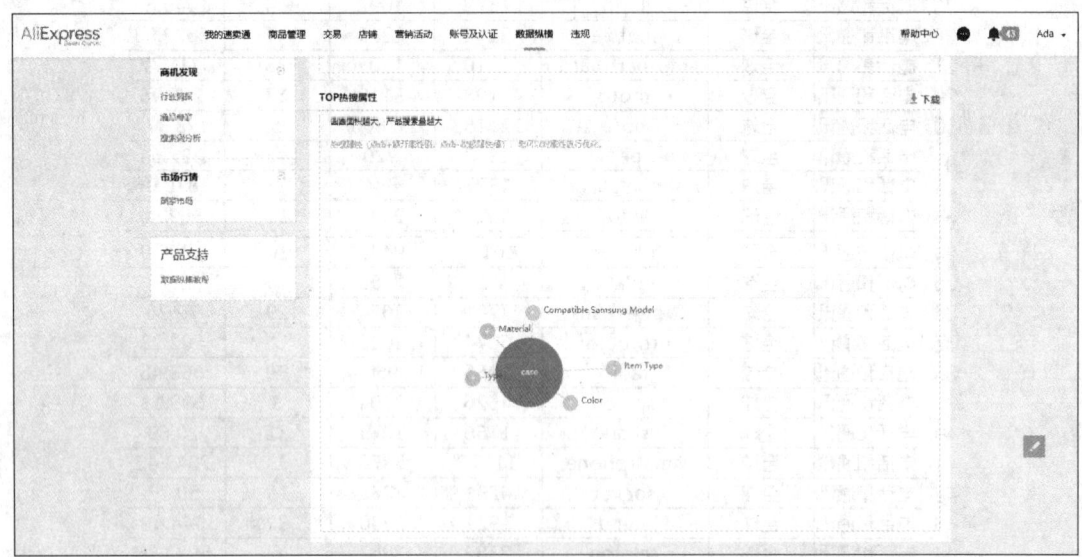

从中可看出，在 case 的 compatible Samsung Model 中，Galaxy S8 型号的手机壳热搜度较高。

可以看到各个属性对应的搜索指数与搜索人气，从而能够选好品，选对品。

	A	B	C	D	E	F	G
1	行业	国家	商品关键词	属性名	属性值	搜索指数	搜索人气
2	消费电子	全球	case	Color	Black	16	16
3	消费电子	全球	case	Color	White	16	16
4	消费电子	全球	case	Color	Blue	1	1
5	消费电子	全球	case	Compatible Samsung Model	Galaxy S8	1	1
6	消费电子	全球	case	Item Type	Earphone Silicone Case	39	39
7	消费电子	全球	case	Item Type	Speaker Bags	32	17
8	消费电子	全球	case	Item Type	Ear Pads	14	14
9	消费电子	全球	case	Item Type	Boxes	10	6
10	消费电子	全球	case	Item Type	Earphone Cables	8	8
11	消费电子	全球	case	Item Type	Shell	7	7
12	消费电子	全球	case	Item Type	Headphone Stand	4	4
13	消费电子	全球	case	Item Type	Earphone Cases	4	4
14	消费电子	全球	case	Item Type	Earphone Accessories Kits	4	4
15	消费电子	全球	case	Material	pp	9	9
16	消费电子	全球	case	Material	PVC	4	4
17	消费电子	全球	case	Material	PE	2	2
18	消费电子	全球	case	Type	CD Case	10	10

(4) 同类目热门产品及卖家分析选品

第一步,先打开速卖通平台进入网站首页。

第二步,输入产品关键词,以手机钢化膜为例。比如现在想购买小米8的手机钢化膜。

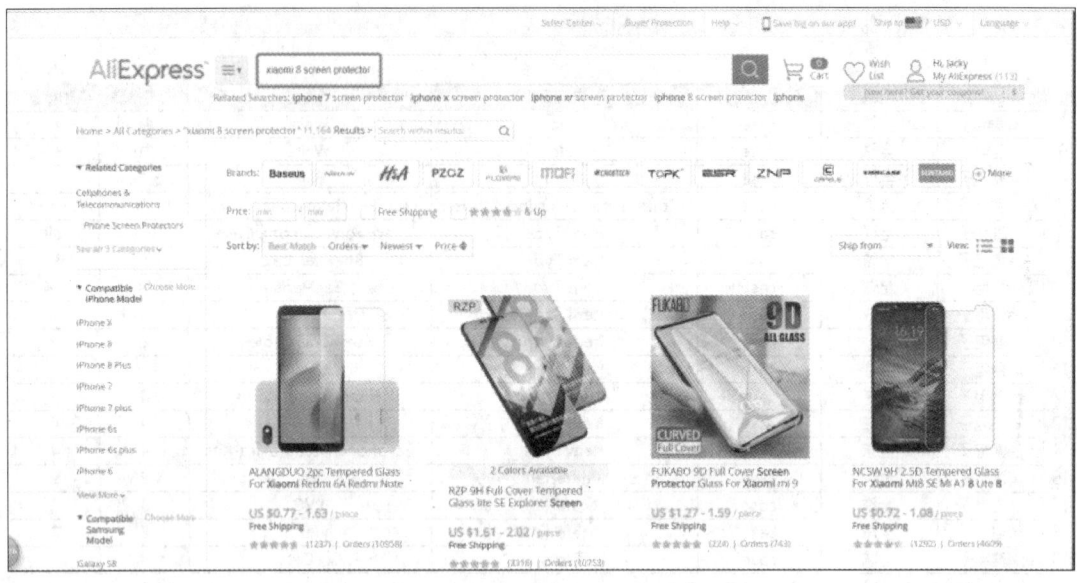

第三步,看平台弹出的第一页的一些产品,也就是平台推荐的产品。

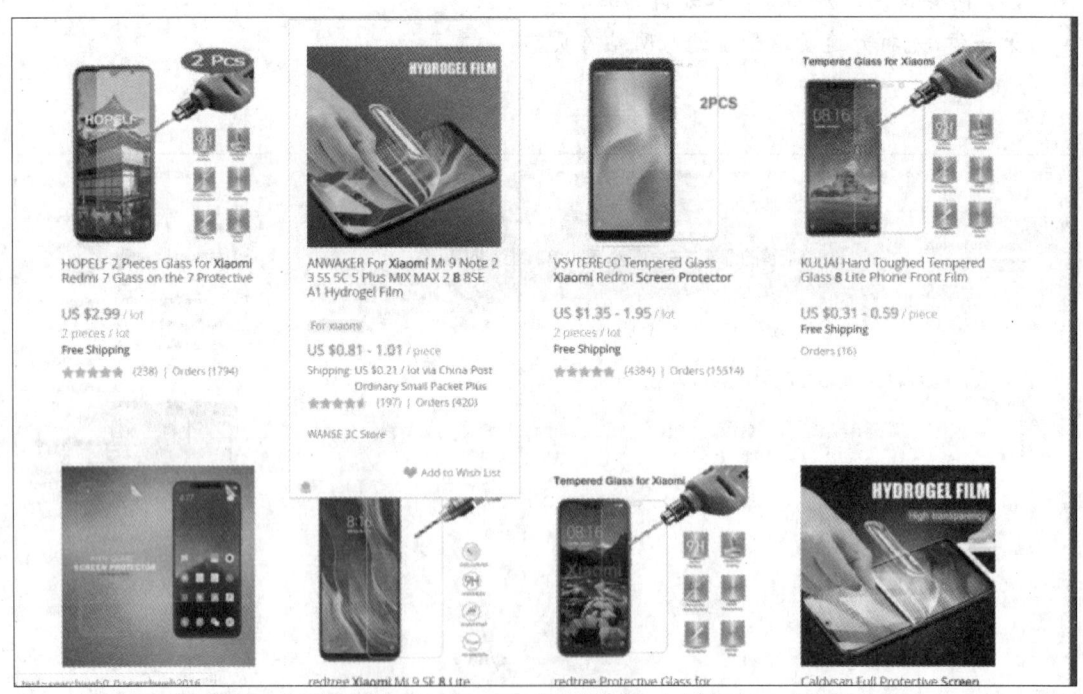

可以看出平台推荐的产品大多数是普膜,而且是闭口的普膜,价格也比较实惠,钢化膜一般分为三种(普膜、丝印、热弯)。

第四步,点进第一个产品链接,去这个店铺看看卖家店铺里的热销产品款式。

第3章 跨境电子商务选品与定价

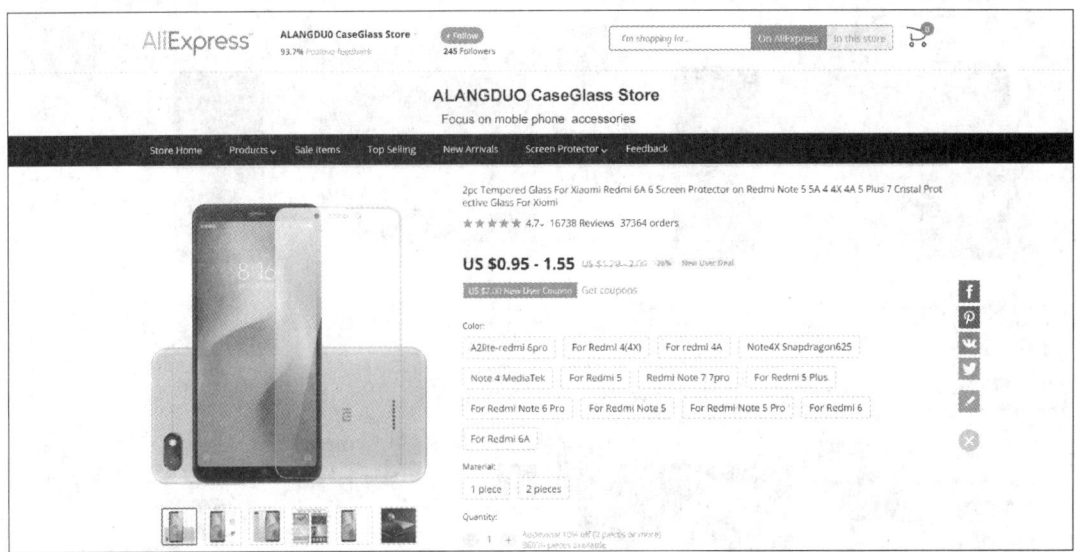

点击最热销的产品。

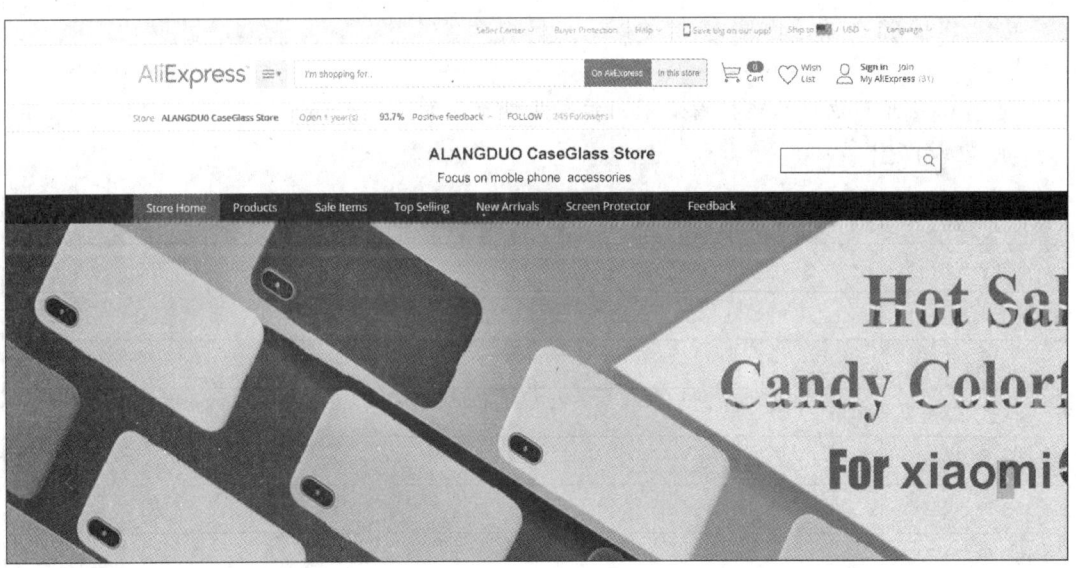

第五步,看热销产品,也就是成交订单数量最高的产品。

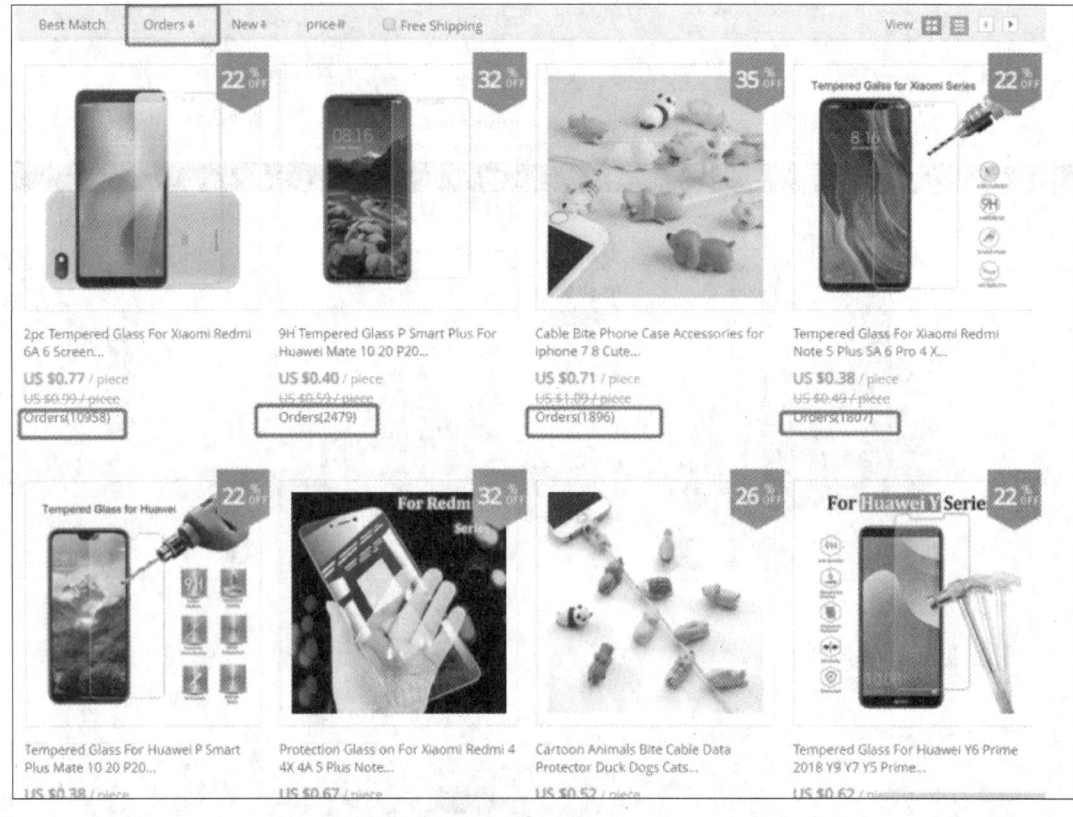

也可以点开其他产品链接看看不同卖家店铺里面的热销产品。

4. 实验产出

项目	分析结论
竞争优势	
行业趋势	
热销	
热搜	
热销属性	
热搜属性	
平台推荐产品	
店铺热销产品	

您最终选择的产品：

思考题

1. 如何选择合适的货源?
2. 跨境电子商务选品需要考虑哪些因素?
3. 如何给商品定价?

第 4 章
跨境电子商务供应链管理

 本章学习概要

1. 跨境电子商务采购的概念与流程。
2. 跨境电子商务采购管理。
3. 供应链与供应链管理。
4. 跨境电子商务供应链管理与设计。

第 1 节 跨境电子商务采购

一、跨境电子商务采购概述

（一）采购的含义

采购是指企业在一定的条件下从供应市场获取产品或服务,并使之成为企业资源,以保证企业生产及经营活动正常开展的一项企业经营活动。采购的基本职能是帮助企业在供应商处获得所需的资源。采购不仅仅是一项购买活动,还包括前期的供应商选择谈判和后期的采购结果评估。

相较于一般企业来说,跨境电子商务企业的采购更具有特殊性,对采购环节的管理也更具挑战性。首先,跨境电子商务具有产品更新换代快的特点,产品的生命周期短,而且需求波动较大,这就决定了跨境电子商务企业的采购需要采取小批量、多批次的策略,而这种策略很容易导致采购成本的提高。其次,由于很多跨境电子商务企业的仓储和销售在国外进行,因此采购与销售地域上的分离导致了产品的提前期延长和需求预测难度的增加,这对跨境电子商务企业的反应速度和运输能力提出了很大的挑战。最后,企业还需要面对许多跨国风险,例如汇率风险、政治风险和运输风险等。因此,对于跨境电子商务企业来说,采购环节显得更为重要,对采购的良好管理将会给企业带来更大的竞争优势。

企业的采购并不单纯是产品的买卖,应当将其视为整个供应链上的一部分,对采购的认识也应当从供应链的角度出发,由最初的搜集供应商信息开始,到最终的采购结果反馈。这一整套的采购流程需要采购企业、供应商以及供应链上相关企业共同参与,以供应链整体利润最大化为目标,来完成采购环节,并对其不断优化。

(二) 采购的特点

1. 库存周转速度快

跨境电子商务采购过程中,即时响应用户需求,降低库存,提高物流速度和库存周转率,使电商企业由"为库存而采购"转变为"为订单而采购"。

2. 多批次、少批量、快速响应

跨境电子商务采购要提高库存周转速度,就必须做到多批次、少批量和快速反应。这样,就对供应商提出了更高的要求,增加了供应商的生产成本。

3. 采购的广泛性

所有的供应商都可以向采购方投标,采购方也可以调查所有的供应商。这样,可以扩大供应商范围,产生规模效益。

4. 采购的互动性

在跨境电子商务采购的过程中,采购方与供应商通过电子邮件或聊天等方式进行实时信息交流,既方便又迅速,而且成本较低。

5. 采购效率高

跨境电子商务采购的过程中,可以突破时间和空间的束缚,有效地收集、处理和应用采购信息。

6. 采购的透明性

跨境电子商务采购的过程中,应实现采购过程的公开、公平、公正,杜绝采购过程中的腐败。将采购信息在网站公开,由计算机根据设定标准自动完成供应商的选择,有利于实现实时监控,使采购更透明、更规范。

7. 采购流程的标准化

按规定的标准流程进行,可以规范采购行为,规范采购市场,减少采购过程的随意性。

8. 采购管理向供应链管理转变

采购方可以及时将数量、质量、服务、交货期等信息通过商务网站或电子数据交换传送给供应方,并根据需求及时调整采购计划,使供应方严格按要求提供产品。

(三) 采购的形式

跨境电子商务企业的采购形式主要可以分为两类:一类是自主采购,一类是外包采购。自主采购是由企业自主寻找供应商,完成采购流程,其中包括大型企业的独立网上采购和小企业通过第三方采购平台的采购。外包采购是企业将采购环节外包给第三方供应链服务商来协助企业完成采购决策。

1. 自主采购

如前所述,自主采购是由企业独立完成采购决策。在自主采购时,跨境电子商务企业首先需要在众多的品牌中选择合适的产品来进行采购,由于大部分跨境电子商务并不具备获得超级国际大牌授权的能力,因此,选品变得尤为重要,既要选择非国际知名的品牌,还要保证有一定的市场潜力。跨境电子商务选品的策略主要包括选择国内有较大规模的品类、选择在国外有一定知名度的品牌以及选择与国内产品有较大差异化的产品。这三点可以使跨境电子商务企业从众多的海外品牌中挑选出合适的采购商品。

此外,由于企业的规模效应和采购产品等因素的不同,企业可能选择不同的平台来完成采购流程。像德国大众这类大型制造商,它们拥有大量且稳定的订单,足以令企业获得规模经济的好处,因此独立进行零部件采购将会是一个不错的选择。而对于规模较小的企业来说,它们或没有稳定的需求,或订单规模较小,这都使得它们没有足够的动机去独立进行电子采购,而是选择在阿里巴巴等第三方平台进行采购。虽然这样做会失去独立采购所带来的价格优势,但是可以更灵活地满足小规模企业不稳定的需求。

2. 外包采购

企业在进行外包决策时,首先应当考虑的是外包能否增加整体供应链的盈余。供应链盈余是指产品对顾客的价值与将产品提供给顾客的过程中所有供应链活动总成本之间的差额。供应链盈余是整条供应链活动所产生的额外价值,是由供应链中的所有人员所共享的收益。因此,企业选择外包的前提是外包可以增加供应链盈余,且供应链中的每个企业所获得的利润应与其提升盈余的程度相关。

相较于之前的自主采购企业,有些企业并没有独立完成采购决策的能力或自主进行采购将会明显增加企业运营成本,此时,企业会选择将采购外包给第三方供应链服务商以帮助其完成。将采购外包后,企业可以通过较低的成本得到第三方更为专业的服务,由此增加供应链盈余,同时得到更好的采购结果。第三方可以通过聚集多家企业的订单、库存或运输,从而达到单个企业所不可能拥有的规模经济,从而提高供应链盈余,这是企业为何将采购外包的最重要的原因。

企业的采购外包可以分为在岸外包和离岸外包。在岸外包是指外包商与其外包供应商来自同一个国家,因而外包工作在国内完成。也就是说,中国企业如果在国内选择外包供应商,则属于在岸外包。相反,离岸外包指外包商与其供应商来自不同国家,外包工作跨国完成。大部分的离岸外包企业也都是为了通过跨国方式寻求更低的成本。

二、跨境电子商务采购流程

采购的相关流程包括供应商的选择、供应商的谈判、设计订制、产品采购以及采购结果的评价和反馈。企业在制定采购策略时,需要考虑影响采购总成本的决定性因素是哪些,并着重对这些因素进行调整。例如，一个企业长期采购大量低价值产品并进行加工，那么，对于该企业来说，提升采购效率、节约交易成本能大幅缩减采购的总成本，而与供应商的设计协同则对总成本的影响相对较小。

首先，供应商的评估和选择是通过企业对各供应商进行绩效评级后选出合适的供应商的过程。在对供应商进行评估时，不仅根据供应商提供的产品售价高低来决定优劣，还要根据各供应商对供应链盈余增加的贡献和对总成本的影响来综合测评。供应商对总成本的影响因素包括订单完成及交货时间、产品质量、运输时间以及合作程度等。因此，完善的供应商评估应该是综合各个绩效指标以及所有可能影响交易总成本的因素，从而得到供应商评分。此外，供应商的选择并不是一步到位的，而是需要经过初评后，选出符合条件的供应商进行详谈，最终确定合作对象。

其次，谈判与拍卖是在选择供应商时让企业获得更合理的价格和更低的总成本的一种方法。通过不同的拍卖方式以便从中挑选成本最低的供应商并与之合作。然后，设计定制时让供应商从产品设计环节便参与进来，与供应商在产品设计上达到协同可以在很大程度上降低产品成本，也可以使产品的供应更为及时高效，以进一步增加供应链的盈余。此外，设计定制还包括采购合同的设计。采购合同的设计是通过不同的合同内容设计来激励供应商创造更多的供应链盈余，同时减小双重边际化的影响和信息扭曲的程度。

采购环节主要针对不同的采购物品采取不同的采购方法，以更低的成本来保障生产的顺利进行。最后，需要对采购结果进行简要总结分析，汇总各供应商在采购流程中的绩效表现，将结果及时反馈到企业的数据库中，以便进行供应商的管理，减少采购风险。

对于跨境电子商务企业来说，现在很少有企业通过整合上下游供应链进行独立生产，外购材料或零部件已经占据了企业销货成本的很大部分，因此，跨境电子商务企业所面临的成本压力越来越大，如果能大幅度地降低销货成本，企业将获得更大的竞争优势。

优质的采购决策可以帮助企业降低生产成本，扩大竞争优势。优质的采购决策可以从多方面帮助企业获益，不仅是供应链盈余的增加，还有对风险的控制。具体来说，企业可以从以下几方面获得有效的采购决策所带来的益处：第一，企业通过将订单大量集中，实现规模经济效应，进而可以有效地降低采购成本，尤其对单位价值较低且采购量较大的产品更为明显；第二，对于单位成本较高的零部件来说，与供应商的设计协同可以更快速、精确地生产出所需的产品，从而降低总成本；第三，通过与供应商的协作，信息得到更好的交互共享，可以降低库存水平，更好地满足需求；第四，通过拍卖与合同设计，让供应商与企业目标趋于一致，从而降低信息扭曲与目标不一致带来的成本增加。

三、跨境电子商务采购管理

OCMC 供应商管理模型，即整体考虑（Overall Consideration）、跨部门协作（Cross-Department Collaboration）、机制设计（Mechanism Design）和合作共赢（Cooperation），为采购企业提供了完善的管理结构和管理方法。整体考虑是管理模型贯穿始终的核心思想，跨部门协作是将供应商管理化繁为简的重要手段，机制设计可以更好地保障管理计划的实施，合作共赢则是该模型最终的目的。

(一）整体考虑

企业作为采购方，不能只考虑自身的采购成本，一味地向供应商施压，试图获得最大的利润。在总体利润不变的情况下，采购方的利润增加意味着供应商利润的减少，虽然对于大采购商来说有足够的能力迫使小供应商放弃一部分利润，但如果压榨过度，其他的问题也就会接踵而至。

因此，采购方应该从整体的角度来考虑与供应商的关系和协作问题，同时让供应商参与到设计流程中也可以更好地降低整体供应链的成本。如今，同类型制造商在产品的制造成本方面已相差无几，想要继续减少生产成本，就需要采购双方在产品的协调性上做出努力，而产品协调性的高低在设计阶段就已经决定。因此，为了进一步缩减采购成本，供应商与采购方之间需要在产品设计阶段开始，通过产品信息的共享达到设计协同。

企业在设计阶段进行合作可以缩短产品的开发和制造时间。在采购双方的共同努力下，产品的研发可以得到更多的技术支持，而且由于供应商在设计阶段参与了研发，研发成功后可立即投入生产，极大地缩短了生产前的沟通时间。产品生产周期的缩短对企业赢得竞争提供了很大的帮助，尤其对于高科技行业而言，在设计阶段的协同往往能够帮助企业更快地推出新产品占领市场。随着供应商越来越多地承担设计责任，供应商需要明确其设计是为了满足生产和物流需求。满足生产需求是指其设计的产品应当方便制造，尽量减少制作的步骤和流程。满足物流需求是指供应商可以通过适当的设计来减少运输、配送及仓储的成本。在降低运输成本和库存成本时，采购方通常将产品以模块化、组合化或灵活化三种方式进行生产。模块化是将产品分为不同的模块，通过不同的模块组合方式而形成不同的产品，这样既可以增加订货批量，也可以提升库存的利用率，减少库存积压。组合化是指企业在设计时将多种功能组合成一款产品，这样通过一款产品的生产可以满足不同客户的需求。灵活化则是指产品在制成后可以根据需求来进行任意调整。

通过整体考虑，采购方不仅可以加强与供应商之间的联系，还可以从成本的降低、生产周期的缩短和质量的提高上获益。同时，供应商也会在设计和生产中投入更多精力，在设计协同中承担更多的设计责任，当然这也会从采购方的利润中得到适当的补偿。

（二）跨部门协作

很多跨境电子商务企业都会遇到这样的情况：同样的采购产品，在各部门之间会出现不同的型号和价格，或是不同的设计部门设计出来的产品零部件都不能通用。这是因为各个部门之间缺乏沟通，采购和设计都独立进行，没有做到跨部门协作将采购和设计标准化，从而导致企业白白增加了一大笔不必要的支出。

采购的分散会使供应商的数量变得十分繁多，不易管理，而且每个部门的采购量较小，无法实现规模经济，也使得采购的成本大大提高。而集中采购就能弥补分散采购的缺点，这就需要跨部门协作，将部门采购上升为企业层面的采购决策，以企业整体去和供应商进行谈判，然后将订单交由相应部门去执行。集中采购不仅协调了部门间的运作，同时对供应商进行整合，减少供应商的数量，提高了采购效率，取得了更多的数量。同样，设计部门之间也需要跨部门的沟通和协作。采用标准件、选用统一的设计模具这都可以减少重复设计带来的损失。大部分企业生产的产品往往是同一类型的,因此很多零部件或模具都是可以通用的,将通用的零部件标准化,这样可以节省很多不必要的时间和成本。在产品的设计阶段,设计部门要主动和其他部门沟通,在设计时就要考虑到原材料的供应、产品的生产以及运输等问题,通过各环节的综合考量来实现设计的优化。

此外,对于需求的管理也需要各部门之间的通力合作。销售在谈判时并不都能一次成功,而是需要不断地沟通来增加成功的概率。当销售部门对概率做出预测之后,需要将数据与产品、运营、设计等部门共享。例如,企业规定,在成功率达到6%的时候,运营部就可以将需求录入。若在需求录入后,谈判最终以失败告终,而信息没有及时共享的话,将会使企业积压大量的库存。此时,信息共享可以使企业及时对需求的变化做出调整,避免不必要的损失。企业可以通过跨部门的整合与合作使得企业内部的运转更加高效流畅,企业内部的整合也使得企业摆脱了繁重重复的作业流程,将更多的精力放在供应链的管理上。

(三) 机制设计

机制设计是采购方与供应商之间关系的保障,它既包括之前的合同设计,也包括调整机制和预警机制等。机制的设计不仅要包含企业内部机制,同时也要考虑到与供应商之间的外部机制。企业内部机制是为了规范内部流程,防范内部风险的发生,而外部机制是为了更好地维系与供应商之间的关系,增加供应商为完善绩效而做的努力,通过激励与惩罚的合同设计、供应商的预警机制以及调整预案机制,可以很好地提高供应链的稳定性,减少由于供应商主观意愿而带来的损失。

采购中所面临的风险主要有供货的延迟或中断、商业机密的泄露以及供应链成本的增加。采购时的供货中断对采购方的影响极为严重,尤其是电商企业,供货不及时是对其致命的打击,不仅会造成顾客的迅速流失,还可能失去竞争地位。因此,对于供应商的管理十分重要。企业通常会采用选取几个主供应商以及若干次级供应商来预防供应链的断裂。若对于多个供应商的开发成本较高,企业也可以选择增加库存或保留部分自行生产能力的方式来防范断货的风险。商业机密泄露的风险可以通过签署保密协议或自行负责机密部分的生产来降低泄露风险。供应链成本的增加往往是由于技术的革新、供求关系的改变或者汇率波动等。对于技术以及供求关系改变的风险,企业可以选择在合同中增加例外条款或签署临时性短期合同来进行规避。而对于汇率等金融风险,企业可以通过金融衍生工具来进行套期保值。由此,通过对采购中的风险进行合理的规避,企业可以更顺利地完成采购流程。

如果说整体考虑和跨部门协作是在采购方与供应商之间搭建了一个完善的关系网络,那机制的设计相当于这个网络当中的一道防火墙,使其不会因为某一方的问题而影响整个网络的运作。

(四) 合作共赢

前三个部分可以帮助企业与供应商建立起十分密切且牢固的关系,而合作共赢则是让企业知道进行供应商管理应当实现什么样的结果。合作共赢是采购方与供应商之间寻找最大公约数的过程,在这个过程中,双方既要增加整体的规模,也要创造更多的协同,并不是一味地相互迁就就可以共赢,一定要规划好目标,制定好机制,才能真正地实现供应商管理的最终目的。

第2节　跨境电子商务供应链管理

一、跨境电子商务供应链概述

跨境电子商务供应链是指在满足国外顾客需求过程中直接或间接涉及的所有环节。跨境电子商务供应链包括制造商、供应商、国际物流公司、仓储中心、分销商,甚至包括国外顾客本身。这些企业和消费者构成了一条"链",一个集成的组织,管理的载体是贯穿于"链"条中的信息流、产品流和资金流,目的是减少采购、库存、运输等环节的成本,提高整条供应链的竞争能力。这不仅可以提高供应链中单个企业的竞争力,还可以使供应链上所涉及的企业或组织分享更大的利润。跨境电子商务供应链是由跨境电子商务供应链载体、跨境电子商务供应链实体、跨境电子商务供应链周期和跨境电子商务供应链系统四个部分组成的。

(一)跨境电子商务供应链载体

跨境电子商务供应链的载体包括产品流、信息流和资金流。以跨境电子商务速卖通为例,其在2010—2014年所取得的巨大成功,就是与其在供应链的信息流、资金流和产品流方面所具有的优势密不可分。2010年4月成立的速卖通,2016年已经是全球第三大英文在线购物网站,已经覆盖了全球220多个国家和地区,2010—2016年成交额年均增长超过300%,这些都得益于对信息流、资金流和产品流的巨大投资和良好运作。

(二)跨境电子商务供应链实体

对于任何一个跨境电子商务来讲,仅仅处理好供应链中的产品流、信息流和资金流等工作是远远不够的,还需要处理跨境电子商务的沟通与协调问题。从企业内部来看,这涉及职能部门内和职能部门间;从跨企业来看,这涉及不同企业之间的协调问题。一个企业失败的原因可能是由于供应链设计方面出现缺陷,也可能是缺乏各个实体之间的协调与沟通,即供应链上各实体在设计、流程和资源等方面难以协调所期望的战略目标。因此,供应链上各个实体的战略应该与供应链的竞争战略具有共同的目标,这个共同的目标就是要满足顾客至上的理念和供应链旨在建立的供应链各实体之间的一致性。与供应链上各实体保持一致性的关键问题是,在供应链的各个环节,沟通与协调的范围有多大,即匹配的范围就多大。具体来说,供应链实体的匹配范围可以分为三种情况。

1. 企业职能部门内供应链管理

企业职能部门内供应链管理是供应链的每一个环节都独立设计自己的战略。在这种情况下,生成的战略组合不可能得到最大化的供应链剩余,因为会存在不同职能部门和不同的作业部门相互冲突的情况。这个有限的供应链管理曾经是普遍现象，供应链上每一个环节的各个职能部门都试图最大限度地降低自己的成本，但跨境电子商务供应链管理不能简单地归结为各职能部门实现成本最小化。局部成本最小化观点通常使得各个部门无法相互协调，而缺乏相互协调的后果就是供应链的剩余被削弱了。

2. 企业职能部门间供应链管理

随着上述实体间供应链管理缺陷的暴露，管理人员逐渐意识到供应链上各实体协调的范围不应该仅限于各职能部门内，于是沟通与协调的范围开始向外扩展，即开始基于企业职能部门间制定战略。在企业职能间的范围里，目标是企业利润最大化。要达到这个目标，所有部门制定的战略都要相互支撑，并且要服从企业的长期目标。在供应链实体的协调范围拓展到职能范围时，企业不再仅仅看重单个部门内的成本，而是注重企业的整体收入，换句话说，应该注重多付出一单位的成本可以带来利润的增加幅度。比如，仓储部门希望通过减少商品库存来降低库存成本，而市场营销部门希望增加库存以便增加企业的响应能力从而获得更多的销售额。如果通过持有更多的产品库存可以获得的收入或利润要高于因此而产生的库存成本，企业就应该采取增加库存的行动。但是，对于整条供应链来说，这样的匹配范围仍然是有缺陷的，比如，两个独立的厂商：制造商和电商，电商希望通过实施快速响应的战略来吸引消费者，而制造商可能更看重效率或者说更看重成本，这样就很难达到整条供应链的最优状态，从而造成不必要的损失。

3. 企业间供应链管理

企业职能部门间供应链管理存在两个主要的缺陷：一是它将导致供应链上的每个企业都会极力争取自己的利润最大化，这将不利于整条供应链的盈余最大化，而只有当供应链上各个实体相互协调起来，供应链盈余才能达到最大化。这就需要供应链的实体匹配范围拓展到供应链各企业间的范围，这时供应链的所有环节才会有协调一致的目标，即争取整条供应链的盈余最大化。二是如果供应链实体的匹配范围仅限于各企业，会导致整体服务速度跟不上，所以需要考虑在企业间进行供应链管理。今天越来越多的企业不是因为产品价格低或产品质量高、性能好才获得了成功，而是因为它能对市场需求做出快速的响应，用最短的时间将已选购的产品送到客户面前而获得成功。

(三) 跨境电子商务供应链周期

跨境电子商务供应链所有流程可以分为一系列周期，每一个周期都发生在供应链的两个相邻环节的接口处。正常的流程应该包括供应商或制造商采购原材料环节、制造商生产产品环节、国际物流公司配送货物环节和处理顾客订单环节等，相应的跨境电子商务供应链流程都可以分解为采购周期、制造周期、补货周期和订单处理周期。每个周期都可以分解为卖方展示或推销其产品、买方发出订单、卖方接受订单、运输货物、买方接收货物等环节。跨境电子商务供应链的周期观点明确地说明了供应链所包括的所有流程及每个流程的承担者。在考虑供应链决策时，周期观点是非常有用的，因为它明确了供应链每个成员的职责和任务，以及每个流程的预期产出。

(四)跨境电子商务供应链系统

跨境电子商务企业内部几乎所有的供应链活动都可以归属于客户关系系统(Customer Relationship Management,CRM)、集成供应链系统(Integrated Supply Chain Management,ISCM)和供应商关系系统(Supply Relationship Management,SRM)这三种部门流程中的一种。这三种流程对生成、接受并履行顾客需求所需的信息流、产品流和资金流有着至关重要的影响。

客户关系系统致力于引发顾客需求并简化下单和跟踪订单的过程。客户关系管理流程包括客户关系、客户服务、市场营销、定价、销售、订单等流程。集成供应链系统致力于以尽可能低的成本及时满足客户关系管理流程所引发的需求。它包括内部生产和库存能力计划、供给和需求计划准备以及实际订单履行。供应商关系系统致力于为各种产品和服务安排并管理供货资源,包括评估和选择供应商,协商供应条款以及与供应商联系新产品和订购事宜。

上述三种部门流程都致力于为顾客需求服务。三种流程的整合对供应链的成功起到很重要的作用。在很多企业中,这三种流程都缺乏彼此联系,如市场营销部门只负责客户关系管理流程,生产制造部门只负责集成供应链管理流程,采购部门只负责供应商关系管理流程,各部门之间缺乏交流,这样就大大降低了供应链对供给和需求进行有效匹配的能力,从而导致顾客不满和较高成本。因此,有必要建立一个有效地反映上述流程的供应链组织,以确保流程中的成员可以顺畅地沟通和协作。

二、跨境电子商务供应链的重要性

跨境电子商务相对于国内电商和普通企业而言,所涉及的实体更多、载体更丰富、周期更长、系统更复杂,因此有效的供应链管理对跨境电子商务能否在竞争中取得成功至关重要。

(一)供应链对综合跨境电子商务平台的重要性

供应链对综合跨境电子商务平台能否取得成功至关重要,速卖通的发展历程提供了一个有力实证。速卖通发展初期的目标市场定位于欧美区域,是出于以下几个方面的考虑:其一,欧美买家已经养成了采购中国产品的习惯;其二,金融危机后,欧美买家呈现碎片化的采购趋势,速卖通能够满足他们小批量、多频次的采购需求;其三,英语网站的筹备相对容易,且能够辐射欧美大部分国家。然而,速卖通在实际运营中发现,有越来越多的买家是来自俄罗斯、巴西等新兴市场国家。经调查分析,很多新兴市场国家一方面工业基础薄弱,对外国商品有依赖的倾向;另一方面新兴市场国家的线下商品流通不充分,线上电商零售也不成熟。于是,速卖通瞄准新兴市场消费人群,在新兴市场国家加大市场推广,并积极上线了俄罗斯语和西班牙语网站。这样,通过目标市场的定位,速卖通不仅避开了与eBay、亚马逊等巨头的正面竞争,也使得自身快速发展成为一家领先的B2C跨境电子商务平台。

出于对市场的预测和对定位消费者的理解,速卖通对其供应链做出了适当的调整。2013年3月,速卖通宣布将从小额在线外贸批发平台全面转型为面向海外的购物平台,即从

B2B 转型为 B2C。这个转型可以说非常具有前瞻性,不妨对这两种平台模式进行分析。小额在线外贸批发平台上,整个供应链其实是 B2B2C 模式,即从国内工厂或批发商到国外批发商或零售商再到国外消费者,而海外购物平台上,整个供应链是 B2C 模式,即从国内工厂或批发商直接到国外消费者。可见,相对于小额在线外贸批发模式,海外购物平台直接省去了"国外批发商或零售商"环节,让终端消费者可以直接购买到中国工厂或批发商销售的商品。速卖通之所以风靡全球,就是因为其压缩了供应链,降低了流通环节成本,依靠自己出色的供应链设计、计划和运作获得了巨大的成功。

(二) 供应链对跨境电子商务实体企业的重要性

供应链对跨境电子商务实体企业能否取得成功更为重要,另一个说明跨境电子商务顺应技术和顾客需求修改供应链从而取得成功的例子就是苹果。库克刚加盟苹果时,苹果的供应链设计效率非常低。就拿其主打产品计算机来讲,零部件供应商在亚洲,组装厂商在爱尔兰,并且有很多库存,其供应链设计为从亚洲购买原材料,运往欧洲的加工厂进行加工,组装成品,再发往亚洲销售,这样的供应链成本很高。之后,库克对其供应链的设计进行了修改,秉承 IBM(国际商业机器公司)和计算机行业的最佳实践,开始搭建苹果的供应链。库克关掉在美国和爱尔兰的生产设施,启用亚洲的合同制造商、建立实时(Just in Time)库存系统,通过这些举措使得苹果的利润大幅增加。

小米手机取得的巨大成就也可以用来说明供应链的重要性。小米公司在成立三年之后被评估价值为 100 亿美元,成为排在腾讯、阿里、百度后面中国第四大互联网公司。2014 年,小米已经成功进入境外 7 个国家和地区,第三方市场调研机构 Canalys 发布的 2019 年第二季度印度智能手机市场报告显示,小米以 33% 的市场份额领跑印度智能手机市场。在成长时间如此短暂、市场竞争如此激烈的情况下,小米为何能够取得如此骄人的成绩?一个重要因素在于其供应链模式的创新。

一方面,小米采取 C2B 预售模式,实现了零库存的管理。对于广大跨境电子商务来说,高库存几乎成为一个挥之不去的梦魇,对企业的发展乃至生存都构成极大挑战。由于企业供应链管理滞后,上下游协调不畅,不能快速响应,以致引发高库存,企业资金的周转率和使用率下降,导致企业无法大量更新产品,销售下滑,资金问题加剧,以致很多企业陷入亏损的泥潭。而小米的供应链是快速响应的,同时能够规避高库存风险。小米早期在日常经营中没有设置实体专卖店,而是通过电子商务的形式在网上进行预售。消费者要想购买手机,就必须先上网预订,然后小米根据用户的需求进行按需生产,并及时配送到消费者手中。这种 C2B 的预售模式,精确了产品的生产数量,避免了高库存风险。同时由于是预售模式,小米公司可以在生产之前就收到货款,实现了资金的快速回笼,解决了前期需要融资的难题。

另一方面,在于其精简的供应链。传统手机的供应链有研发组、供应商、代工工厂、核心企业、一级代理商、二级代理商、终端代理商、顾客等。产品下线后需要放到产品库,依据各个销售合作伙伴的采购订单进行销售配送,然后再由他们分发到各个终端零售网点进行销售。过多的供应链环节自然带来较高的经营成本。而小米手机的供应链非常精简,只涉及研发组、供应商、代工工厂、核心企业、顾客几个环节。在供应链上,小米手机减少了中间代理商和中间流转环节。由于供应链的缩短,小米减少了巨大的经营成本,相应带来更多的收益。首先是中间环节的显性成本消失,如行政管理成本、营销销售成本、政府税收等环节成本的减少。没有了这些成本,产品的售价必然有降低的空间。其次,供应链管理的隐性成本降低。因为供应链的缩短,使供应链管理变得更加简单、有效。

三、跨境电子商务供应链战略

(一)概述

跨境电子商务供应链战略是指从企业战略的高度来对全球供应链进行全局性规划,确定原材料的获取和运输、产品的制造或服务的提供以及产品配送和售后服务的方式与特点。跨境电子商务供应链战略突破了仅仅关注企业本身的局限,通过在整个供应链上进行规划,进而实现为企业获取竞争优势的目的。跨境电子商务供应链战略管理所关注的重点不是企业向顾客提供的产品或服务本身给企业增加的竞争优势,而是整个全球供应链流程所创造的价值给企业增加的竞争优势。

跨境电子商务供应链的目标都应该是供应链整体价值最大化,也就是追求整体供应链剩余最大化。跨境电子商务供应链剩余是指最终产品对于顾客的价值与供应链为满足顾客需求所付出的成本之间的差额。它由两部分构成:一是消费者剩余,即产品对于顾客的价值与顾客所支付的价格的差额;二是供应链盈余,即顾客支付的价格与供应链成本之间的差额。对于大部分以盈利为目的的供应链来说,供应链盈余与利润之间存在很强的关联,供应链是否成功,应当由供应链总体盈利而不是单个环节的盈利来衡量,供应链总体盈利越高,供应链就越成功,而过分追求个别环节的盈利很可能导致整体供应链利润的减少。

跨境电子商务供应链的收入只有来自消费者,其他环节所有的现金流都只是供应链内部的资金的交换或者说是内部资源配置的移动。跨境电子商务供应链战略追求的就是供应链剩余最大化,对于如何提高供应链剩余可以从两个大方向上去把握:首先是提高产品对于顾客的价值;其次是如何从消费者那里获得更高的剩余,这部分剩余是消费者所支付的价格与供应链总成本的差额,所以想要从消费者支付的价格中获得更多的收入就必须控制成本。

(二)跨境电子商务供应链战略分类

在一条供应链中,由于所有的信息流、产品流和资金流都会产生成本,因此有效的跨境电子商务供应链管理应该包括对供应链资产的管理、库存的管理、物流的管理,这样,实现供应链总剩余的最大化的方法就变得十分重要。具体来说,跨境电子商务供应链涉及不同层次、存在不同动力机制、追求不同的战略目标,因此,跨境电子商务供应链战略可以主要体现为层次论、动力论和标的论三种。

1. 跨境电子商务供应链层次论

成功的跨境电子商务供应链管理需要制定与信息流、产品流和资金流相关的各种决策,这些决策根据其战略重要性和影响的时间跨度可分为三个层次:供应链全局设计、经营计划和具体运作。全局设计阶段限定或者说确保了好的经营计划,而经营计划则又限定或者确保了有效的具体运作。

(1) 跨境电子商务供应链全局设计

在这个阶段,公司决定如何构造供应链,决定供应链的配置以及供应链的每个环节或组织执行什么样的流程。这些决策通常也称为战略供应链决策。公司的战略决策包括生产和仓储设施的位置和能力,在各个地点制造或存放的产品,根据不同交货行程采用不同的运输模式以及将要使用的信息系统的类型。公司必须保证供应链配置支持这一系列的战略目标。

(2) 跨境电子商务供应链经营计划

在供应链配置确定之后,公司需要有相应的供应链计划,即要制定一整套控制短期运作的运营政策,这一阶段的决策必须满足既定战略供应链配置的约束。计划从预测未来一段时间跨度的市场需求开始,包括决定哪个地点供应哪些市场、计划库存多少、是否外协制造,补货和库存政策、备货点设定以及促销时间和规模等一系列相关的政策。

(3) 跨境电子商务供应链具体运作

这一阶段的决策时间是"周"或"天",企业根据既定的供应链计划做出具体的实现客户订单的有关决策,其目的是以尽可能好的方式实施供应链计划。在这一阶段,公司分派订单给库存或生产部门,设定订单完成日期,生成仓库提货清单,指定订单交付模式,设定交货时间表和发出补货订单。由于供应链运作是短期决策,通常具有更小的需求不确定性,因此,运作决策的目的就是要利用这种不确定因素的减少,使供应链在配置和计划政策的约束下取得最优性能。

2. 跨境电子商务供应链动力论

根据跨境电子商务动力来源的不同可以将跨境电子商务供应链分为推动式供应链、拉动式供应链和推拉混合式供应链。

(1) 推动式供应链

推动式供应链是以企业自身产品为导向的供应链,有时也称为产品导向或库存导向供应链。这种供应链始于企业对市场的预测,然后制造所预测的产品,并推向市场。推动式供应链的运作模式是依据制造商本身对市场的预测,如果能成功地预测市场需求,就能成功地销售产品,企业就会获得成功;相反,如果对市场预测得不准确,就意味着失败。当制造商对商品市场预测偏低时,就会供不应求,整体利润减少;相反,如果制造商对商品的市场预测偏大时,就会层层退货,导致企业负担过重。推动式供应链模式是以制造商的生产计划、分销计划为前提进行的,虽然也进行过市场预测,但并不能十分准确地把握市场,因而这种供应链的运营模式所产生的商业风险是不可低估的。

(2) 拉动式供应链

拉动式供应链是以企业获得订单为前提的。企业根据所获得的订单来进行生产,所以又称为客户导向或订单导向供应链。这种供应链起始于企业收到客户的订单,并以此引发一系列供应链运作,这是以销定产模式,所以重点是拉到客户,再以客户需求为导向,进行生产、采购、外包等一系列活动。采用这种模式的供应链,增加了企业控制市场的能力,能够使企业适应复杂多变的市场,使企业运营处于一种良性状态,同时节约企业运营所需的资金量,从而节约企业运营成本,有效地增进客户服务。事实上,一般的跨境电子商务并不能完全满足顾客的体验要求,因为企业并不能在接到订单后再组织生产和配送,所以很难应用拉动式供应链,但是采取定制模式的供应链可以采用拉动式供应链对一个特定的产品而言,采用什么样的供应链战略不仅要考虑来自需求端的不确定性问题,而且还要考虑来自企业自身生产和分销规模经济的重要性。在其他条件相同的情况下,需求不确定性越高,就越应当采用根据实际需求管理供应链模式——拉动战略;相反,需求不确定性越低,就越应当采用根据长期预测管理供应链模式——推动战略。

(3) 推拉混合式供应链

由于推动式供应链和拉动式供应链各有其优缺点及不适用的范围,所以在实际应用中,核心企业会根据需要将两种模式结合,形成新的推拉混合模式,以求将两种模式的优点互补、缺点互避。

实践中可以将顾客的需求作为分界点分别采取推、拉两种不同的运作模式,在分界点之前,按照推动式的大规模通用化方式和需求预测组织生产以形成规模经济;在分界点之后,首先将产品的后续分级、加工、包装和配送等过程延迟,待切入顾客的需求信息并接到订单后,根据实际订单信息,尽快将产品按客户的个性化或定制要求分级、加工及包装为最终产品,实现对顾客需求的快速而有效的反应。比如,某生产 T 恤的厂商先按照推动式的大规模生产、裁缝成品,但并未给衣服染色,而是在接收到个性化的订单后,再按照拉动的方式进行染色,可见,分界点之后实施的是拉动式差异化整合模式。

当然,顾客需求分界点的位置是可调整的。当分界点向供应链上游方向移动时,顾客的需求信息会较早地被切入生产过程,产品同质化生产阶段会相应缩短,从而扩大按订单执行生产供应活动的范围。若将切入点向供应链下游方向移动,产品的个性化培育时间则会被推迟,相应地延长规模化时段。在实践中,顾客需求切入点的位置一般根据产品生产的特征和市场需求的特点等情况进行调整。

3. 跨境电子商务供应链标的论

根据产品的生命周期、需求稳定程度以及可预测程度等可以将生产的产品分为两大类,即功能型产品和创新型产品。功能型产品包括可以从大量零售店买到的主要商品,这些产品满足基本需求,即需求稳定且可以预测,并且生命周期较长。但是稳定性意味着竞争较激烈,进而导致利润较低。创新型产品是指为满足特定需求而生产的产品,企业在产品样式上或技术上进行创新以满足顾客的特殊需求。尽管创新型产品能使企业获得较高的利润,但是创新型产品的新颖程度却使需求变得不可预测,而且产品的生命周期一般较短。与此相对应,可以将供应链战略划分为两类:效率型供应链战略和响应型供应链战略。

(1) 效率型供应链战略

效率型供应链战略是指强调以最低的成本将原材料转化为零部件、半成品、成品,以及在供应链运输中的供应链战略,主要适用于功能型产品。由于功能型产品的需求可以预测,生产该类产品的企业可以采取共用措施降低成本,在低成本的前提下妥善安排订单,完成生产和产品交付,使供应链存货最小化和生产效率最大化。

(2) 响应型供应链战略

响应型供应链战略是指强调快速对需求做出反应的供应链战略,所对应的产品是创新型产品。这是因为创新型产品所面临的市场是非常不确定的,产品的生命周期也比较短,企业面临的重要问题是快速把握需求的变化,并能够及时对变化做出有效反应。许多跨境电子商务经营的产品属于时尚类产品,需求变化快,而且一旦畅销,其单位利润就会很高,随之会引来许多仿造者,基于创新的竞争优势会迅速消失,因此,产品的生命周期较短。这类产品的供应链应该考虑的是供应链的响应速度和柔性,只有响应速度快、柔性程度高的供应链才能适应多变的市场需求,而实现速度和柔性的费用则退为其次。

四、跨境电子商务出口供应链管理

(一) 出口供应链发展现状

1. 线下出口与线上电商相互结合

当前,我国外贸出口贸易模式大体上可以分为传统线下出口模式和线上跨境电子商务模式。随着消费模式的转型升级,传统的线下出口贸易模式已经不能满足进口商及国外消费者的个性化需求,国内跨境电子商务平台依靠互联网和国际物流,直接对接终端,能够最大限度满足客户碎片化消费升级需求,迅速拓展出口市场。随着"互联网+"理念的深入推进,跨境电子商务获得了更加有利的发展环境,突破了传统线下出口贸易所受到的时空约束限制,利用线上平台推广和宣传商品,更加便于商品交易,甚至能够到达传统出口贸易几乎不涉及的国家和地区。可以认为,跨境电子商务的迅猛发展为我国实现线下出口与线上电商相互结合奠定了坚实基础。

2. 跨境电子商务国内外联系密度加大

ECI 指数(E-Commerce Connectivity Index between China and Major Economies)是中国与主要经济体跨境电子商务连接指数。ECI 指数越高表示我国与一国的电商交易规模越大,市场渗透率越高,连接紧密度也越高。2017 年,我国跨境电子商务 ECI 指数排名前十位的国家和地区分别为美国、英国、澳大利亚、法国、意大利、日本、加拿大、德国、韩国、俄罗斯。不难发现,我国跨境电子商务联系密切的国家大多集中于发达国家。跨境电子商务可以弥补传统贸易较为粗放的劣势,转而利用其线上平台的便利优势对线下出口供应链运营渠道进行优化升级,进而扩大出口供应链的深度和广度,加强进出口贸易联系。

(二) 出口供应链存在的主要困境

1. 出口供应链物流困境

(1) 物流成本较高

目前,跨境物流主要有直邮进出口、保税仓进出口和海外仓进出口三种模式。直邮进出口模式更加适合小规模、定制化商品,直接通过快递发货,然后清关、入境,速度相对较慢,且成本较高。此外,国际快递一般按重量收取费用,会导致出口商品价格与销售国国内商品价格基本一致，无法体现跨境电子商务的价格优势，且会增加商品质量风险和等待时间。一旦发生商品质量问题，退货成本高，手续烦琐且等待时间长，增加退货物流费用的同时，浪费过多的时间和精力。保税进出口模式适合大规模、热销的商品，产品先运送至保税区存放，一旦发生购买则清关发货，这样不仅能够保证质量，还能提高时效。海外仓进出口模式是将热销商品先行运输至销售国仓库内，消费者下单后直接从销售国仓库进行配送，这样配送速度更快，但容易产生库存积压风险。保税仓进出口模式和海外仓进出口模式往往会导致商品各运送环节产生费用，容易导致商品价格随着物流成本增加而上涨。

（2）物流速度较慢

虽然跨境电子商务的流通环节缩减了，但对于跨境电子商务而言，商品的订单往往都比较小，因此在面对这些订单重量较小的商品时，为了降低物流成本，大多数会选择低价的国际小包裹，通常要20~30天才能送达。因此，小批量、高频率的跨境出口物流速度非常慢，导致国外买家望而却步，且容易出现包裹丢失的情况，购买商品的风险性较大。

（3）物流信息化水平不高

跨境电子商务出口订单往往存在批次多、批量小、周期短等特点，商品流通频繁、快速。为满足消费者实时跟踪监控需求，跨境电子商务必须提高物流信息化水平。当前，我国正在进一步完善信息化基础设施，跨境物流运输方式有了更多选择，但跨境物流的信息化和创新化水平还不高，有些跨境零售出口商通过邮政包裹运输商品，从而导致消费者无法实时跟踪商品运送状态，很多消费者对我国跨境出口物流满意度下降。因此，必须尽快提升我国跨境电子商务物流信息化水平。

2. 通关效率困境

当前我国跨境通关的方式主要有三种：一是货物方式，即全部纳入海关贸易，待入关后在我国市场销售。二是快件方式，由进出境快件运营人承揽、承运物品，除了免征税的货样、广告品外，货物类的通关通常参照一般贸易方式通关和征税。三是邮件方式，以自用合理数量为限，收取行邮税。跨境零售出口订单通常比较零散，且批次多、金额小，通常每批次交易以单件为基础，不仅出货频次高，而且商品种类繁多，给海关监管带来了困难。目前，我国通关环节手续相对复杂，如通关申报项目较多、检查产品需要双方反复确认、放行环节手续较多、退税流程不完善、成本高等，这会导致通关效率下降，进而无法满足国外消费者对时效性的要求。

3. 安全支付困境

基于"互联网+"下的网络虚拟性及其难以操控性，网络支付安全问题日益突出，给跨境电子商务交易带来了隐患。目前，我国跨境交易支持的支付方式主要有信用卡支付、银行转账、第三方支付和线下结算等，相比于传统贸易中的货款单据支付，跨境电子商务交易更多依赖于第三方支付，但第三方支付不可避免地存在着安全隐患。如第三方支付平台所依赖的电子传输系统及计算机数据处理系统，一旦这些系统受到攻击，很容易导致用户个人数据和账户资金被盗取。此外，鉴于跨境交易的特殊性，资金流通容易受到通关、地域等因素影响，进而引致备付金管理机制不完善问题，加之当前我国针对"第三方支付"的监管法律尚不健全,容易导致占用、挪用备付金等情况,给我国跨境电子商务发展带来了不利影响。虽然我国已经建立了人民币跨境支付系统,但"第三方支付"与银行合作力度不够,人民币兑换及支付效率仍然较低,尚未形成相对安全的支付环境。

4. 出口供应链信用体系困境

当前,我国出口供应链信用体系并不完善。一是缺乏立法保障和规范,监管难度大、效率低。跨境电子商务主要是通过虚拟网络进行交易的,买卖双方只能通过线上平台展开相关操作,无法涉及具体商品和资金流通,这会导致商品及商品售后服务等信息不对称,一旦出现假冒伪劣商品或售后服务不到位等问题,必将引发信用风险。二是跨境电子商务面临的买家风险。当前,我国只对国别风险进行了评级分类,尚未建立完善的、系统的用户数据库来对买家进行跟踪调整和评定。一般跨境电子商务平台上往往更加倾向于保护买家权益,所以一旦出现不良买家恶意退款、退货或进口商拒付货款,会在一定程度上损害卖家即跨境电子商务的合法权益。三是"互联网+"背景下的信用体系不健全,导致交易纠纷时常发生。由于跨境电子商务交易主体之间存在语言和文化差异,在交易过程中容易出现沟通交流障碍进而导致交易纠纷。四是售后维权难以执行。基于出口供应链交易双方具有的地域及文化差异,信用体系和标准存在诸多不一致性,交易双方处在不同监管下,售后维权存在多重壁垒。

(三)出口供应链优化

1. 优化物流系统

要充分发挥"互联网+"的技术优势,改善物流发展模式,提升跨境电子商务物流流通效率。一是政府要加大对跨境电子商务新兴业态发展的政策支持,及时修订跨境电子商务物流相关法律法规,加大物流基础设施投资力度,为跨境电子商务发展营造良好的法制环境。二是优化改革传统物流运营模式,积极构建对外贸易、电子商务物流渠道。一方面,充分利用保税物流优势,设立跨境电子商务保税仓库,建立仓储中心,集中采购、集中运送,缓解物流压力,进一步降低商品价格。另一方面,加快跨境电子商务物流园区建设,加强通关监管,加大金融服务政策扶持力度。吸引阿里巴巴、递四方等跨境电子商务及物流企业入驻物流园区,提升物流园区集聚效应,壮大跨境物流企业发展规模,推动物流产业链形成,提升物流流通效率。三是提升物流信息化建设水平,优化升级物流服务。加大基础设施信息化及现代化投资力度,建立多层次物流网络,满足不同配送要求,提升储存、分拣、运输及配送水平,适应跨境物流市场发展环境,进一步提升消费者满意度。

2. 提升出口供应链的监管效率

不断完善跨境电子商务相关法律法规,充分利用"互联网+"优势,改革通关运作模式,提高货物通关速度。一方面,不断完善跨境电子商务相关法律法规,促使跨境电子商务运营规范化,采用创新型监管模式,提升监管效率。另一方面,要创建新型通关模式,促进跨境电子商务通关程序标准化、统一化,构建健全的跨国贸易零售企业认证、监管体系,推动跨国贸易健康发展。简化出口申报、查验及放行等程序,开发跨境通关电子管理系统,打破海关、质检、物流和支付障碍,实现跨境电子商务交易、仓储、物流和通关监管执法自动化,同时加强清关专业化及设备信息化建设,实现"电子报关,无纸化通关"全覆盖,节省报关时间,提升通关效率。

3. 创造良好的出口供应链资金流通环境

支付是出口供应链中的关键环节,必须加强支付环境的安全性。一是第三方支付平台的监管和注册认证必须符合相关法律法规,构建具有针对性的支付平台检验审核、认证体系,为企业、个人资金信息安全提供保障;切实维护第三方支付机构系统的安全性及稳定性,提升第三方支付的可信度;第三方支付机构要不断完善会员实名认证体系,确保会员信息真实、可靠,提高网络信息传输、信息处理安全级别,定期升级安全系统,确保第三方支付平台信息安全。二是完善备付金管理机制,保障第三方支付平台用户利益。如金融部门允许第三方支付机构开设备用金专户,并对备付金进行区分管理。与此同时,第三方支付机构要加快建立相应的备付金风险基金体系,积极应对支付不力、风险支付等状况,避免出现资金、信息安全风险。三是提高各主体协作力度,提高支付平台的安全性。政府层面,通过出台或完善相关法律法规及政策制度,强化对支付平台的监管,同时严厉打击违法犯罪行为。金融层面,金融部门要努力健全管理机制,提升第三方支付平台的安全度,利用数据库加密、身份识别、杀毒系统、防火墙等,构建安全的第三方支付系统。

4. 健全出口供应链信用体系

积极借助大数据、云计算等技术,不断完善跨境企业信用体系。一方面,要利用大数据技术完善现有信用系统,建立统一信用系统,提升信用评级效果。如通过第三方征信机构,收集汇总跨境电子商务平台上的商家及消费者交易信息,如经营信誉、发货速度、交易评价、退货比率等,建立商家及消费者信用数据库,确立相应信用等级,保障买卖双方合法权益。另一方面,要加快构建跨境电子商务质量认证体系,通过第三方质量评估机构,对入驻跨境平台的商家进行全方位评估、评级,加强对入驻企业的监管,促使入驻商家不断规范经营行为,切实维护消费者合法权益。

五、跨境电子商务进口供应链管理

对于跨境进口电商来说供应链是最核心的环节,供应链的效率和优势直接决定着跨境进口电商企业的生存和发展,目前爆出倒闭或经营困难的跨境电子商务企业大多是因为供应链出了问题。2016年,跨境进口电商的税改落地,如何在新形势下解决跨境电子商务的供应链问题,供应链公司未来会遇到什么样的机遇和挑战,是每个跨境进口企业必须深刻思考的问题。

(一) 税改带来的供应链变革

刚刚落地的进口跨境电子商务新政规定,进口商品50元起征税全面取消,改为实行跨境电子商务综合税,所以跨境电子商务传统的保税区模式的优势没有了,跨境电子商务的直邮模式会变得更加重要,而且海关对直邮的监管会变得越来越严厉。

(二)税改新政下供应链的正品问题

税改新政的出台是对跨境进口电商一次彻底地调整和清理。长期以来,很多利用跨境电子商务政策红利套现的企业,用低价格吸引消费者,最终靠市场规模和流量去融资。在这样的模式下,产品品类高度重复,还出现了品质不高的跨境进口产品,甚至是假冒伪劣的产品。税改新政实施后,如何通过供应链获得正品,考验着跨境电子商务企业。建议大家选择一些专业跨境供应链服务公司,必须做到产品原产地可以追溯,每个细节可以追溯,每个节点可以追溯。从源头到代理商,到海关,到保税区,到商检,每一环节通过系统和数据能让消费者看得明明白白,保证产品是正品,提升信任和体验会提高跨境电子商务企业的竞争力。

(三)如何确保跨境电子商务的时效性

跨境进口电商特别是中小跨境电子商务最大的问题之一就是产品到消费者手里的时间难以把控,目前跨境进口电商的时效性非常差,比如从美国进口的商品,需要超过10天才可以送达消费者手中。大企业利用自己的采购体系,清关和报关都由自己完成,缩短物流时间,同时在保税仓建立自己的跨境物流体系。无论是进口跨境电子商务还是出口跨境电子商务,未来如何提高跨境电子商务的物流水平,如何解决时效性问题,是需要跨境电子商务企业不断探索的。

第3节 跨境电子商务供应链设计

一、跨境电子商务供应链设计原则

根据供应链在跨境电子商务环境下的特点,有必要对传统的供应链进行重新设计和改造,构建供应链的新模式。在重新设计供应链的过程中,有以下几个方法和原则。

(一)建立基于供应链的动态联盟

在需求的不确定性大大增加的环境下,供应链必须有足够的柔性,随时支持用新平台和新的方式来获取原材料、生产产品、服务顾客并完成最后的配送工作。而建立生态联盟可以极大地提高供应链的柔性。供应链从面向职能到面向过程的转变,使企业抛弃了传统的管理思想,把企业内部以及节点企业之间的各种业务看作一个整体过程,形成集成化供应链管理体系。通过对集成化供应链的有效管理,整条供应链将达到全局生态最优目标。供应链集成的最高层次是企业间的战略协作,当企业以动态联盟的形式加入供应链时,即展开了合作的过程,企业间通过一种协商机制,谋求双赢或多赢的局面。

(二)构建统一的信息平台

跨境电子商务环境下,顾客需求的不确定性增大,也增加了供应链构建的风险。构建统一的信息平台,增加各供应链节点之间的交流,将有效地防止信息延迟,减少供应链的"波动放大性",增加供应链的响应速度,从而降低供应链构建的风险。

(三)统一管理"虚拟贸易社区"

尽管通过信息技术可以实现供应链信息的共享,但供应链伙伴仍然有一些敏感信息不愿意与别人共享,信息不对称的问题依然存在。建立集成化的管理信息系统,统一管理"虚拟贸易社区",加强企业间的协调,保证供应链伙伴信息的安全性,才能有效地实现供应链中关键信息的充分共享,从而提高整个供应链的管理效率,实现供应链效率的最大化。

(四)密切关注顾客的需求和重视顾客服务

供应链从产品管理转向顾客管理,以及客户需求拉动的特点,使得企业更加密切地关注顾客的需求,并通过数据仓库和数据挖掘等技术,增加对顾客需求的理解。在理解顾客需求的基础上,通过大规模定制等技术,为顾客提供一对一的个性化服务。

(五)改造企业内部业务流程

在传统企业"筒仓式"组织结构中,信息的传递效率极其低下,导致企业内部业务效率难以提高。应对企业内部的组织结构进行改造,打破原来的职能化组织结构形式,尽量实现组织结构的扁平化,减少信息流的传递环节,重新设计企业的业务流程,减少整个流程的环节,从而提高组织的业务效率。

供应链设计是一项复杂而艰巨的工作,也是供应链管理的重要环节,它涉及供应链组织机制、供应链成员的选择、供应链成员之间的相互关系、物流网络、管理流程的设计与规划,以及信息支持系统等多方面的内容。供应链设计必须遵循一定的原则,运用科学合理的方法。

二、跨境电子商务供应链设计的基本要求

(一)客户优先

客户是供应链中唯一真正的资金流入点,任何供应链都只有唯一的一个收入来源——客户。因此,供应链的设计要考虑客户优先的原则。客户服务由客户开始,也由客户终止,客户最能感受到供应链中复杂的相互影响的全部效应。供应链的设计必须具有高度柔性和快速响应能力,才能够满足客户的现实需求和潜在需求。

(二)定位明确

供应链由原材料供应商、制造商、分销商、零售商、物流与配送商以及消费者组成。一条富有竞争力的供应链要求组成供应链的各成员都具有较强的竞争力,不管成员为整个供应链做了什么,都应该是专业化的,专业化就是优势。无论企业在供应链中处于主导地位,还是从属地位,都必须明确自己在供应链中的定位优势。根据自己的优势来确定自己的位置,并据此制定相关的发展战略,对自己的业务活动进行适当的调整和取舍,着重培养自己的业

务优势,保证以自己的优势业务参与供应链。只有这样,企业才有可能在供应链中被认可,并与其他企业合作,最终实现共赢。

(三) 防范风险

由于受到自然和非自然因素的影响,供应链的运作实际上存在着不确定性,从而使企业面临着一定的风险。例如,由于不确定因素的影响,市场需求总是变化的,具有不稳定性,所以,每个节点企业都必须保持一定的库存。为了达到为客户服务的目标,必须保持足够的库存(也就是安全库存),这样即使上游过程出现问题,也不至于影响客户。在供应链的设计中,应该对各种风险因素进行度量和说明,了解各种不确定性因素对系统所产生的影响,并制定相应的防范措施。

(四) 量力而行

供应链的建立与运行是一个十分复杂的工程,它要求企业必须具备较强的经济实力、较高的决策水平和熟练的供应链运作技巧。因此,企业应根据自己的实际情况,对于建立什么样的供应链、自己在其中的地位和作用、供应链未来运作的预期状况等问题,做出理性的判断并量力而行,使未来的供应链运作能够在自己的掌控之中。只有这样,企业才有可能达到供应链设计和实施的目的。

三、供应链设计的基本内容

(一) 供应链合作伙伴选择

每一个供应链都包括从采购、供应、生产到仓储、运输、销售等多个环节的多家供应商、制造商和零售商以及专门从事物流服务的多家企业,供应链成员囊括了为满足客户需求、从原产地到消费地、直接或间接相互作用的所有公司和组织。因此,供应链成员的选择是供应链设计的基础。供应链成员的选择是双向的。一般而言,参与供应链的成员在市场交易的基础上,为了共同的利益而结成相对稳定的交易伙伴关系。但供应链的主体企业,尤其是核心企业,主导整个供应链的存在和管理,因为在对供应链其他成员的选择上具有一定的主动性;其他非主体企业规模相对较小,在供应链上处于从属的地位,往往无法主宰自己能否成为供应链成员。从这个意义上说,供应链成员及其合作伙伴的选择又是单向的。

(二) 网络结构设计

整个网络结构由供应链成员、成员间的联系和供应链工序连接方式三个方面组成,网络本身体现供应链成员及其分布和成员间的相互关系。供应链网络结构设计的中心是保证网络能合理利用和分配资源,提升物流效率,从而达到提高供应链整体价值的目的。

(三) 组织机制和管理程序

供应链的组织机制和管理程序是保证供应链有效运营的关键。由于供应链涉及多家企业的多个业务环节,而这些企业都是独立的市场经济主体,在管理上自成体系,要实现供应链的无缝衔接,各个独立的企业必须在相关环节上达成一致。供应链的组织机制和管理程序实际上是各成员企业相关业务组织机制和管理程序的集合。各成员企业必须从供应链整体出发,设计相关的组织机制和管理程序。尤其是核心企业,其组织机制和管理程序是整个供应链效率的关键。

(四)供应链运行基本规则

供应链上的节点企业之间的合作是以信任为基础的。信任关系的建立和维系,除了需要各个节点企业的真诚和行为之外,还必须有供应链运行的基本规则。其主要内容包括协调机制、信息开放和交互方式、生产物流的计划与控制体系、库存的总体布局、资金结算方式、争议解决机制等。计算机系统、相应的软件和信息系统是供应链运营规则实施必要的物质基础。

四、供应链设计的评价指标

一个供应链是否能够有效运营,可以从以下几个方面考察。

(一)灵敏度

灵敏度是企业通过供应链运营了解市场变化的敏锐程度,是供应链系统灵巧运用和重组内外资源的速度。面对越来越短的产品生命周期和日益苛刻而无法预期的需求,企业必须具备敏锐的感知市场变化的能力和变革能力。

(二)应变能力

仅仅提前察觉客户的需求,对未来想要成功的企业来说是不够的,它必须比竞争对手更快做出反应。企业应该具备对现实和潜在客户提前采取行动的能力,市场一有蛛丝马迹出现,就要能立即洞察客户的需求变化,并试图满足他们的需要。优秀的供应链不仅能够适应可预测的环境,也能够适应难以预测的环境。

(三)精简化

精简化指的是在能够实现供应链整体目标的前提下,供应链的设计宜简不宜繁。精简的供应链可以降低供应链运作成本,提高供应链运作效率。

(四)协调性

供应链是多个企业的构成网链,每个企业又是独立的利益个体,所以它比企业内部各部门之间的协调更加复杂、更加困难。供应链的协调包括利益协调和管理协调。利益协调必须在供应链组织结构构建时将链中各企业之间的利益分配得更加明确;管理协调则是按供应链组织结构要求,借助信息技术的支持,协调物流和信息流的有效流动,以降低整个供应链的运行成本,提高供应链对市场的响应速度。

(五) 智能化

面对企业和供应链中的事件,能够迅速及时地把握并能正确决策,有效地集成各种资源予以解决,是供应链智能化的表现。

总之,一个全新的、反应能力强的、灵敏的、精简的、协调的和智能型的供应链应该是供应链设计所追求的目标。

五、跨境电子商务供应链优化

(一) 成立跨境电子商务平台联盟,统一向境外品牌商议价

境内中小跨境电子商务议价能力弱,不能直接与境外供货商签约的主要原因还是需求分散和需求规模不够。目前,跨境进口电商多数由个人或专业团队向境外零售商代购,再向境内消费者销售,并没有打通供应链。如果若干家跨境电子商务平台联盟共同议价,取得境外一些著名品牌的授权,取得货源上的对接,就可以极大地降低供应环节的成本和费用。

(二) 突破传统思维,与境外卖方进行思维互换

目前,跨境进口平台上自营模式的电商90%是通过中间商采购的,中小跨境电子商务议价能力弱,难以与境外品牌商直接签署供货合同。大型跨境进口平台采购量大,议价能力强,却也很难与品牌商签约,原因有很多,比如文化差异、账期问题等,境内电商普遍存在拖欠供应商货款的现象,但是境外企业却坚决不能出现这种现象。因此,跨境进口电商要想与境外品牌商取得货源上的协调对接,需要适应不同的商业经营风格、不同的文化、不同政治体系下的思维方式。

(三) 同跨境物流供应链服务商合作

跨境电子商务的物流模式主要有五种:邮政包裹、国际(地区间)快递、境内快递、专线物流、境外仓或保税仓模式。邮政网络全,但时效性差,从中国到美国的包裹一般需要15个工作日。国际(地区间)快递速度快,但费用也较为高昂,境内快递还在发展时期。因此,跨境电子商务需要根据产品特点选择合适的物流服务商,有时候甚至要采用复合物流供应模式来满足消费者需求。

(四) 做好大数据分析,实行精准营销

与大数据平台合作,及时掌握消费者的个人信息和交易信息,掌握目标人群的需求和关注点,掌握消费者的消费心理和消费习惯,开展有针对性的精准营销。就像淘宝网的每日推荐和私人定制,围绕消费者建立自己的生态圈,布局线下服务和自由店铺或品牌。如蜜芽宝贝更名为蜜芽之后,产品组合定位扩大为母婴用品,开设线下体验店,消费场景得以拓展,借助百度大数据的分析开展精准营销。

(五)境外仓和保税仓物流模式组合

税收新政策实施后,两批跨境进口商品清单可以满足境内大部分消费者的需求,部分跨境电子商务零售进口商品纳入政策实施范围内,走保税仓进口的大部分货物税率会提高是不争的事实,设立境外仓处理业务将是比较好的选择。比如说境外仓集货后,若不在正面清单内,以个人行邮方式进境,同时征收行邮税;若属于清单内但未能提供通关单的商品,以直邮进口方式进境,同时按跨境进口方式征税;若属于正面清单内商品,可以以批量方式进保税仓(进口同时需提供通关单),后以保税进口方式入境,同时按跨境进口方式征税,软件系统也要相应地与海关系统对接。

实 验
供应链管理虚拟仿真实验

一、系统简介

跨境电子商务供应链管理虚拟仿真实训平台基于仿真软件运行平台进行开发,是一款针对财经商贸类专业人才培养方案确定的人才培养目标指导下,进行辅助专业课程学习或专业技能训练的实训平台。它适用于高校贸易经济、国际贸易、电子商务专业的跨境电子商务企业认知及岗位认知实训课程。

以跨境电子商务生产型企业运营全过程的管理作为训练内容,通过模拟全年完整的跨境电子商务企业运营全过程,训练生产管理、采购管理、营销管理、财务管理、战略管理等方面的实训任务,使学生充分了解跨境电子商务企业的运营流程和业务流程,掌握跨境电子商务企业经营过程中不同领域的基本管理能力。平台集体验、实践、互动、对抗于一体的教学模式,大大提高学生学习的积极性;让学生了解跨境电子商务企业的运营流程,为专业教学奠定基础;有助于学生提高职业素质和专业能力,培养团队协作精神。平台提供经营规则自定义的功能,满足不同层次、不同领域的专业训练需求,提供完备的教辅资源和工具,帮助学生自学,辅助教师教学。

二、系统功能

1. 管理员端

班级管理:显示班级列表,可以添加删除和修改,维护班级下的学生。

教师管理:支持创建多个教师,支持多个教师管理多个教学班多对多的管理模式。可以添加、删除和修改教师,维护教师基本信息。

学生管理:显示学生列表,可以添加删除和修改。包含学生姓名、学号、密码等学生基本信息。

2. 教师端

班级管理:显示班级列表,可以添加删除和修改,维护班级下的学生。

学生管理:显示学生列表,可以添加删除和修改。包含学生姓名、学号、密码等学生基本信息。

实验管理:基础实验信息管理;分组管理;开启实验。

开始月度经营活动:抽取局势卡(竞单管理、特价销售、排行榜单、月度总结、实验信息管理)。

3. 学生端

学生基本信息管理

实验管理:跨境电子商务企业经营1个年度,每个年度分设12个月份运行。全年总体运营流程如下:

月初经营流程:抽取局势卡—投放广告—支付广告费—月度运营

月中经营流程:当月开始—申请短贷—竞标原料—更新原料库—购买工厂—新建工厂—转换工厂—关闭工厂—重开工厂—开始生产—竞标产品—产品特价拍卖—原材料和库存拍卖—工厂折旧回收—原材料折扣回收—产品折旧回收—当月总结

月末经营流程:支付所得税—生成报表(综合费用表、利润表、资产负债表)

流程外运营操作:间谍—局势卡—出售成品—出售原材料

三、系统使用

申请试用地址:http://demo.allpass.com.cn/

思考题

1. 供应链管理与物流管理存在什么样的关系?
2. 跨境电子商务采购的流程是什么?
3. 如何进行跨境电子商务供应链设计?

第 5 章
跨境电子商务营销推广

 本章学习概要

1. 跨境电子商务营销的理论基础。
2. 跨境电子商务站内营销。
3. 跨境电子商务站外营销。
4. 跨境电子商务移动营销。

第 1 节 跨境电子商务营销理论基础

互联网技术的发展大大加强了跨国渠道成员间的信息传递效率和信息沟通量,有效减少了需求放大效应,使制造商可以在第一时间获得真实的市场数据,为制造商的生产提供有效的决策依据,有效减少渠道中的库存成本,提升总体渠道效率,提高最终产品的市场竞争力。另外一方面,条形码技术、通用分组无线服务技术、全球定位系统等技术的发展,使跨境物流领域的运营效率有了很大的提升,不仅减少了单位产品的物流运输成本,而且部分跨境物流服务提供商还能精准做到在恰当的时间、恰当的地点提供恰当的产品,为更进一步的跨境供应链管理提供技术基础。

跨境电子商务营销不仅局限于加强跨境渠道间企业信息沟通、提升渠道效率等方面,还包括目前影响力越来越大的跨境零售。在这一方面,跨境电子商务营销开始改变渠道中成员的构成和成员间的协调机制,导致了产品价值链的重新构建、利润的重新分配,可以说影响深远。

一、跨境电子商务营销概念与特点

(一) 跨境电子商务营销概念

互联网技术和移动通信技术使终端客户的搜索、发现能力大幅度提升,客户通过搜索引擎和智能代理,可以很方便地获取厂商和产品数据,并进行比较,最终确定要购买的产品。从厂商的角度出发,由于信息系统建设,厂商可快速有效地处理海量的客户信息,并及时对客户的信息进行分析,与客户进行点对点的沟通。跨境电子商务营销本质上是营销活动,可以从营销的角度出发,结合跨境商业活动与互联网的特点去分析和理解。跨境电子商务营销,简单来说就是通过跨境线上媒体,构建特定内容,吸引特定跨境消费者的关注,并对你发布的内容产生共鸣,进而激发购买热情的过程。

(二)跨境电子商务营销的功能特点

互联网可以将企业、团体、组织以及个人跨时空联结在一起进行信息的交换,互联网营销呈现出以下一些特点。

1. 跨时空

跨境电子商务营销的最终目的是占有国外市场份额,由于互联网能够超越时间约束和空间限制进行信息交换,这使得跨境电子商务营销脱离时空限制进行交易变成可能,企业有了更多的时间和更大的空间进行营销,可每周 7 天、每天 24 小时随时随地提供全球性营销服务。

2. 多媒体

互联网可以传输多种媒体的信息,如包含文字、声音、图像等信息,使得为达成交易进行的信息交换以多种形式存在,可以充分发挥跨境电子商务营销人员的创造性和能动性。

3. 交互式

互联网通过展示商品图像,并由商品信息资料库提供有关查询,来实现供需联动与双向沟通。

4. 整合性

互联网营销是一种全程的营销渠道,可以将不同的传播营销活动进行统一规划和协调实施,以统一的传播信息向消费者传达,避免因不同传播营销活动之间的不一致性导致消极的影响。

5. 高效性

大数据、云计算高速、高效,能及时、有效地了解并满足顾客的需求。

6. 低成本

跨境电子商务营销减少了传统营销的印刷与邮递成本。

二、跨境电子商务营销策略的优化

(一)定价策略的优化

价格的制定是跨境电子商务发展的关键,在具体定价方面不仅需要考虑产品的实际成本,还要考虑客户是否能够接受产品的价格。另外,合理的定价还能够在同类产品中更具竞争优势。在定价方面,要重点考虑以下两个方面:

第一,需要以时间为基准,在价格制定中不同时间段对价格的影响往往较大,例如在跨境政策红利阶段可适当降低产品定价,在出口政策紧缩阶段可适当提高产品定价。众所周知,我国的跨境电子商务在很大程度上受到出口政策的影响,因此,如何利用好出口政策进行产品定价至关重要。第二,以跨境电子商务产品出口成本来进行定价。跨境电子商务所生产的产品成本很大一部分决定于市场的变化,例如,原材料价格的波动、劳动力成本的增加、物流价格的变动等。因此,跨境电子商务在进行价格制定中应当以市场变动情况灵活制定产品的价格,给出合适的产品报价。

(二)优化产品售后服务

跨境在线交易的形式,会使得消费者在购买的过程中担心产品售后服务,因为跨境交易售后服务对消费者而言不仅耗时,而且在产品返厂邮寄过程中成本过高。这些因素在很大程度上影响了跨境电子商务的发展,因此,优化跨境电子商务产品售后服务对提高跨境产品销售有着重要的影响。在优化产品售后服务方面需要做到:一是建立海外售后服务站点,在跨境产品集中销售地区建立售后服务站点,该站点可为本区域或附近区域的产品提供售后服务。海外售后服务站点的建立可有效消除消费者对产品售后的担忧;二是购买售后服务运费险,跨境电子商务产品售后服务难,一个关键因素在于产品售后服务的运费成本高,因此,可以考虑产品销售中企业为产品购买运费险,这样可有效解决产品售后服务运费成本高的问题。

(三)优化出口通关,构建信息共享平台

当前通关税收的不完善严重制约了我国跨境电子商务的发展,跨境电子商务在营销活动中始终缺乏完整的流程支撑。因此,就跨境电子商务发展而言应当快速构建一套完备的适合跨境电子商务发展的通关税收,构建科学、合理的信息共享平台。

目前,我国已经在全国多个地区建立了跨境电子商务的试点城市,其中包括广州、上海、杭州、重庆等,并在这些试点城市根据地方跨境电子商务实际情况制定了相匹配的创新性的出口通关税收以及完整的退税流程。现阶段将首先汇总各试点城市关于通关退税政策的相关反馈信息,然后对所反馈的信息进行分析研究。对于海关方面,政府部门应当积极出台海关监管、出口退税等制度,例如,跨境电子商务可通过电子报关、集中报关等,这样一方面可简化跨境电子商务报备出口税收的程序,另一方面可极大地提高税收部门工作效率,节约人力成本。

除此之外,应当建立信息共享平台,利用互联网技术将跨境电子商务出口通关、退税等信息在互联网平台上进行共享。该平台物流企业、跨境电子商务、第三方平台等均可共享出口通关的相关信息,最大程度上实现资源的有效利用,缩减通关流程,降低物流和时间成本。

(四)建立和优化市场监管体系

通过调查发现,目前我国的跨境电子商务在交易过程中出现了很多境外进口恶意敲诈、诈骗等行为,这些行为的出现严重制约了我国电商产业的发展,因此当前亟待建立完善的市场监管体制。跨境电子商务市场监管体系要求:首先,涉及跨境电子商务的政府各部门之间应当积极沟通,建立信息共享平台,及时了解各部门动态以及跨境电子商务在交易过程中所遇到的问题,统筹规划跨境电子商务、物流企业、第三方跨境电子商务平台;其次,宏观上把控跨境电子商务出口产品的质量,尽可能地避免因侵犯国外知识产权而引起纠纷和摩擦,从根源上

提高中国制造的声誉;第三,积极营造国外跨境电子商务市场生态环境,为跨境电子商务创造一个和谐、友好、共赢的市场环境。

(五) 优化产品品类

虽然当前标准化的产品能够满足电商出口的贸易形式,但是伴随着全球化的深入推进,海外市场必将会被逐步打开,跨境电子商务产品的竞争也必将会越来越激烈,海外市场消费者对产品需求的种类将会发生很大的变化,因此推动产品种类结构优化将成为跨境电子商务营销策略的必然选择。就跨境电子商务产品优化而言,一方面要充分分析跨境电子商务的相关数据,根据数据最终来对跨境电子商务进行定位,通过分析跨境电子商务平台销售种类、海外消费者需求、产品成本等信息来有效地选择出口产品的类别。另一方面要对行业现状进行深入调查,收集行业相关数据并加以分析。最后,要做好客户需求反馈调查,跨境电子商务企业通过问卷调查等方式获取消费者需求,及时了解客户需求,在产品出口过程中要为不同消费者提供定制化生产,尽可能地满足海外消费者的个性需求。

(六) 推进品牌国际化

中国品牌在国际市场已经有较好的口碑,在国际交易市场有着重要的地位。随着我国跨境电子商务政策的不断完善,传统的跨境电子商务企业之间的价格竞争必然会向品牌竞争方向转变。随着国际贸易市场需求的不断转变,低廉的价格已经无法满足海外进口的需求。在这种情况下,跨境电子商务需要紧跟国外市场的变化趋势,在控制成本的同时尽可能地提高产品质量,不断强化中国品牌的国际化地位,否则的话必然会在世界贸易市场中被淘汰。总而言之,只有中国品牌深深地扎根于国外市场,赢得国外市场的好评,才能从根本上推动我国跨境电子商务的发展。

第2节　跨境电子商务站内营销

本小节以速卖通平台为例展示跨境电子商务的站内营销。

一、平台活动

阿里巴巴速卖通的平台活动是为卖家提供的一项引流推广服务,是完全免费的,不过有的活动需要满足一定的条件才有资格参加。卖家可以在平台的营销中心板块浏览当期的活动内容,自主选择符合条件的活动进行报名。如果平台审核通过,卖家申报的商品就会被平台活动推广,获得大量的免费流量。

速卖通平台活动主要有:Flash Deals(含俄罗斯团购),是平台的爆品中心,帮助卖家打造店铺爆品;金币频道,App端的权益频道,利用金币带来的权益吸引买家定期回访;品牌闪购频道,头部品牌的营销阵地,潜力品牌的孵化;拼团频道,拼着一起买更便宜,可结合站内外综合营销活动,获取社交流量;试用频道,通过提供试用商品吸引买家进店并关注宝贝,为品牌快速入市提供帮助。

二、店铺自主营销

每一个跨境电子商务平台都有自己独特的营销工具,如何根据活动特点、客户特点和商品特点使用合理的营销工具,从而实现销量与利润最大化,这是每个平台用户应当认真学习和研究的。下面就以速卖通平台为例来介绍跨境电子商务店铺的自主营销功能。

速卖通平台的店铺自主营销活动有:① 单品折扣活动。单品级打折,商品成交转化提升利器;② 满减活动。轻松提高客单,日常活动期间出货凑单转化利器;③ 店铺优惠券。全渠道推广的虚拟券,有效促进引流,刺激下单;④ 搭配活动。关联商品推荐,搭配买更优惠,提高买家购买欲望;⑤ 互动活动。互动游戏打造营销氛围感,引导用户进店、转化。

三、客户管理营销

客户管理营销工具能帮助速卖通卖家更好地管理自己的买家,该工具能自动识别有购买力并且诚信度良好的买家,并可以通过该工具对这些买家开展有针对性的精准营销。该工具包含客户管理和邮件营销两个核心功能。

(一) 客户管理功能

登录"我的速卖通"—"营销中心"—"历史客户统计与营销",进入客户管理营销页面,选择历史客户统计与营销页,通过"历史客户统计与营销"页面可以清楚地看到老客户的最后一笔订单、成交次数、累计成交金额、最近一次采购时间等信息,并对这些客户信息进行管理,方便卖家通过各种维度识别需要维护的重点买家并进行有针对性的营销。比如,一位顾客曾多次在店铺购买过东西,而且每次的订单数额都很大,但是自上次购买后至今已经很久没有消费了,对于这样的顾客,卖家应该主动与其联系,了解原因,并有针对性地改善自己的产品或服务,争取做到更好,留住老顾客。当然,对于一些恶意客户,应该直接把他们拉进黑名单,避免和他们交易,以降低对店铺的不利影响。

建议卖家养成对买家信息进行备注的习惯,特别是重要的信息,比如买家的购买需求、购买习惯、购买频率、购买类型等采购信息及邮箱等。这样,客户再次购买时,就可以根据之前的备注给顾客提供更好的服务,提升客户的购物体验,促进交易成功。

(二) 邮件营销功能

卖家可以在"历史统计与营销"页面勾选需要进行邮件营销的客户,单击"发送营销邮件"按钮,即进入营销邮件编辑页面。进入营销邮件编辑页面之后,首先需要填写邮件标题和邮件内容。可以将需要向客户传达的店铺相关信息发送给顾客,比如产品的促销打折信息、新品上架信息、清仓处理信息等,也可以对顾客的售后满意度等进行调查,吸引老客再次购买。

需要注意的是,要避免在短时间内对同一客户多次发送营销邮件,一定要控制对每个买家发送邮件的频率,因为过多的营销邮件反而会产生负面作用。为了控制买家接收邮件的频率,提高买家的购物体验,建议每月对同一客户的邮件控制在两封以内。

第 3 节　跨境电子商务站外营销

一、搜索引擎营销

(一) 搜索引擎营销的内涵与特点

搜索引擎营销,是英文 Search Engine Marketing 的翻译,简称为 SEM,就是指利用用户使用搜索引擎检索的机会,使客户能够检索到自己公司的信息,从而将营销信息传递给目标客户。常用的搜索引擎营销方式包括搜索引擎的竞价排名(如百度竞价)、分类目录登录、搜索引擎登录、付费搜索引擎广告、关键词广告、搜索引擎优化(搜索引擎自然排名)等。搜索引擎营销是最有效、最常用的营销方式之一,也是外贸企业常用的网络营销方式之一,不过相对于我国内贸企业更多地使用百度作为营销平台,外贸企业更多地使用 Google、Yahoo、Bing 等国外搜索引擎作为营销网络平台。

搜索引擎营销旨在全面而有效地利用搜索引擎来进行网络营销和推广。搜索引擎营销追求最高的性价比,即以最小的投入获得最大的来自搜索引擎的访问量,并产生商业价值。搜索引擎营销常见的两种方式是关键词广告与搜索引擎优化。

关键词广告是指企业为自己的网页购买关键字排名,搜索引擎按照点击计费的一种营销方式。用户可以通过调整每次点击付费的价格来控制自己在特定关键词搜索结果中的排名。客户可以通过设定不同的关键词捕捉不同类型的目标访问者。比如,www.khh.com 这个网站为该网页购买了关键字排名,当有人搜索 auto show 时,搜索引擎则展示该广告,如果用户点击进去,则会扣除网站相应的费用。

搜索引擎优化(即 SEO)是指在了解搜索引擎自然排名的基础上,对网站进行内部及外部的调整优化,改进网站在搜索引擎中的自然排名,获得更多流量,从而达成网站销售及品牌建设的目标。关键词广告是付费的,而 SEO 是免费的。比如,Nordstorm 这一品牌对自己的官网进行了优化设计,当搜索 dress 时,网站在搜索结果中占据靠前的位置,达到网站营销推广的目的。

(二) 搜索引擎营销(SEM)的优势和劣势

1. SEM 的优势

SEM 全称搜索引擎营销,为按每次点击扣费形式收费,简称 CPC,它有以下几个优势。
(1) SEM 的优点在于可灵活掌握推广力度,可随时增减关键词等。
(2) SEM 可快速获取较好位置排名。
(3) 企业可根据业务需求精准定位潜在客户,如 SEM 基础设置里的"推广地域""推广时段"等进行设置。

2. SEM 的劣势

（1）SEM 的劣势是相对 SEO 来说的，价格高。

（2）SEM 广告有潜在被恶意点击的风险。

（3）后台管理烦琐，企业需进行日常维护、复查排名与控制成本。

（三）搜索引擎营销案例分析——做好关键词广告的技巧

接下来以 Google 为例，来展示 Google 的关键词广告营销技巧，营销的大概过程如下：

1. 明确目标群体

在开展关键词广告之前，先对产品的竞争、市场热度、客户群体进行分析，然后选择市场前景较好的地区锁定潜在客户群体。此外，为了避免不必要的点击支付，企业可以设定自己的广告只出现在某个特定国家的潜在客户群体中。

2. 选择合理的关键词

选择合理的关键词非常重要，一旦选择失误，不仅无法实现营销目的，更会流失客户。企业在选择关键词的时候，应该考虑三点：一是关键词要符合目标用户的搜索习惯；二是要对关键词的历史搜索绩效进行评估；三是分析不同关键词在目标受众中不同购买周期的影响力，并罗列关键词的优先级。

合理的关键词才能带来更多有效的、高转化率的流量，因此，在选择核心关键词的时候要遵循四个原则：一是选择与主营产品或服务相关度高的关键词作为核心关键词；二是选择搜索量大、竞争小的关键词作为核心关键词；三是选择高转化率的关键词作为核心关键词；四是太宽泛的、比较特殊的长尾词不宜作为核心关键词。

3. 在广告中添加目标关键词

在 Google 搜索结果中，广告中与查询匹配的关键词会被加粗突出。当访客浏览查询结果时，他查找的其实是自己键入的关键词，而以粗体突出的查询关键词就能快速吸引访客的注意力。因此，包含目标关键词的广告标题和内容更容易获得点击。

4. 在广告中添加吸引眼球的词

我们可以在广告标题中添加具有号召性的词，如"Free"（免费的）、"New"（新的）等，但是添加的这些词不能违反 Google 的相关规定。例如，如果广告标题中含有"Free"（免费的）字样，那么广告直接链接的页面应该含有相应的免费产品或服务；如果标题中含有"New"（新的）字样，那么该产品或服务的推出年限要在半年之内。如果企业的产品或服务未通过相关商务或第三方的检验，那么在广告中就不能含有"Best"（最好的）、"The cheapest"（最便宜的）、"First"（第一）等之类的主观性词语。

5. 避免无效点击

为了减少不必要的广告开销,你可以将产品或服务的价格添加在广告的最后,避免那些在网上寻找免费服务或产品的用户点击你的广告。虽然这样做可能会对广告的点击率造成一定的影响,但是这样可以提高潜在客户的总体转化率,并降低平均客户取得成本。因为目标客户并不是网上每一个访问者,那些在网络上寻找免费资源的人不可能成为目标客户。

6. 对广告进行测试

通常来说,我们要同时对两个甚至更多的广告进行测试。通过测试比较选出点击率较高的广告,然后将其替换掉其他原有广告。随后重复这个过程,最终找到一个点击率最高的广告内容。

7. 对广告的投资回报(ROI)进行跟踪

Google 会对每个关键词广告的点击率进行跟踪,但是它不会对投资回报率进行跟踪,这就需要企业来完成。企业可以通过为每个广告添加成员跟踪系统链接的方法,对该广告的投资回报率进行跟踪。

8. 为广告设置关联的着陆网页

所谓着陆网页,简单地说就是"点击广告之后客户被带入的网页",也就是访客光临的第一个网页页面。设置着陆页能够让访客更快、更顺畅地接触到广告信息。

(四)做好 Google SEO 的方法

1. SEO 两大方向

SEO 两大方向为站内优化和站外优化。站内优化的主要工作由两部分构成:一方面是网站结构优化,一方面是页面优化。新做 SEO 的人员一开始做站内优化,一般直接去做页面优化,比如页面的关键词优化、核心内容做精简优化、页面标签上的优化,这些都是页面 html 本身的优化。其实更需要多关注网站结构优化,网站结构清晰与否对于搜索引擎来说非常重要。站外优化主要工作是外部链接建设,就是常说的友情链接。友链的建设,主要目的是提升网站的 PR 值,增加收录,提升搜索结果的排名。站外优化主要是向外合作,相对于站内优化来说不太可控。

2. 网站 SEO 流程

SEO 并不是简单的几个秘诀或几个建议,而是一项需要足够耐心和细致的脑力劳动。大体上,SEO 包括六个环节:

(1)关键词定位

这是进行 SEO 最重要的一环,是整个 SEO 的指导思想,如果关键词定位失败,整个 SEO 就会宣告失败。关键词定位的方法包括:① 关键词关注量分析,可以用百度指数、谷歌指数等来衡量一个词的关注度;② 竞争对手分析,在网站优化中,并不是要将 SEO 进行得尽善尽美,而是只要网站相关关键词能够排名靠前即可;③ 关键词与网站相关性分析,分析所列举出的关键词与网站的相关性,更多征询多人来确定关键词;④ 关键词布局,关键词的金字塔形布局;⑤ 关键词排名预测,尽量将关键词排名时间进行量化处理,制定任务,比如某个关键词要在两个月内排名出来。

(2)网站架构分析

网站架构符合搜索引擎的爬虫喜好则有利于 SEO。网站架构分析包括剔除网站架构不良设计、实现树状目录结构、网站导航与链接优化等。

(3)网站目录和页面优化

SEO 不只是让网站首页在搜索引擎有好的排名,更重要的是让网站的每个页面都带来流量。做好首页到每个分类页面的链接,每个分类页面做好到下一次页面的链接,单个页面做好内容的优化及内容的优质化,让用户进入页面后可以留住,降低退出率。

(4)内容发布和链接布置

搜索引擎喜欢有规律的网站内容更新,所以合理安排网站内容发布日程是 SEO 的重要技巧之一。网站内容最好是原创的,且不要是纯文本的内容,要适当添加图片和视频,以提升用户体验度。

(5)网站或者网页收录情况

与搜索引擎对话,查看自己网站被收录的状况,可以在搜索引擎看 SEO 的效果。

(6)网站流量分析

网站流量分析是从 SEO 结果上指导下一步的 SEO 策略,同时对网站的用户体验优化也有指导意义。网站流量分析包括:

① 及时更新网站,丰富页面内容。网站内容的质量和时效性是 Google 排名算法的重要参考因素,因此,保持网站的及时更新是维持和提升网站排名的有效方法。此外,网站内容最好是原创的,且不要是纯文本的内容,要适当添加图片和视频,以提升用户体验度。

② 提升网站打开的速度。网站加载速度也是 Google 排名算法的参考因素。如果网站的加载速度太慢,很容易导致访客跳转到其他网站,且现在越来越多的人使用移动端搜索,网站的加载速度就显得更加重要。因此,最好将网站在移动端的加载速度降低到一秒以下。

③ 注重链接的质量。做好 Google SEO 要注重链接的质量而非数量,需要做好四个方面的工作:一是对于已经有了良好排名的关键词,无须再过多地设置链接,以免网站因不合理的速度获得大量链接被 Google 监测到而导致网站被禁;二是避免将多数链接全部指向同一篇文章;三是为访问者提供有用的、相关的内容信息;四是将链接建立在网站的各个页面上,以保持链接布局的丰富性和多样性。

④ 重视出站链接和链向自己网站的内链。可以向所在行业内的权威品牌提供出站链接,这样能保证网站内容的相关性,更容易得到 Google 的认同。要确保链接所指向的网页能够为访问者提供有价值的、相关的信息。所谓内链,就是网站内部页面之间的链接。做好网站内链,能够帮助搜索引擎更好地处理网页内容,此外,还能延长访客驻留时间,因为他们能够在你的网站方便地访问到更多的内容。但是,创建内链同样不宜过多,适量即可。

⑤ 增加社交媒体曝光度。搜索引擎重视社交媒体平台网站的权重,例如 Facebook、

Twitter、LindedIn 等网站在 Google 上都有非常好的排名,通过这些社交媒体平台获取链接,能够提升网站的相关性。若网站内容被更多的人分享,在社交媒体上就能获得更多的曝光机会,进而帮助网站获得更好的搜索排名。

二、E-mai 营销

(一) E-mail 营销的内涵

E-mail 营销也被称为 EDM 营销(E-mail-Direct Marketing)、电子邮件营销,即企业通过 E-mail 建立同目标客户的沟通渠道,向其直接传达相关信息,用来促进销售。

E-mail 营销可以分为两种:一种是直接通过自己的邮箱向目标客户邮箱发送邮件,这也是外贸企业常用的网络营销方式之一,故本书在此加以深入阐述。另一种是通过邮件列表(Mailing List)或讨论组(Discussion group)的途径进行营销。早期的邮件列表是一个小组成员通过电子邮件讨论某一个特定话题,一般称为讨论组。讨论组很快就发展演变出另一种形式,即有管理者管制的讨论组,即现在通常所说的邮件列表,或者叫狭义的邮件列表。讨论组和邮件列表都是在一组人之间对某一话题通过电子邮件共享信息,但二者之间有一个根本的区别,讨论组中的每个成员都可以向其他成员同时发送邮件,而对于现在通常的邮件列表来说,是由管理者发送信息,普通用户只能接收信息。因此,也可以理解为邮件列表有两种基本形式:一是公告型(邮件列表),即通常由一个管理者向小组中的所有成员发送信息,如电子杂志、新闻邮件等;二是讨论型(讨论组),即所有的成员都可以向组内的其他成员发送信息,其操作过程简单来说是发一个邮件到小组的公共电子邮件,通过系统处理后,将这封邮件分发给组内所有成员。E-mail 营销的内涵中强调了三个基本因素:基于客户许可、通过电子邮件传递信息、信息对客户是有价值的。三个因素缺少一个,都不能称之为有效的 E-mail 营销。

(二) E-mail 营销的优势和劣势

1. E-mail 营销的优势

(1) E-mail 营销的成本较低

每发一封商业信函的费用大约为 0.8~1.0 元;一些 ISP 提供的电子邮件广告的价格为每个邮箱地址发送一次 0.1~0.2 元,大量发送价格甚至可以低至 1~3 分钱。至于企业自行发送电子邮件,成本则会更低一些。

(2) 反应迅速,缩短营销周期

电子邮件的传递时间是传统直邮广告等方式无法比拟的,根据发送邮件数量的多少,需要几秒钟到几个小时就可以完成数以万计的电子邮件发送。同样,无法送达的邮件也可以被立即退回或者在几天之内全部退回,一个营销周期可以在几天内全部完成。

(3) 信息丰富、全面

在邮件中,不仅可以使用简单的文本,图片、动画、音频、视频、超级链接都可以得到体现,使传递给客户的信息丰富多样,信息攻势猛烈,能够充分吸引客户的注意力,加深其对企业或产品的认识。

(4) 针对性强,减少浪费

E-mail 营销可以有针对性地向潜在客户发送电子邮件,属于"精准营销"。这与其他媒体广告不加定位地投放广告相比,营销费用大大降低。

(5) 便于营销效果监测

无论哪一种营销方式,准确、实时地进行效果监测都不是很容易的事情。相对而言,E-mail 营销具有更大的优越性,可以根据需要监测若干评价营销效果的数据,如送达率、点击率、回应率等。

2. E-mail 营销的劣势

(1) 应用条件限制

由于接收条件的局限,电子邮件需要一定的上网设备才可以接收和阅读,不像传统信函那样可以随时随地查看。更重要的是掌握客户信息有限,市场环境不成熟,E-mail 营销的受众面还比较小,影响力有限,当企业制订营销计划时,通常不会将 E-mail 营销作为唯一的或者主要的营销手段。另外,在很多情况下,客户在网上登记的资料往往不完整或不真实,通常只有一个邮件地址,当客户电子邮箱变更时,原有的资料可能就已经失效了,除非客户主动更换邮件地址,否则很难跟踪这种变化。

(2) 邮件传输限制和信息传递障碍

由于受到网络传输速度、客户电子邮箱空间容量等因素的限制,并不是什么信息都可以通过 E-mail 来传递,这就在一定程度上限制了 E-mail 营销的应用范围。另外,因为出于过滤垃圾邮件等原因,一些邮件会遭到 SP 的屏蔽,客户邮件地址经常更换也会造成信息无法有效送达,退信率上升。信息传递障碍已经成为影响 E-mail 营销发展的主要因素之一。

(3) 营销效果的限制

E-mail 营销的效果受到信息可信性、广告内容、风格、邮件格式等多种因素的影响,并非所有的电子邮件都能取得很好的营销效果。例如,垃圾邮件的泛滥会使有价值的信息被大量无用信息淹没。垃圾邮件也影响客户对于电子邮件信息的可信度,使得 E-mail 营销的回应率逐年降低。另外,电子邮件的寿命通常比其他出版物要短很多,除非邮件有足够的价值让客户一直保存下来,尤其对于 Web 方式阅读邮件的客户,邮箱空间的限制不可能保存大量邮件。而对于终端软件接收到本地硬盘的邮件,同样会因为磁盘空间清理、格式化硬盘,或者更换电脑等原因而丢失以前的电子邮件。

(三) E-mail 营销的功能

E-mail 营销的主要功能包括八个方面:品牌形象、推广销售、顾客关系、顾客服务、网站推广、资源合作、市场调研、增强市场竞争力等。

1. 品牌形象

E-mail 营销对于企业品牌形象的价值,是通过长期与客户联系的过程中逐步积累起来的、规范的、专业的 E-mail 营销对于品牌形象有明显的促进作用。品牌建设不是一朝一夕的事情，不可能通过几封电子邮件就完成这个艰巨的任务，因此，开展经常性的 E-mail 营销具有更大的价值。

2. 推广销售

产品或服务推广是 E-mail 营销最主要的目的之一，正是因为 E-mail 营销的出色效果，使得 E-mail 营销成为最主要的产品推广手段之一。一些企业甚至用直接销售指标来评价 E-mail 营销的效果，尽管这样并没有反映出 E-mail 营销的全部价值，但也说明营销人员对 E-mail 营销带来的直接销售有很高的期望。

3. 顾客关系

与搜索引擎等其他网络营销手段相比，E-mail 首先是一种互动的交流工具，然后才是营销功能，这种特殊功能使得 E-mail 营销在顾客关系方面比其他网络营销手段更有价值。与 E-mail 营销对企业品牌的影响一样，顾客关系功能也是通过与客户之间的长期沟通才发挥出来的，内部列表在增强顾客关系方面具有独特的价值。

4. 顾客服务

电子邮件不仅是顾客沟通的工具，在电子商务和其他信息化水平比较高的领域同时也是一种高效的顾客服务手段。它通过内部会员通讯等方式提供顾客服务，可以在节约大量的顾客服务成本的同时提高顾客服务质量。

5. 网站推广

与产品推广功能类似，电子邮件也是网站推广的有效方式之一。与搜索引擎相比，E-mail 营销有自己独特的优点：网站被搜索引擎收录之后，只能被动地等待客户去检索并发现自己的网站，而通过电子邮件则可以主动向客户推广网站，并且推荐方式比较灵活，既可以是简单的广告，也可以通过新闻报道、案例分析等方式出现在邮件的内容中，获得读者的高度关注。

6. 资源合作

经过客户许可获得的 E-mail 地址是企业的宝贵营销资源，可以长期重复利用，并且在一定范围内可以与合作伙伴进行资源合作，如相互推广、互换广告空间。企业的营销预算总是有一定限制的，充分挖掘现有营销资源的潜力，可以进一步扩大 E-mail 营销的价值，让同样的资源投入产生更大的收益。

7. 市场调研

利用电子邮件开展在线调查是网络市场调研中的常用方法之一，具有问卷投放和回收周期短、成本低廉等优点。E-mail 营销中的市场调研功能可以从以下两个方面来说明：一方面，可以通过邮件列表发送在线调查问卷。同传统调查中的邮寄调查表的原理一样，将设计好的调查表直接发送到被调查者的邮箱中，或者在电子邮件正文中给出一个网址链接到在线调查表页面。这种方式在一定程度上可以对客户成分加以选择,并节约被访问者的上网时间,如果调查对象选择适当且调查表设计合理,往往可以获得相对较高的问卷回收率。

另一方面,也可以利用邮件列表获得第一手调查资料。一些网站为了维持与客户的关系,常常将一些有价值的信息以新闻邮件、电子刊物等形式免费向客户发送,通常只要进行简单登记即可加入邮件列表,如各大电子商务网站初步整理的市场供求信息,以及各种调查报告等,将收到的邮件列表信息定期处理是一种行之有效的资料收集方法。

8. 增强市场竞争力

在所有常用的网络营销手段中,E-mail 营销是信息传递最直接、最完整的方式,它可以在很短的时间内将信息发送给列表中的所有客户,这种独特功能在风云变幻的市场竞争中显得尤为重要。E-mail 营销对于市场竞争力的价值是一种综合体现,也可以说是前述七大功能的必然结果。充分认识 E-mail 营销的真正价值,并用有效的方式开展 E-mail 营销,是企业营销战略实施的重要手段。

(四)开展 E-mail 营销的流程

首先,确定营销目标和目标群体。企业需要根据自己的需求来确定自己计划通过 E-mail 营销达到的目标,比如销售产品、提供服务,或是为自己的网站带来流量等,同时也要调研企业的目标群体的总体特征。对于外贸领域而言,通常通过 E-mail 要达到的目的是建立业务关系、推销企业产品以及维护客户关系。

其次,分析开展 E-mail 营销的可行性。可行性分析主要分析具不具备上述所讲的三大基础,比如有没有相关的硬件、软件,有没有目标群体的邮件地址列表,有没有具备网络营销尤其是 E-mail 营销知识的人员等。

再次,获取目标群体邮件地址列表,对 E-mail 邮件内容进行设计。获取邮件列表一般可以通过自己搜集整理和向专业邮件服务商购买两种,可以根据企业的情况决定如何获得。比如要对邮件内容进行细致的设计,需要传达什么样的信息、用什么方式传达(纯文本还是 HTML 格式)等,都要根据不同的目标群体有针对性地设计。

最后,根据计划向潜在用户发送电子邮件信息,并且及时对 E-mail 营销活动的效果进行分析总结。总结这次营销是否成功,收集用户的反馈,为以后的许可 E-mail 营销制订更优秀的方案和执行措施。

三、社交媒体营销

现代营销更加注重关系导向,强调的是与消费者的互动,但是无论是传统的电视、广播、报纸等媒体广告,还是搜索引擎营销,都无法与消费者形成互动。而社交媒体营销一般被视为最具互动性的营销方式,有效的社交媒体营销不仅能使企业与消费者之间形成互动,更会对企业的产品销售和发展产生积极影响。

（一）适合跨境电子商务营销的社交媒体平台

1. Facebook

Facebook 是全球最大的社交网站，目前，兰亭集势、DX 等都在 Facebook 上开通了官方账号，且越来越多的跨境电子商务企业开始在 Facebook 上开展营销。

2. Twitter

Twitter 作为全球最大的微博网站，拥有超过 5 亿的注册用户。它以发送 140 字内的"推文"为主要形式，具有实时性和时效性。跨境电子商务企业可以借助 Twitter 上的名人来推广自己的产品。比如，当某位名人发布"推文"后第一时间做出评论，以此吸引名人粉丝对自己的关注，进而慢慢让他们成为自己的粉丝。

3. Youtube

作为全球最大的视频网站，Youtube 上每天都有成千上万的视频被上传、浏览、分享。与其他社交网站相比，Youtube 上的视频更容易产生病毒式的推广效果。在 Youtube 上，我们可以上传一些幽默视频来吸引粉丝关注，或者借助一些富有创意的商品植入产品广告，或者是请名人对产品宣传片进行评论，都是比较不错的引流手段。

4. Tumblr

Tumblr 是全球最大的轻博客网站。所谓轻博客，是一种介于传统博客和微博之间的全新媒体形态，在注重表达的同时又注重社交，且注重个性化设置，是当前最受年轻人欢迎的社交网站之一。在 Tumblr 上，用户可以发表文字、照片、视频、引用、链接、音乐、视频，其服务功能与国内的新浪博客类同。此外，Tumblr 可以绑定域名，使用户可以在自己的域名下发布文章。

5. Pinterest

Pinterest 是全球最大的图片分享网站，它采用瀑布流的形式展现图片，无需用户翻页，新的图片会不断自动加载在页面底端，让用户不断地发现新的图片。Pinterest 堪称图片版的 Twitter，网民可以将感兴趣的图片在 Pinterest 保存，其他网友可以关注，也可以转发图片。图片对于购物网站的重要性不言而喻，卖家注册 Pinterest 账号后即可在上面发布自己产品的图片，吸引粉丝进行分享互动。针对商家，Pinterest 还推出有广告服务。有多家机构称，在移动互联网时代，网民在移动设备上更喜欢观看图片，Pinterest、Snapchat、Instagram 等图片社交平台受到用户热捧，目前市场估值也明显高于其他"文本"社交网站。

6. Vine

Vine 是 Twitter 旗下的一款短视频分享应用，用户可以用它来发布长达 6 秒的短视频，并可以为视频添加一点文字说明,且视频可以无缝地嵌入 Twitter 消息之中。与其他视频分享应用不同,Vine 支持断断续续的视频拍摄,也就是说,Vine 可以把几条连续拍摄的视频片段自动拼接起来。

除了以上几种渠道外,社交媒体营销还包括博客营销、问答社区营销、论坛营销等,这三种渠道尤其适合电子类、开源硬件等有一定专业门槛的产品。

(二)社交媒体营销的优势

社交媒体营销的核心是关系营销,建立新客户关系,巩固老客户关系。它具有以下优势:

(1) 直接面对消费人群,目标人群集中,宣传比较直接,可信度高,有利于口碑宣传;

(2) 氛围制造销售,投入少,见效快,利于资金迅速回笼;

(3) 可以作为普遍宣传手段使用,也可以针对特定目标,组织特殊人群进行重点宣传;

(4) 直接掌握消费者反馈信息,针对消费者需求即时对宣传战术和宣传方向进行调查调整。

这些都意味着社交媒体营销将为卖家带来更精准的目标群体、更高的转化率和更低的营销成本。越来越多的企业在利用社交媒体做营销,营销目标的确定是非常重要的。

(三)社交媒体营销技巧

下面以 Facebook 为例,从吸粉、内容运营与活动策划三点概括介绍一些做好社交媒体营销的技巧。很多外贸企业已经将 Facebook 作为打进海外市场的必备工具,但是大部分企业并没有真正掌握运营 Facebook 的技巧,一味地模仿其他大品牌,却很难达到理想的效果。如何运用 Facebook 实现推广目标呢?

1. Facebook 营销之吸粉

作为一个全球非常流行的社交网站,在 Facebook 上做推广营销,除了要为访问者、粉丝提供优质的服务之外,还需要与访问者建立紧密、牢固的沟通关系。

首先需要注意的是,吸粉不能一味地去追求数量,粉丝质量才是关键。总的来讲,吸粉渠道包括站内吸粉与站外引流。

(1) 创建"可亲"的页面

对于一个 Facebook 页面来说,想要给访问者留下一个好印象,要从以下几个方面来完善:优质的商品服务,及时更新的商品信息,内容优质的帖子,与粉丝之前的活跃互动。

(2) 参与高人气的 Facebook 页面

借助 Facebook Directory 和 Facebook Search 搜索与商品相关的 Facebook 页面,或搜索一些与自己业务相关的讨论,同时向这些 Facebook 页面提供一些有价值的信息,并与它们的管理员和会员建立一种信任关系,在有一定的了解后,可以让他们去访问自己的 Facebook 页面。

(3) 主动向朋友寻求帮助

刚刚建立 Fan page 时可能很少有互动,所以在初级阶段可以主动向自己的朋友发送互动信息,让他们参与一些话题讨论,以调动气氛。不过要保证让他们讨论的话题一定要具有足够的趣味性。

(4) 忠诚粉丝要感谢

如果商品品牌在市场已经有了一定程度的良好影响,积累了一定的客户群,并刚刚建立了自己的 Facebook 页面,此时可以鼓励自己的忠诚客户加入 Facebook 支持自己。要知道一个满意客户的宣传就是一个最好的宣传,而且能吸引更多的访问者为你打上"like"的标签。对于支持自己的忠诚客户也不要吝啬,可以用一些自设的徽章或标签对他们表示感谢,或者在销售商品时给予他们一定的优惠。

(5) 利用现有的社会化网络

除了 Facebook,其他站外引流还可借助 Pinterest、Youtube、Slideshare、Twitter、Lifehacker 等网站,在这些网站上都可以展示自己的产品。这些网站也可以形成一个推广营销网络。如果你在其他网站如 Twitter 上已经形成一个颇具规模的业务圈子,可以利用它来推广自己的 Facebook 页面,这样就能同时在两个社交平台上宣传自己的产品,让自己的产品吸引更多的关注。

(6) 利用论坛签名与合作网站

如果在论坛中表现活跃,或者有合作的网站,可以在论坛或合作网站的签名档中添加自己 Facebook 页面的链接。但是,在链接组中一定要经常发表一些具有实用性的文章,只有你的参与获得了认可,才能有更多的机会让别人看到自己以及自己的商品。

2. Facebook 营销之互动

下面分享几个 Facebook 内容运营的技巧,帮助企业提升页面互动性。

首先要注意,只有能为受众创造价值和带来互动的内容才是 Facebook 想要的内容。企业要制定好内容策略,如果企业在 Facebook 上只是一味地介绍产品,如产品功能、价格、产品特色等,很容易引起粉丝的反感。所以,内容的选取上不仅局限于出售商品,需定位企业风格与形象,如领域专家等;对每个帖子所针对的特定受众进行定位推广,而非对所有人进行推广;同时,考虑不同媒体平台最佳发布时间,规划内容发布时间。

企业在内容上要想尽办法迎合用户喜好,寻找最有传播价值、最易引起分享的内容。什么样的内容是粉丝所喜欢的呢?粉丝们更喜欢关注富有创意的内容,因此企业在发布信息时最好加入自己的创意,这样才能获得更多的关注。大多数粉丝都不喜欢长篇大论,因此企业在发布内容时最好使用简单的句子,或将复杂的信息简单化,这样的内容会更具传播性。展示的重要性大于叙述,因此不要在上面直接发布产品信息、服务内容这些硬性推销的东西,而是要尝试着讲一下品牌和企业背后的人和故事。带有丰富情感且能引起共鸣的句子或内容更容易拉近企业与粉丝之间的距离,因此,企业在发布内容时最好使用情感丰富且具有说服性的文字。

在 Facebook 上做营销推广,挑选 Facebook 广告图片对营销效果有着至关重要的影响。下面介绍几种比较受欢迎的 Facebook 广告图片。

(1) 开心/微笑的人。大量尝试证明,开心或者带有笑脸的图片更容易被点击。在设计图片的时候,设计师可以在产品旁边放一个面带微笑的模特做陪衬,或者也可以展示顾客收到货物后,对货物表示满意的笑脸。

(2) 色彩辨识度高。Facebook 以蓝白为设计基调,如果在 New feed 中发布的图片也以蓝白色为主,将很容易被忽视。如果企业的 Logo、产品图片或其他标志是蓝色的,最好是将其更换为更为鲜明的颜色。要让图片和产品背景有明显的对比度。此外,可以在图片中加上具有参与度的文案标题,这样更容易提高点击率。

(3) 创建广告组。如果一张 Logo 图片太容易辨识,即使用了大量的色彩、可爱的动物或者小孩子,还是不能吸引眼球。但是用户长期观看还是能够记住你的品牌,所以从长期看还是需要对 Logo 进行突出。企业可以借助 Facebook 的 power edit 来创建 Facebook campaign,然后去创建和 Logo 相关的广告组。

(4) 使用具有号召力的字眼。广告中具有号召性的字眼最容易引起别人的注意,如果再配合上打折、促销的字样,则更容易吸引人的眼球。可以在图片中体现奖品,也可以用电子书作为奖品。

(5) 以内涵图片作为广告。可以结合品牌,使用一些搞笑的或者奇特、有内涵的照片作为素材,这类素材一般第一时间就能抓住人的眼球,比较实用。

3. Facebook 营销之活动

活动对于营销来说是必不可少的,一个完整的活动策划包括以下几个过程。

(1) 活动策划的目的与目标

活动的第一步需要思考两个至关重要的问题,第一是我们为什么要做这个活动,或者说我们做这个活动要达到什么目的?活动营销会贯穿整个营销过程,可以帮助找到新用户,留住老用户,转化用户,等等。在做活动前,首先要确定活动的目的,这个活动到底是要达到什么营销目标,是为了提升品牌形象还是为了维护老用户关系,还是为了找到更多的新用户、推荐新产品,有了明确的目标,活动才会有灵魂。

第二步就是将目标量化,如果把活动的目标只是定在吸引新用户,那这个活动就已经失败一半了,因为做不做没有任何区别,活动中所有的参与运营人员会迷失在这个目标里。正确的方法是给活动定一个可以量化的目标,比如要完成的销售量,如何完成,要分配多少资源,要用到多少媒介,每个资源媒介需要达到什么效率,如果没达到既定的效率,如何进行动态调整,等等。

(2) 活动策划的过程

明确了活动目的和目标,那我们该如何策划一场活动呢?有以下几个步骤:第一,确定活动主题。活动一定要有一个主题,主题定好,活动在宣传的时候才有着力点,用户也能根据主题在第一时间建立初步印象;第二,确定参加活动的用户群体。有了主题,接下来就要确定活动目标用户群是什么,哪些人会更可能参与活动,只有找到了这部分用户群体,才能针对目标用户进行活动预热宣传;第三,确定活动举办的时间。在做时间选择时最好是契合主题,也能顺应用户在这个时间的心情感受,比如很多婚恋、情感类的活动可以选择放在情人节等节日,或者蹭社会热点等;第四,确定活动的规则。这个问题是最关键的,总结起来就是怎样和用户互动,或者说用户怎么参与活动,规则最好既简单又有趣;第五,让活动能有指数级增长的可能。这是活动策划过程中非常重要的一个组成部分,大多数营销是需要借助用户来传播和完成的,用户才是撬动市场的杠杆。

四、海外红人营销

直播是各大社交网络上必不可少且广受欢迎的动态分享形式之一。快节奏、高压力的生活、工作环境中,短视频以轻松、愉快、形象的方式向人们展示信息,这是短视频和直播受欢迎的重要原因。据 Video Marketing Insights 2017 年 4 月份的数据统计,有 68% 的 Youtube 用户观看了视频后做出了购买决定。在短视频和直播如此火热的形势下,视频、直播成了企业营销的重要方式,数据统计显示即使是 10 秒的动画也可以提高销量。像阿里巴巴、亚马逊、极赛等都在积极迎接短视频营销的浪潮,开放视频展示功能。

短视频、直播可以实现一种有趣、形象、场景化的营销效果,正在爆发洪荒之力,越来越多的企业想要抓住这个机遇,借助短视频、直播将自己的品牌推向消费者的焦点区。然而,如何做好短视频、直播营销,却是跨境电子商务企业要面对的一个不可小觑的挑战。

短视频可以为企业提供一种创新、直观的品牌营销方式,那么跨境电子商务企业如何利用好短视频、直播展示品牌形象?

1. 展示品牌形象

通过赋予某种理念、情感、价值观的短视频或直播,利用声音、画面、文字,全方位、立体式向客户诉说品牌故事,让客户更好地理解和认识品牌。

2. 展示生产流程

通过视频或直播的方式,向客户展示产品的生产过程、生产工艺、卫生环境等,让客户如亲眼所见,拉近了品牌与消费者之间的距离,也增加了产品的说服力以及客户对品牌的信任度。

3. 展示开箱体验

对于一些特殊的产品,比如价值比较高的高科技电子产品,利用视频或直播展示产品从一个密封的盒子中拿出,未被拆开过。

4. 展示产品物流装箱过程

对于一些需要特殊包装或装箱的产品,如易碎的古玩、陶瓷品,客户可能看到产品物流装箱的真实过程才更放心,卖家对买家的承诺才更值得信任。利用视频或直播向客户展示产品精细的包装、放心的物流运输,以及可靠的产品质量。这类视频如果是来自客户的反馈,传播效果会更好。

此外,对于一些容易因为装箱操作失误导致产品损坏的误会,利用物流装箱视频或直播做证,就很容易消除误会。

5. 展示产品性能测试

客户对产品描述中的性能,难免会持有怀疑的态度,怎么办?例如,很多人应该都看过在网上流行的"老外调侃中国防弹板质量"的视频,出口防弹板的卖家如果仅用图片、文字描述产品的防弹效果有多厉害,可能很难让客户信服,但用视频直观演示防弹性能,效果如何一看便知。

6. 展示产品的空间效果

如家居产品,要展示空间如何经过家居产品布置,以及整个布置过程的变化情况等,通过视频或直播就能直观、立体、高效地展示出来。

这样的视频能够引发客户的遐想,以及对置身空间的憧憬,很容易激发客户的购买欲。

7. 展示产品操作流程

产品的操作流程,使用视频或直播的展示形式,比图文形式更具易学、易理解、易模仿的特性,对一些专业机械设备或操作复杂的产品,具有非常好的辅助销售作用。

8. 展示不同产品使用效果的对比情况

产品更新换代是必然的事,新旧产品之间的对比,能够让客户对新产品的理解更透彻。企业推出的新产品一定比旧产品有特别之处,但对于新产品,消费者在不熟悉或未体验过的情况下,通过短视频或直播,能够更直观、形象地了解。

第4节 跨境电子商务移动营销

一、移动端特点概述

(一) 概念

移动端购物,也叫无线端购物,是脱离了传统 PC 端网线束缚之后的一种主流在线购物方式。主要指买家用智能手机、平板电脑等移动终端,通过无线局域网或移动数据网络在线浏览、生成订单并付款的过程。

目前,主流网购人群在上下班途中或者候车、候餐等碎片时间,用智能手机在网上购物已经成为常态。手机配置越来越高,价格越来越便宜,功能越来越多,并且无线端的流量越来越多,进一步促进了手机购物的普及。

(二) 特点

近几年,随着智能手机的快速发展,移动电子商务发展迅速,移动购物的规模也在不断上升。相比于 PC 端,移动购物具有以下特点:

1. 移动性

移动购物并不受互联网光缆的限制,也不受接入点的限制,用户可以随身携带手机、iPad 等移动通信设备随时随地进行购物。

2. 便捷性

移动通信设备的便捷性表现在用户购物可以不受时间地点的限制,同时携带方便。

3. 即时性

人们可以充分利用生活、工作中的碎片时间进行购物。

4. 精准性

无论是什么样的移动终端,其个性化程度都相当高,可以根据用户的浏览和购买习惯向其推送相关的产品,针对不同的个体提供精准的个性化服务。

二、移动端客户习惯

分析移动端用户的购物习惯有以下几点:

(一) 偏重长尾词

与 PC 端的买家相比,使用移动端的买家更喜欢在搜索栏里输入一两个词,然后再选择搜索下拉框里推荐的关键词,这样,无线端的长尾关键词的流量更大,也就导致了无线端的关键词长尾化。

(二) 收藏加购多

移动端买家喜欢看到中意的商品就收藏或加入加购物车,移动端买家在商品页面停留时间越久,就越有可能收藏或者加入购物车,最后通过比较购物车或收藏夹中的商品,选择最中意的。

(三) 后期转化大

通常买家喜欢把看中的商品收藏、加购,之后对所有购物车中或收藏夹中的商品进行比较,然后再选择要购买的商品,所以移动端买家很多都是先看,看中的保留,然后再比较,最后选择成交。

(四) 重视个性化

相对于 PC 端来说,无线端的商品展示更加注重个性化,因为手机的屏幕比 PC 端要小很多,移动端单屏展现的商品数量很有限,所以,让买家更快地找到自己想要的商品就尤为重要。

(五) 访问时间长

通常移动端被访问最多的时间段多出现在周末和晚上,因为在这两个时间段中,买家的休闲时间比较多,通过移动端下单的可能性也较大。同时由于移动端具有移动性和便捷性,买家通过移动端浏览商品的时间呈现出多频次、短时间等特点(需要注意不同国家或地区的时差)。

同时，也要注意移动端一定要突出产品、活动展示。不需要烦琐的细节描述、不需要让消费者有太多的计算，采用简单、直接、明了的方式，转化率和点击率才会更高。

实　验
社交媒体营销活动策划

一、实验目的

深入了解社交媒体活动营销策划。

二、实验内容

1. 实验任务

运用所学分析活动营销案例，从而深入理解社交媒体活动营销策划过程。

2. 实验步骤

（1）阅读实验素材——社交媒体营销策略，理解常见策略，作为理论指导；

（2）阅读实验素材——社交媒体营销案例素材，了解星巴克利用社交媒体进行营销的案例；

（3）分析总结星巴克社交媒体营销策略，并思考对自己的启发；

（4）填写实验产出表格。

3. 实验工具及素材

实验素材一：社交媒体营销策略

（1）互动营销

社交媒体营销以"分享和参与"为核心，消费者通过社交媒体来分享产品的信息和观点，这与以往传统营销中"自上而下"的理念不同，社交媒体强调"自下而上"进行品牌推广，企业必须进入到社交媒体营销中去，通过与消费者的对话和互动，与消费者建立情感联系，情感是市场的主题之一，如果能赢得消费者的情感认同，距离赢得市场也只有一步之遥了。消费者早已不满足于购买完商品就结束，他们更愿意通过社交媒体与商家、其他消费者共同完善所购商品，网上经常会看到很多产品的测评报告，商家也欢迎消费者在购买后对商品进行评估和分享，将优秀的测评报告放到首页或给予返现之类的奖励，这样，既满足了消费者分享的目的，又提升了商品的品牌形象和认可度。

（2）口碑营销

在社交媒体时代，网络口碑在消费者购买决策过程中扮演着越来越重要的角色，消费者乐于通过以往消费者对于该商品的评价，从而最大限度地减少购买风险，通过了解品牌在社交媒体上的口碑，消费者极易改变原有的对该品牌的态度。虽然企业的口碑是消费者自发传播的，但是仍然需要企业有意识地去维护，社交网络的发达可以轻而易举地让某个产品一夜之间火起来，亦可以让其口碑毁于一旦。

（3）内容营销

社交媒体所承载的内容与形式越来越丰富多样，从文字、图片、音频到视频，只要是人们能想到的信息，几乎都能以简短而快捷的形式进行传播，快节奏的生活和发达的移动通信设备导致用户的注意力时间越来越短,获取的信息量也越来越大,因此,更需要重视传播的内容,众多品牌通过内容营销取得了不同凡响的营销效果,给品牌带来了极好的网络口碑。

(4) 情感营销

营销的最高境界是不仅要把产品卖到消费者的手中,更要把产品卖到消费者心中,从"让你喜欢"到"我就喜欢",人的大脑总是倾向情感,而不是理智,在互联网＋时代,情感更是主导消费者购买行为的统帅,产品的质量已经不再是取胜的关键,情感成了所有人的终极利器,如何在时代的大变革中取得长足的发展,唯有与消费者建立深厚的情感。营销就是和消费者谈恋爱,品牌就是"让消费者爱上你",而情感营销不仅会创造出一个个好的品牌,让消费者爱上你的品牌,更会为企业带来源源不断的客户和财富,是每个企业都必须掌握的"互联网＋"时代营销利器。

(5) 粉丝营销

在如今这个社交媒体时代,其实留住粉丝比吸引粉丝更重要,提升粉丝黏性当然是通过互动,其实广义上的互动就是和客户产生联系和交易,交易本身就是一种高质量的互动。当然互动的形式还包括通过内容推送、通过各类线上与线下的活动、通过建立品牌社群并让粉丝通过参与获得良好的品牌体验。很多时候,利用社交平台结合热点能够起到事半功倍的作用,对企业而言,在微信内容推送上结合热点,可以有效吸引粉丝打开阅读。另外,要迎合互联网时代的阅读习惯。在互联网时代,人们的时间更加宝贵,人们更希望在碎片化时代来阅读,这样,随着生活节奏的加快,人们普遍感受到较大的生活压力,在这样的背景下,在内容输入上,一定要针对粉丝的具体情况,投其所好。

(6) 事件营销

社交媒体通常是一个事件的起源地,可以在任何类型的事件中占有重要地位,无论是展会还是网络研讨会,都可以帮助您达到多样性的目标,对于那些对社交媒体半信半疑的人,为您的下一个事件创造一个社交媒体营销策略,将会使您获益良多。运用社交媒体进行营销,结合最新、最相关的社交媒体营销数据和知识,做出明智的决策,可以给您的企业带来巨大的收益。伴随着社交媒体营销的深入发展,事件营销逐渐成为企业社交媒体营销的一种新策略,对于企业来说,无论是线下还是线上活动,都可以在正确的规划和操作后成为一个成功的事件营销。使用多样化的平台,例如微博、微信、Twitter 和 Facebook,您可以吸引客户到您的展位,潜在地拉动销售,提升您真正做社交媒体营销的兴趣,通过社交媒体提升公司及其品牌人气,让更多的人谈论您的公司和产品,这里至关重要的一点要记住,整体的事件社交媒体营销策略不是关于技术的,而是建立关系,即通过社交平台拉近人与人的距离,拉近您与客户的距离。

(7) 价值观营销

从以产品为核心的营销1.0时代,到以消费者为核心的营销2.0时代,再到现在以价值驱动为核心的3.0营销时代,消费者所寻找的产品和服务不但要满足基本需要,更希望发现一种可以触及内心的体验和商业模式,为消费者提供意义感将成为企业未来营销活动的价值主张,价值驱动型商业模式将成为营销3.0时代的制胜之道。"困了,累了,喝红牛"是红牛以前的广告语,可以看出,红牛被定位为功能性饮料。红牛一度占据功能性饮料细分市场

70%以上的份额,但是红牛却发现,功能性饮料的市场定位成为进一步发展的"紧箍咒",随即,红牛的广告语从"困了、累了,喝红牛"到"谁能阻挡你",再到"我的能量,我的梦想",红牛希望实现从功能性定位向精神诉求的转变。

(8) 名人效应营销

所谓名人效应,是名人的出现所达成的引人注意、强化事物、扩大影响的效应,或人们模仿名人的心理现象的统称,微博上的名人效应是通过名人转发或发表评论产生的一系列连锁反应,一个影响广泛的博主或微博主可以轻松影响一大批潜在消费者。所以,意见领袖关系的维护极其重要,网民在社交媒体上都有自己的"圈子"和"朋友",每个"朋友"在口碑传播上,都有着不可小视的推荐作用,特别是意见领袖,在社交媒体时代,他们的号召力越来越大。

实验素材二:社交媒体营销案例

案例:星巴克是如何玩转社交媒体营销的?

星巴克频频出现在各大主流社交媒体平台,品牌不断得到消费者认可的背后,他们如何制定有效的营销策略?

社交媒体营销已经是海外营销的必要手段,超过97%的营销人员在使用它,但社交营销方法千百种,该怎么做才最受消费者青睐?说到社交媒体营销,就不得不提到忠实信徒——星巴克。

Facebook、Twitter、Google 和 Instagram,星巴克都没有缺席过。在拟定你的社交媒体营销策略前,不妨参考星巴克这几项有趣又成功的社交营销策略。

Facebook + Twitter 推广新产品

2011年,星巴克为了促销新推出的黄金烘焙豆咖啡开发出 Facebook App,让消费者透过程序获得新产品信息、享用免费的黄金烘焙咖啡,并传送电子卡片给朋友。星巴克也在 Twitter 上宣传这项活动(如下图所示),并通过文章将消费者导引到 Facebook 网页。

星巴克在 Twitter 上介绍黄金烘焙豆咖啡信息

季节限定、任务促销双管齐下

南瓜拿铁是星巴克秋季限定的产品。季节性的供应令消费者感到物以稀为贵，使得南瓜拿铁更具吸引力，尤其是就爱这一味的星迷们。星巴克深知这个道理，于是在Facebook上推出"为自己城市喝彩"的活动。

粉丝只要在Facebook上投票给自己的城市或完成其他任务，胜出的城市就能优先享受到星巴克的季节性产品——南瓜拿铁。

抢先喝南瓜拿铁的任务促销

Twitter送礼券帮消费者传情，并取得使用者资料

2013年10月，星巴克推出赠送五美元咖啡礼券的促销活动（如下图所示）。消费者只要登入星巴克账号，输入信用卡号码，再于Twitter上发布@tweetacoffee给受礼者，星巴克就会传送五美元的电子折价券给你的朋友。对方可以把礼券打印出来或在手机上展示给柜台人员，就能换取咖啡。这项活动大获成功。研究机构Keyhole调查发现，短短两个月内，就有27 000人用Twitter换咖啡，而且超过三成的人买了不止一张折价券，换算下来，星巴克进账了18万美元。更重要的是，星巴克因此取得了54 000名顾客的Twitter账号、手机ID与顾客ID等信息。

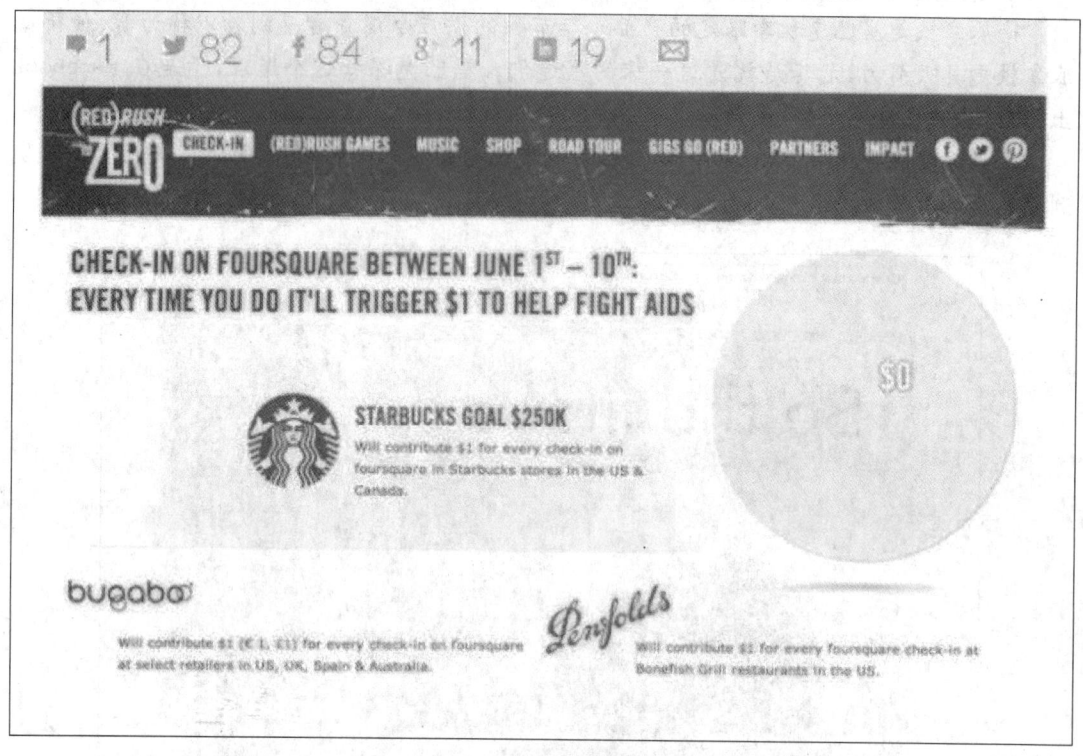

用 Twitter 送咖啡礼券给朋友

呼应时事的广告与主题标签

星巴克对于主题标签的使用也相当热衷。除了 Facebook 上用♯TreatReceipt 主题标签来宣传"上午买咖啡，下午享优惠"的活动，星巴克还善用其他标签将触角深入到消费者讨论中。

例如，2013 年初，大风雪 Nemo 袭击美国，没多久，Facebook 和 Twitter 就出现在寒冬中捧着热咖啡的星巴克广告。星巴克更利用♯Nemo 与♯blizzard 等标签，让品牌与产品跟消费者生活紧密相扣。

用幕后群像拉近与消费者的距离

当竞争对手努力用主题标签攻占 Instagram 版面时，星巴克却选择"无声胜有声"，单纯分享公司内部的有趣图片与各地消费者的照片（如下图所示）。借由掺入"人"的元素，星巴克成功提高了品牌的亲和力。

第5章 跨境电子商务营销推广

在 Instagram 上与消费者分享日常生活中的有趣照片

与社交媒体携手做慈善

星巴克也善用社交媒体强化企业的社会责任形象。2012 年,星巴克与 Foursquare 合作推动抗艾滋的慈善活动。从 6 月 1 日到 10 日,消费者只要到美、加任一间星巴克,并在 Foursquare 上打卡,星巴克就会捐 1 美元,直到捐出 25 万美元为止。

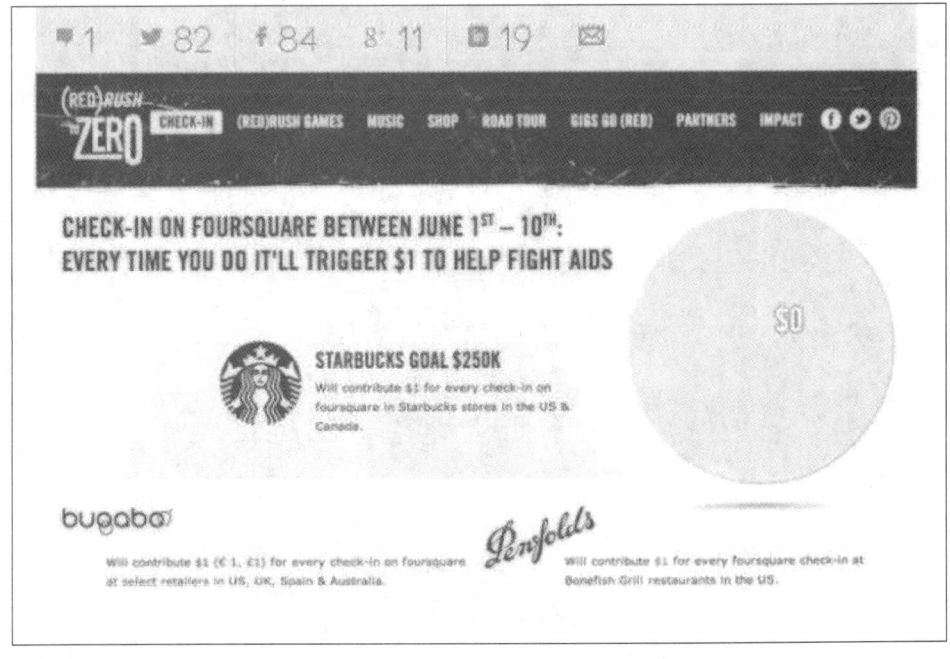

Starbuck、Foursqure 与(RED)的抗艾滋慈善活动

星巴克不仅将营销内容准确地传到目标客群,还善用产品特性创造话题,再广为运用社交媒体的传播渠道,全面渗透到消费者的生活中。多变的营销手法让消费者自然而然地接受品牌与促销,如果你正为品牌的营销方法苦恼,也许星巴克是一个很好的参考指标。

4. 实验产出

星巴克社交媒体营销策略	营销策略分析	思考与启发

思考题

1. 跨境电子商务营销有什么特点?
2. 跨境电子商务站外营销方式有哪些?
3. 什么是跨境电子商务移动营销?

第6章

跨境电子商务物流

 本章学习概要

1. 跨境电子商务物流定义与特征、现状与问题。
2. 跨境电子商务传统及新型物流模式。
3. 跨境电子商务物流管理。
4. 跨境电子商务物流关境。

第1节 跨境电子商务物流概述

一、跨境电子商务物流定义与特征

（一）跨境电子商务物流的定义

物流作为供应链的重要组成部分，是对商品、服务以及相关信息从产地到消费地的高效、低成本流动和储存进行的规划、实施与控制的过程，目的是为了满足消费者的需求。电子商务物流，又称线上物流，是利用互联网技术，尽可能地把世界范围内有物流需求的货主企业和提供物流服务的物流公司联系在一起，提供中立、诚信、自由的网上物流交易市场，促进供需双方高效达成交易。而跨境电子商务物流的不同之处在于交易的主体分属于不同关境，商品要越过不同的国界才能从生产者或供应商到达消费者手中。

在整个跨境电子商务交易中，有一条"链子"至关重要，即跨境电子商务物流。跨境电子商务物流是指采用现代物流技术，利用国际化的物流网络，选择最佳的方式与路径，以最低的费用和最小的风险实现货物在国际间的流动与交换。因此，跨境物流就是为了使海关关境两侧为端点的实物和信息能够有效流动和存储，而进行的计划、实施和控制管理过程。其范围包括进出口商品的运输贸易、国际邮件的快递业务等。其实质是依照国际惯例，以国际分工协作为原则，利用国际化的物流网络、设施和技术，实现货物在国际的流动与交换，以促进区域经济的发展和全球资源优化配置。其目标是通过最佳的方式与路径，用最低的费用承担最小的风险，保质、保量、适时地将货物从出口国的销售方运到进口国的需求方。其核心要素包括包装、运输、仓储、装卸、通关和信息交换等，贯穿于整个国际物流活动中。

国际物流服务水平是跨境电子商务发展的保证，跨境电子商务运作过程中涉及信息流、商流、资金流和物流。国际物流系统包括仓储、运输、配送、流通加工、包装、装卸搬运和信息处理七个子系统，国际物流系统高效率、高质量、低成本的运作是促进跨境电子商务发展的保证。

跨境电子商务效率与效益的提升对跨境电子商务物流服务提出了更高要求。跨境电子商务的发展对国际物流服务提出了更高的要求，国际物流企业需要不断更新信息技术和物流技术，增强国际供应链响应能力，降低国际物流成本，提高智能化管理水平，提升客户服务水平，从而促进跨境电子商务效益的提升。现阶段采用较多的跨境物流方式主要有邮政物流、商业快递、专线物流、海外仓储等。

（二）跨电商物流的特征

1. 服务功能多样化与目标的系统化

单一物流服务功能与单一物流环节最优化已不能满足现代物流需求，因此，在进行物流作业时，除了需要考虑运输、仓储等环节的协调外，还要考虑物流与供应链中的其他环节相互配合。不仅要实现单个物流环节最优化，而且追求物流活动的整体最优化，从而保证物流需求方整体经营目标的最优化。

2. 物流作业标准化与服务的个性化

一方面，标准化作业流程可以使复杂的作业变得简单化，有利于跨地区协同与沟通，也有利于操作过程监控与对操作结果的评价。另一方面，受经营产品、经营方式及自身能力的影响，物流需求方除了获得传统的物流服务外，还希望针对自身经营产品的特点与要求获得量身定制个性化服务与增值服务。比如，市场调查与预测、采购及订单处理、物流查询、物流方案的选择与规划、库存控制策略建议以及货款回收与结算等方面的服务，从而提高物流服务对决策的支持作用。

3. 以先进物流系统为基础的高效快速反应能力

快速反应能力是指企业在竞争环境突变中能迅速做出反应的能力，其重要性不亚于产品质量。当物流过程涉及的包装、装卸、运输、仓储和配送等系列环节出现不协调，就可能导致全部或部分链条运转停滞，直接影响物流效率或造成巨大的损失。伴随市场范围空间延伸与产品生命周期的缩短，企业为了达到扩大市场份额和降低成本的双重目的，不仅需要建立完善的全球产供销经营体系，还需要提高及时供应、减少库存以降低成本等方面的能力。因此，物流管理也就成为企业管理的重要环节。

4. 物流技术先进化

国际物流作业的各个环节广泛应用先进的物流技术，不仅提高了每个作业环节的效率，而且确保整个经营目标的实现。比如，根据电商服务平台指令，物流供应商按照运输计划，组织提货、仓储、包装、报关、国际运输和国外配送等。在整个物流链中，参与各方有效地利用了电子数据信息交换系统（EDI），实现了信息的即时交换和资源共享，使参与各方及时了解货物的流向与下一步操作，避免了由于信息滞后而造成操作环节的延误，从而确保整个物流链的顺畅。在跨境电子商务交易中,物流公司起到了一个桥梁的作用,利用其丰富的物流管理技术和运作经验,促使交易顺利完成。

5. 物流系统信息化与服务网络全球化

一方面,由于跨境交易范围是在全球范围内,物流服务网络覆盖范围越宽广,越有利于商家根据市场变化储存、调配商品,从而更能满足商家的物流需求。另一方面,先进的物流网络不仅能够做到物流网点间物流活动的一致性和整个物流网络有最优的库存总水平及库存分布,运输与配送快速,适应经营的需求,而且可以通过物流信息系统,加强供应与销售环节在组织物流过程中的协调和配合,以及对物流过程的控制。

二、跨境电子商务物流现状与问题

(一) 现状及趋势

1. 跨境物流与跨境电子商务协同发展

跨境物流需要与跨境电子商务通过这些方式实现协同发展,借助跨境电子商务的发展推动自身成长,尤其是在网络技术、硬件资源、战略合作和供应链整合等方面。例如,移动通信技术的发展与移动网络的普及会对跨境电子商务与跨境物流产生影响,跨境物流需要迎合跨境移动电子商务发展趋势的需求,支持与提供移动化物流服务。通过供应链整合,跨境物流与跨境电子商务可以从供应源头合作与开发,尤其在仓储、包装和运输路线优化等方面,电子商务与物流需要通力合作,通过协同发展,在推进与满足电子商务需求的同时,有利于缩短物流时间、降低物流成本、减少物流货损等,进而实现跨境物流与跨境电子商务协同发展。

2. 推动跨境物流网络协同

跨境物流的运作流程一般包括境内物流、出境清关、国际物流、目的国清关与商检、目的国物流,以及目的国配送等。若再细化,则包括接单、收货、仓储、分类、编码、理货、分拣、转运、包装、贴标和装卸等,还会涉及支付、报关、纳税、售后服务和退换货物流等。这一流程会涉及多个国家、多个物流企业,其复杂性要远超国内物流。从影响因素来看,需要强化跨境物流网络的协同。尤其是多国之间、处于物流结点的企业之间、跨境配合的多个物流企业之间,需要导入协同意识,加强沟通,通过商品的分类、包装、运输方式、运输路线与配合等多角度、多结点的联动效果,推动跨境物流网络的协同。

3. 多种物流模式共用,凸显聚合效应

跨境物流包括国内物流、国际物流与目的国物流,涉及出境海关、入境海关与商检,其物流链条更长、物流时间更久、物流距离更远、物流方式更复杂。跨境电子商务面向全球市场,交易双方涉及很多国家,各国的物流水平参差不齐、差异较大,加上交易商品种类众多,对物流的要求差异较大。与国内电子商务不同,跨境电子商务很难以单一物流模式实现跨境物流。伴随跨境电子商务的发展,多种物流模式共用的跨境物流解决方案应用面更广。多种物流模式共用,多采用以上几种物流模式中的两种或两种以上,如国际物流专线+海外仓、集货物流+保税区物流,以及国际邮政+国际快递+国际物流专线+海外仓等。针对不同国家、不同商品等,采用适合的多种物流模式配合实现跨境物流,能够有效凸显各种物流模式的聚合效应。

4. 物流外包模式升级

基于跨境电子商务与跨境物流的复杂性,诸多跨境电子商务平台纷纷将跨境物流业务外包,采用第三方物流模式。尤其是伴随跨境电子商务与跨境物流的发展,这种物流外包模式逐渐升级,第四方物流逐步涌现,并呈增长态势。作为整合跨境物流供应链解决方案的第四方物流模式,在跨境物流中能够整合海内外数据和基础设施平台,不再局限于优化物流运输路线、配送和库存等单个功能的改进,而是为顾客提供差异化、集约化的跨境供应链解决方案,实现物流、商流、资金流、信息流和清关与商检的整合,提升跨境物流链条的增值。

5. 强化与本土物流公司的合作效应,实现物流本地化

在跨境物流中,需要进行物流本地化运作,加强与本土物流公司的合作。海外仓就是典型的跨境物流本地化运作模式。通过本地化及与本土物流企业的合作,既能够缩短目的国的物流与配送时间,降低物流成本,发挥本地化品牌优势,减少物流与配送过程中的沟通障碍等,还能够有效解决"最后一公里"配送的难题。例如,洋码头在洛杉矶和伦敦建立了海外总部,着手本地化运作;顺丰物流与荷兰邮政合作推出欧洲小包服务。

(二)跨境电子商务物流存在的问题

虽然跨境电子商务整体上在快速发展,各方面的设施、服务、信息体系不断完善,但跨境物流一直是制约着跨境电子商务发展的一大障碍。尽管物流解决方案在不断完善,就目前来看,还是不够理想,跨境物流仍然存在诸多痛点,亟待大数据与跨境物流能够深度融合,为跨境电子商务提供更高效、更普惠的物流解决方案。

1. 成本高

跨境物流成本包括货物运输到海外的成本,以及客户不满意后的退货成本。与国内物流不同,国际物流运费很高,特别是对于小包裹物件来说,物流成本比商品总价值还高。如果遇上国外买家收到商品后,对商品不满意要求退换货,还可能要多承担退换货的物流成本。

2. 时间长

物流运送时长受所选物流模式的效率,以及目的国距离的影响。例如,速卖通一个包裹送到俄罗斯的时长在30～60天,即买家在速卖通购买商品后,要大约1个月后才能收到商品;使用专线物流,把商品运送到俄罗斯、巴西等地,时长为16～35天;而使用中邮小包将商

品送到俄罗斯、巴西等地,时长为 40~90 天。

因此,同一个目的地,虽然选择不同的物流模式所使用的时长不一样,但最快也要半个月以上。在讲究效率与消费者更加注重物流体验的需求状况下,物流时长在极大地考验着国外买家的耐心,影响客户的购物体验,也对跨境电子商务的发展产生障碍。

3. 追踪难

购买商品后,对商品的期待以及每天进行物流进程查询,是消费者的普遍心理和行为表现。然而就目前的跨境物流状况来看,很多商品包裹出境后就无法追踪了,或是物流信息更新滞后。物流无法追踪,让买家甚至是跨境电子商务卖家产生焦虑的心理,怀疑包裹在运输过程中是否丢包了;而物流信息滞后,让买家误以为物流效率与卖家告知的不符,对卖家产生不信任感。

4. 破损、丢包率高

在跨境物流中,有不少卖家经常遭遇包裹破损或者丢包的情况。商品从卖家仓库发出到客户签收,在这个时间漫长、路途遥远的过程中,包裹会经过多次的转运,转运次数越多,发生破损或丢失的可能性越大。包裹破损或丢失,不仅仅降低了客户的购物体验,也会对后续的合作产生不良的影响,卖家还要承担商品破损或丢失的损失。

5. 清关障碍

一件商品从卖家手中到买家手中,需要经历两次海关关卡,一次是本国出境海关,一次是目的国入境海关。商品在本国出境海关遇到障碍,处理还比较简单。最棘手的是在目的国入境海关遇到难题,处理也很困难。一般情况下,商品在目的国入境海关遇到障碍的主要原因有:知识产权问题;商品报价与实际价格相差悬殊;没有取得相关产品认证;贸易壁垒问题。商品在目的国入境海关被扣留,一般会有三种结果:直接没收;被退回发件地;要求卖家补全资料后放行。

第 2 节 跨境电子商务物流模式

一、传统跨境物流模式

(一)国际邮政物流模式

1. 国际邮政物流概述

国际邮政物流是目前跨境电子商务使用的主要物流方式,我国跨境电子商务出口业务中有 70% 的包裹是通过邮政系统投递的,其中中国邮政占据了 50% 左右的份额,新加坡邮政等也是我国电商卖家常用的物流方式,这与当前跨境电子商务主要的商品结构有关。在我国跨境电子商务中,食品、纺织品和服装、电子商品占主导地位,这些商品体积小、重量轻,使用邮政业就非常方便,但由于商品量小,导致部分地区配送成本较高、时间长,退换货麻烦,时效性对电子商务的影响较大,部分跨境邮政业务的周期长达一个月左右,这大大降低了顾客的购买欲望。另外,随着电子商务业务规模的扩大,邮政业务的处理能力也有待提高。

邮政物流包括各国邮政局的邮政航空大包、小包,以及中国邮政速递物流分公司的国际e邮宝等。国际邮政小包分为普通小包(非挂号)和挂号小包两种,以克为单位进行收费。在全球范围内,我国的邮政小包以及国外的新加坡邮政小包、瑞典小包等是较为常用的国际小包。目前邮政网络覆盖全球220个国家和地区,只要设置有邮局的国家和地区,都可以通邮,比任何物流渠道网络覆盖都要广泛,几乎可送到全球所有国家和地区,这种物流模式得益于万国邮政联盟和卡哈拉邮政组织。多个国家和地区成立的万国邮政联盟UPU,会员之间低成本结算,海关清关便利,产生关税或者退回的比例相对较小。卡哈拉邮政组织对成员要求更为严格,要求投递准确度达到98%以上,否则负责投递的公司须给客户赔偿损失。下面主要介绍一下比较常用的中国邮政小包和国际e邮宝。

2. 中国邮政小包

中邮小包具有以下几个明显的优点:一是运费比较便宜,这是最大的优点,部分国家运送时间并不长,小包是清关性价比较高的物流方式;二是邮政的包裹在海关操作方面比快递简单很多,享用"绿色通道",清关能力很强,而且中国邮政是"万国邮联"的成员,因此,其派送网络世界各地都有,覆盖面非常广;三是中邮小包本质上属于民用包裹,并不属于商业快递,因此,该方式能邮寄的物品比较多。

但是中邮小包也存在着一些固有的缺点:一是限制质量2千克,其中阿富汗限重1千克,这就导致如果包裹质量超出2千克,就要分成多个包裹寄递,甚至只能选择其他物流方式;二是有些国家的运送时间总体比较长,如俄罗斯、巴西这些国家超过40天才显示买家签收,都是正常现象;三是还存在许多国家不支持全程跟踪,而且中国邮政官方的183网站也只能跟踪国内部分,国外部分不能实现全程跟踪,因此,卖家需要借助社会公司的网站或登录到寄达国查询网站进行跟踪,查询不方便。

中邮小包通关的注意事项:一是中邮小包只是一种民用包裹,并不属于商业快递。海关对个人邮递物品的验放原则为"自用合理数量","自用合理数量"原则即是以亲友之间相互馈赠自用的正常需要量为限。因此,为了顺利通关,它并不适于寄递太多数量的商品。二是限值规定。海关规定,对寄自或寄往境外的个人物品,每次允许进出境的限值分别为人民币800元和1 000元;对超出限值部分,属于单一不可分割且确属个人正常需要的可从宽验放。

总的来说,中邮小包属于性价比较高的物流方式,适合寄递质量较轻、数量大、价格要求实惠,而且对于时限和查询要求不高的商品。中国邮政小包分为中国邮政挂号小包和中国邮政平常小包。

(1) 中国邮政挂号小包

① 优势:线路覆盖广、最具价格优势,清关有优势

中邮小包是我国市面上最有价格优势的小包产品之一,被广泛运用。有卖家举例,发

1千克的邮政小包,到南美洲、非洲 120 元,到邻国(地区)80～90 元,到其他国家(地区)均价 100 元左右,在这个基础上加上 8 元挂号费,乘以各地货代折扣,才是最终发货成本。相较之下,其他小包即使基础收费持平也鲜有折扣,甚至收费高一个档次,成本优势都不如中邮小包。

② 劣势:时效不太稳定,状况多

总体来说,中邮小包时效尚可,部分地区甚至谈得上很快。不过,无论是价格还是时效,都比较不稳定,状况会多一些。速度最快的 1～2 个工作日,慢的则好几个工作日。目前,北京、上海、广州、深圳、天津是中国邮政挂号小包发货较快的城市,上网速度快,内陆城市上网速度略慢,但折扣比较高。

③ 派送范围

全球 200 多个国家及地区。

④ 时效

正常情况:16～35 天到达目的地。

特殊情况:35～60 天到达目的地。特殊情况包括:节假日、政策调整、偏远地区等,例如巴西等南美洲国家,预计时效可能超过 60 天。

⑤ 物流信息查询

物流详情可追踪节点:提供国内段收寄、封发、交航以及目的地(地区)妥投等信息。物流详情查询平台:中国邮政官网 http://immaiU1185.cn/。

⑥ 计费方式

按克计费,1 克起计,挂号费 8 元,并采用分区定价,主要面对跨境电子商务主流市场,在小包中具有很大的价格优势。

(2) 中国邮政平常小包

中国邮政平常小包,简称平邮,是中国邮政推出的经济小包,与中国挂号邮政小包基本一致,不过没有挂号服务,即一般出国后无法查询跟踪信息,更无妥投信息。

① 优势:价格便宜

平邮不需要挂号费,适合货值低、重量轻的物品,例如饰品、手机壳等品类。对于克重低的商品,如重量只有几克的,正常运费仅需几元,甚至更少。如果这类产品选择挂号小包,要增加至少 8 元的挂号费,将使产品价格失去竞争力。

② 劣势

a. 安全性差,稳定性差

由于平邮无法追踪信息,买卖双方都无法知晓包裹在运输后半程的信息,丢件率也明显高于挂号小包。各跨境平台由于平邮小包引起的纠纷也明显高于其他小包。倘若包裹丢失,卖家一般要承受所有损失,包括产品、运输费用以及退款。正因为如此,跨境电子商务平台不推荐卖家使用平邮,以免影响买家购买体验。

例如,速卖通平台只允许卖家选择线上发平邮,不允许卖家线下发货使用平邮,一旦产生纠纷,平台会要求卖家全额退款。即使线上可发平邮,也有限制条件。以下是速卖通规定的几个国家线上发平邮的条件:

俄罗斯:实际支付金额＞2 美元的订单不可使用平邮。

美国:实际支付金额>5美元的订单不可使用平邮。
- 乌克兰、白俄罗斯:所有订单不可使用经济类物流服务发货。

b. 时效性不高,退件有费用

由于大包在运输和处理上相对难于小包,所以妥投速度相对较慢。中国邮政大包和中国香港包裹国外退件是有费用的。根据用户选择的退回方式收取对应的运费,邮局都会给发件人对应的收费凭据(中国包裹运单上可以选择经什么渠道退回)。

c. 重量尺寸限制

重量限制:0.1千克≤重量≤30千克(部分国家不超过20千克,每票快件不能超过1件)。

体积限制:寄往各国包裹的最大尺寸限度分为两种,一种为单边≤1.5米,长度+长度以外的最大横周≤3米;另外一种为单边≤1.05米,长度+长度以外的最大横周≤2米。横周的计算公式:横周=2×高+2×宽+长。

3. 国际e邮宝

e邮宝是中国邮政速递物流为适应跨境电子商务轻小件物品寄递需要推出的经济型国际速递业务,利用邮政渠道清关,经合作邮政轻小件网络投递。主要路向参考时限为7~10个工作日,价格实惠。

(1) 优势:性价比高,时效快

虽然e邮宝价格略高于中邮小包,但其时效性强,以致其性价比高。例如,同样一个普货小包裹经由中邮小包寄往美国,正常时效在15~30个工作日,而e邮宝时效是7~10个工作日。另外,寄往美国的e邮宝可追踪物流信息,而小包不可以,需要将货发往美国的卖家更多选择的是e邮宝。

(2) 劣势:服务范围小

e邮宝目前仅开通了面向32个国家或地区的服务,所以相对小包少了很多。

(3) 时效

参考时效:主要路向7~10个工作日;墨西哥20个工作日;沙特、乌克兰、俄罗斯7~15个工作日。

(4) 重量尺寸限制

限重:2千克。

单件最大尺寸:长、宽、高合计不超过90厘米,最长一边不超过60厘米;圆卷邮件直径的两倍和长度合计不超过104厘米,长度不得超过90厘米。单件最小尺寸:长度不小于14厘米,宽度不小于11厘米;圆卷邮件直径的两倍和长度合计不小于17厘米,长度不小于11厘米。

(5) 查询

提供收寄、出口封发、进口接收实时跟踪查询信息,不提供签收信息,只提供投递确认信息。

(6) 赔偿及退回

暂不提供邮件的丢失、延误、损毁补偿、查验等附加服务。对于无法投递或收件人拒收的邮件,提供集中退货服务。

(7）投递范围

美国：本土、本土以外所有属地及其海外军邮地址。

英国：本土及海峡群岛、马恩岛。

法国：仅本土区域。

德国：少数区域无法覆盖。

其他国家：仅本土。

此外，本线路还有一些特殊的要求：

a. 渠道能力：本线路是普货渠道，不能寄送带电和化妆品。

b. 禁止仿真枪、消防枪、子弹及弹壳。如：任何仿真枪、可射击子弹的玩具枪均属禁寄。

c. 禁止带磁性的物品（扩音器）：磁性物品，如含喇叭的大小音响、有变压器的电路板等。因为会影响到飞机信号，不能通过安检。

d. 任何在安检视图呈现"不明图像"的物品不能寄递。如：包装使用较厚的固体泡沫，导致内包装物品形状、特性难以显示，出于航空安全考虑，不予通过安检；有锡纸的茶叶盒等。

（二）国际快递物流模式

跨境电子商务常用的另一种跨境物流模式为国际（地区间）快递。国际（地区间）快递是指货物通过快递公司实现在两个或两个以上国家或地区之间进行配送的活动。全球性国际快递公司主要有UPS、FedEx DHL、TNT、ARAMEX等。中国知名的快递公司也拓展了国际快递业务，包括EMS、顺丰速递、申通、韵达等。国际（地区间）快递在对货物计费时一般分为重量计算与体积计算，常以两者中费用较大的一项为最终计费方式，并在货物包装方面要求较高。国际（地区间）快递可以根据不同的客户需求，如地域、货物种类、体积大小、货物重量等选择不同的渠道实现货物运输与速递。国际（地区间）快递与国际（地区间）邮政小包具有明显的互补性，国际（地区间）邮政小包的优势是国际（地区间）快递的劣势，国际（地区间）邮政小包的劣势一般是国际快递的优势。国际（地区间）快递具有速递时效性高、丢包率低、可追溯查询等优点，国际（地区间）快递全球网络较完善，能够实现报关、报检、保险等辅助业务，支持货物包装与仓储等服务，可以实现门到门服务以及货物跟踪服务。但是，国际（地区间）快递的价格偏高，尤其在一些偏远国家或地区收取的附加费更是惊人。国际（地区间）快递也会遭遇一些限制，在一些国家或地区某些货物会成为禁运品或限运品。在美国，一些货物被列入国际（地区间）快递的禁运目录，如新鲜、罐装的肉类与肉制品、植物种子、蔬菜、水果等。

1. DHL

DHL隶属德国邮政，是全球快递、洲际运输和航空货运的领导者，也是全球第一的海运和合同物流提供商。其业务遍布全球，是全球国际化程度最高的公司。像中国的邮政和EMS一样，它也分邮政和速递，不过它们都统称DHL。然而DHL速递并不等同于中国EMS，DHL速递更像是一个商业化的国际快递公司，除了发出和接收与德国有关的国际快递，还在全球提供紧急文件和物品的输送服务。

（1）资费标准

计算运输货品的体积重和实际重量，二者中取较大者来计费。体积重计算公式为：体积重＝长(厘米)×宽(厘米)×高(厘米)÷5 000。21千克内的小货都是按首重续重计费,21千克以上的大货按重量来计费。具体资费看货代的价格,或者在DHL官网查询。

(2) 参考时效

上网时效:从客户交货之后第二天开始计算,1～2个工作日会有上网信息。妥投时效:3～7个工作日(不包括清关时间,特殊情况除外)。

(3) 跟踪及查询

跟踪查询网址http://www.cn.dhl.com/zh/express.html,DHL可全程跟踪包裹信息,并可以查到签收时间和签收人。

(4) 重量尺寸限制

限重:不超过70千克(大部分国家和地区)。

尺寸:单件包裹不超过1.2米。

部分国家和地区会有特殊要求,具体以DHL官方公布为准,或者咨询货代。

(5) 优势

欧美航线有优势;适合走大件,5.5千克以上,或者21千克以上70千克以下货物;可送达目的地较多;网站查询信息更新及时,遇到问题解决速度快。

(6) 劣势

小件商品价格没有优势;对托运货品的限制比较严格,拒收许多特殊商品;不提供DHL服务的国家有秘鲁、巴西、乌拉圭、阿根廷、巴拉圭、叙利亚、沙特、俄罗斯。

当选择"寄件人支付目的地关税、税款"这一可选服务后,DHL即开始计算寄件人或第三方在目的地产生的关税和税费,并向寄件人或者第三方收取相关的服务费。

2. UPS

UPS(United Parcel Service),即联合包裹服务公司,是世界上最大的快递承运商与包裹递送公司,也是运输、物流、资本与电子商务服务的领导性的提供者。

(1) 四种快递服务及资费

UPS worldwide express plus——全球特快加急服务;UPS worldwide express——全球特快服务;UPS worldwide saver;全球速快服务;UPS worldwide expedited——全球跨界服务;UPS worldwide express freight——UPS全球特快货运;UPS expedited——UPS全球快捷服务。

在UPS的运单上,前三种快递服务都是用红色标记的,第四种是用蓝色标记的。但是,通常说的红单是第三种,即UPS worldwide saver,蓝单是第四种,第一种服务派送速度最快,资费最高,第四种速度最慢,资费最低。具体资费标准咨询UPS官方或者货代。

计费方式:以包裹实际重量和体积重量较大者计费,不足或等于0.5千克的以0.5千克计费,超过0.5千克不足1千克的以1千克计费。如果一票货物内含多件包裹,运费则以所有包裹计费重量总和计算。

(2) 跟踪查询

跟踪信息查询网址:www.ups.com

(3) 重量尺寸限制

限重:70千克(超过70千克的货物,可以考虑UPS全球特快货运)。

尺寸限制:最大长度270厘米。每个包裹最大尺寸:长度＋周长(厘米),周长＝2×(高度＋宽度)。一般情况下,UPS国际快递小型包裹服务不接收超过重量和尺寸标准的包裹;如接收,须收取一定的超重超长附加费,且每个包裹最多收取一次。

(4) 优势

时效高,速度快,服务好;美洲线路优势明显,英国和日本路线优势也很明显,查询网站上物流更新信息及时,遇到问题解决效率高。

(5) 劣势

运费较高,要计算产品包装后的体积重;适合发6～21千克的货物;对托运物品限制比较严格。

3. FedEx

FedEx全称Federal Express,即联邦快递,是全球最具规模的快递运输公司,隶属于美国联邦快递集团,是集团快递运输业务的中坚力量。FedEx分为FedEx IP(International Priority/IP,联邦快递优先型服务)和FedEx IE(International Economy/IE,联邦快递经济型服务)。

(1) FedEx IP和FedEx IE的区别

FedEx IP:时效快,递送时效2～5个工作日,清关能力强,可为全球200多个国家及地区提供服务。

FedEx IE:价格相对优惠,递送时效一般为4～6个工作日,略慢于FedEx IP,可为全球90多个国家及地区提供快递服务。

虽然两者享受同等的派送网络,但是有少部分国家或地区的运输线路不同。

(2) 资费标准

FedEx资费计算,计算运输货品的体积重和实际重量,二者相比取较大者来计费。体积重计算公式为:体积重＝长(厘米)×宽(厘米)×高(厘米)÷5 000。具体资费详见官方公布或者咨询货代。

(3) 重量尺寸限制

重量限制:每件≤68千克,单件超过须提前预约,一票多件的总重量不要超过300千克,超过须提前预约。

尺寸限制:最长边≤274厘米,最长边＋(高度＋宽度)×2≤330厘米。

4. TNT

TNT全称是Thomas National Transport,是世界四大商业快递公司之一,公司总部设在荷兰的阿姆斯特丹。利用公司遍布全球的航空与陆运网络,TNT提供全球门到门、桌到桌的文件和包裹的快递服务。特别是在欧洲、亚洲和北美洲等地,TNT快递可以针对不同顾客的需求,提供9点派送、12点派送、隔天派送、收件人付费快件等服务内容。TNT快递的电子查询网络也是全球最先进的。

(1) 资费标准

运费结构:基本运费＋燃油附加费(燃油附加费每个月有变动)。体积重超过实际重量时,以体积重计费。

体积重计算公式:体积重＝长(厘米)×宽(厘米)×高(厘米)÷5 000。具体以 TNT 官方公布为准,或者咨询货代。

(2) 参考时效

一般情况,TNT 参考时效为 3~7 个工作日。

(3) 重量尺寸限制

重量限制:单件包裹小于 70 千克。尺寸限制:三条边长分别不超过 2.4 米、1.5 米、1.2 米。

(4) 优势

速度较快,提供报关代理服务;无偏远地区派送的附加费;在欧洲、中东及政治或军事不稳定区域有优势。

(5) 劣势

价格相对较高;综合时效相对慢一点。

5. EMS

EMS 国际(地区间)快递是各国家(地区)邮政开办的一项特殊邮政业务。该业务在各国(地区)邮政、海关、航空等部门均享有优先处理权。以高速度、高质量为用户传递国际(地区)紧急信函、金融票据、商品货样等各类文件资料和物品,同时提供多种形式的邮件跟踪查询服务。EMS 还提供代客包装、代客报关、代办保险等一系列综合延伸服务。

(1) 优势

计费简单,价格为中国邮政 EMS 的公布价乘以折扣。当天发货,当天交付邮局,当天上网跟踪,从而节省了快件在境内运输的时间。通关能力强,可发名牌产品、电池、手机等 3C 产品。货物不计体积,适合发体积大、重量小的货物。EMS 国际(地区)快递全世界通邮,可到达全球 200 多个目的地,无燃油附加费及偏远附加费。时效有保障,东南亚、南亚地区 3 个工作日内可以妥投,澳大利亚 4 个工作日可以妥投,欧美国家 5 个工作日能妥投;无法正常妥投时,有免费退回服务。寄往南美洲及俄罗斯等地具有绝对优势,因为俄罗斯 2014 年暂停个人接收商业快递包裹服务,而南美洲国家对商业快递不仅容易征收关税,而且需要提供税号。

(2) 劣势

速度相对其他商业快递慢一点。网站跟踪信息相对滞后,出现问题只能做书面查询,查询时间较长。不能一票多件,大货价格偏高。另外,跨境邮寄包裹中,客户在查询国际(地区)包裹信息时经常会显示包裹已经互封封发或者直封开拆等提示信息。

互封开拆:经过查验后合格的总包,要再封上,称为互封。互封开拆就是指从关境出来的总包,继续走投递程序,总包经由邮政人员拆开(二次开封),分拣,过机扫描,进行抽查,看物品是否和申请一致。

互封封发:根据不同地址分拣后的出口小包裹,再次封装成为总包,发往目的地投递站点,等待配送即可。

直封开拆:总包在出口境外之前已经封好,直接邮寄到当地国家(地区),称为直封。例如,从中国至目的国家(地区)的包裹,没有拆开过邮袋,到了目的国家(地区)才拆封,再由目的国家(地区)按地区分开,之后按地区装袋封发,进行邮寄配送。直封开拆操作在境内办理出关时,关境及进出口检验检疫部门会打开总包的袋子(一次开封),根据清单核对里边的小包裹数量和内容,如有需要,可能会过X线机检。

6. 顺丰及其他

随着跨境电子商务如火如荼地发展,以顺丰为代表的国内快递也渐渐加入跨境电子商务物流。顺丰国际快递的主要优势在于国内网点分布广,服务意识强,价格具有一定竞争力。劣势在于开通的国际(地区)间线路少,卖家可选择的国家(地区)相对较少,揽收人员对于国际(地区间)快递的专业知识相对不足。

顺丰国际小包系列,如欧洲小包,是顺丰和荷兰邮政联手推出的优质区域小包,清关快、派送快、查询优,平邮也有跟踪轨迹。除了欧洲小包,顺丰还开通有美国小包、俄罗斯小包、澳大利亚小包,以及覆盖全球的经济小包,帮助卖家货通全球。若确认货件遗失,顺丰会在8个工作日内完成赔付。

顺丰也有与本土邮政合作的小包。本土邮政会开辟绿色通道,既享有邮政发达的网络覆盖系统,又能实现在本土优先清关、配送,整条线路畅通无阻。发往欧洲5~10个工作日即可妥投,发往美国、加拿大7~12个工作日妥投,时效较以往的普通小包有不小的提升,收费逼近邮政小包,是广大卖家又一个理想的选择。

商业快递业务近年来发展迅速,但仍然只是邮政业务的补充。对我国物流企业来说,要想在国际市场上站稳脚跟,必须在各国或各区域走本土化的道路,不仅企业管理需要本土化,企业人才、市场、企业文化等也都需要本土化,只有如此,才能更好地降低企业运营成本,才能更为迅速地融入国际市场。另外,商业快递国际市场与国内市场有所不同,在计费依据、计费标准、服务时限、售后服务等方面存在很大差异,这在一定程度上提高了国际快递业务的成本。

二、新型跨境物流模式

(一) 海外仓

海外仓扩大了运输品类,降低了物流费用。首先,邮政大小包和国际专线物流对运输物品的重量、体积、价值等有一定限制,导致很多大件物品和贵重物品只能通过国际快递运送。海外仓的出现不仅突破了物品重量、体积、价值等方面的限制,而且费用比国际快递要便宜。第二,海外仓直接从本地发货,大大缩短了配送时间,而且使用本地物流一般都能在线查询货物配送状态,从而实现了包裹的全程跟踪。海外仓的头程采用传统的外贸物流方式,按照正常清关流程进口,大大降低了清关障碍。第三,海外仓可以为卖家提高附加值。基于大数据分析,卖家可对供应链进行全程监控,降低海外仓的使用成本,从卖家被动等待物流公司配送转变为卖家远程操控货物仓储物流配送全流程,主动掌控物流管理链。从目前的物流链来看,告别传统的快递模式,走海外仓储物流配送模式,能从现有的交易规模中通过缩减成本大幅度提升卖家赢利水平。

简单地说,海外仓不是让卖家花钱,而是让卖家在原来的跨境物流模式下挣到钱。成本即利润,海外仓属于外贸电商产业链中典型的管理性赢利,是通过成本管理、流程优化从而提升利润。但是,海外建仓的复杂性和挑战往往会在看不到地方显现。卖家拥有一个海外仓储系统,无论租赁还是自建,往往都需要克服运费成本、库存固转、配送售后等一系列问题,此外还有库存和消化问题。除卖家依靠以往销售经验进行评估外,真正决定物流服务水平差异的,或者说一套完善的跨境物流整体解决方案在实际中通常遭遇的问题,恰恰容易出现在"最后一公里"。也就是说,在实际中,问题更多出现在配送端和客服,在有些跨境物流公司,丢包事件时常发生,卖家申请退款赔偿的周期漫长。

(二)边境仓

边境仓是一个衍生于境外仓的概念与跨境物流模式。边境仓与境外仓的区别在于仓库所处的地理位置不同。境外仓是建设在跨境电子商务交易主体卖方所在国家(地区)之外的仓库,边境仓则是建设在跨境电子商务交易主体买方所在国家(地区)或邻国(相邻地区)的仓库。边境仓具体指的是在商品输入国家(地区)的邻国(相邻地区)边境,通过租赁或建设仓库,预先将商品送达该仓库,通过跨境电子商务平台进行商品的陈列、浏览、下单、处理、支付及客服等一系列活动,通过线下物流直接从该仓库进行跨境物流运输与配送。按照仓库所处地理位置的差异,边境仓可以分为绝对边境仓与相对边境仓两类。

绝对边境仓的仓库设在交易主体卖方所在国家(地区)内,该仓库所在地与买方所在国家相邻。如中国在中俄边境的城市(如哈尔滨等)设立仓库,对接与俄罗斯的跨境电子商务业务。相对边境仓指的是跨境电子商务交易主体所在国家(地区)不接壤,仓库设在交易主体买方所在国家(地区)邻国(相邻地区)的边境城市,用于应对跨境电子商务交易所产生的跨境物流业务需求。如中国与巴西的跨境电子商务交易,在与巴西接壤的阿根廷、哥伦比亚、巴拉圭、秘鲁等国家临近巴西的边境城市设立仓库。相对边境仓是一个相对的概念,相对于交易主体中买方所在国家(地区)而言属于边境仓范畴,相对于交易主体的卖方所在国家(地区)而言又归属于境外仓范畴。边境仓可以规避境外仓的一些风险,是针对本国(地区)保护主义以及跨境电子商务业务发展而产生的一种新型跨境物流模式。一些国家(地区)政局不稳定、税收政策苛刻、货币贬值及境内通货膨胀等因素,刺激了边境仓的出现与发展,如乌克兰政治危机,阿富汗国内政局动荡,巴西限制外来企业以及严格的税收政策。边境仓尤其在一些自由贸易区极具优势,如巴西因为本土保护主义以及苛刻的税收政策,制约了跨境电子商务与跨境物流的发展,但是利用南美自由贸易协定的优势,可以通过在巴西的邻国建立边境仓,从而规避风险,推动巴西及南美跨境电子商务业务发展。边境仓具有境外仓无法实现的优势,以规避输入国(地区)的政治、税收、货币、法律等风险;可利用区域政策,如南美自由贸易协定、北美自由贸易区等。

(三)国际物流专线

国际(地区间)物流专线也是跨境电子商务发展背景下出现的一种新型跨境物流模式。具体指在两个以上国家(地区)形成的跨境物流模式,运输线路、运输时间、物流起点与终点、运输工具都是固定的,固定跨境物流线路尤其如此。国际(地区间)物流专线对跨境电子商务而言,可以长途跨境运输,具有很高的规模化属性,通过专线物流模式,能够起到规模经济效应,对于降低跨境物流成本意义重大,尤其对固定市场的跨境电子商务而言,是一种行之有效的跨境物流解决方案。

依据线路的不同,国际(地区间)物流专线可分为很多种,以中国为例,可分为中俄专线、中美专线、中欧专线、中澳专线等。依据运输方式的不同,国际(地区间)物流专线分为航空专线、港口专线、铁路专线、大陆桥专线以及多式联运专线。已经开通的专线主要有郑欧班列、日本 OCS、欧洲 GLS、渝新欧专线、中欧(武汉)冠捷班列、国际传统亚欧航线、顺丰深圳—台北全货机航线等。国际(地区间)物流专线的时效性优于国际邮政小包,弱于国际快递;国际(地区间)物流专线的物流成本低于国际(地区间)快递,但要高于国际(地区间)邮政小包。国际(地区间)物流专线具有明显的区域局限性,无法适应跨境电子商务的无地域限制性物流需求,这将导致跨境物流专线无法成为跨境物流的主要模式之一。国际(地区间)物流专线会成为挖掘固定市场的跨境电子商务物流解决方案,也可以成为跨境物流的中间环节以及周转环节。在业务量能够支撑的情况下,可以开发多条国际(地区间)物流专线,尤其是可形成国际(地区间)物流专线网络,能够增加国际(地区间)物流专线的使用频率与整体价值。

(四)保税区、自贸区物流

在跨境电子商务发展背景下,自贸区与保税区价值凸显,全球各国(地区)加快了自贸区与保税区建设的步伐,依托保税区或自贸区的物流服务,成为跨境电子商务市场中一种新兴的跨境物流模式。保税区或自贸区物流是指通过国际(地区间)货运预先将商品运至保税区或自贸区仓库,通过跨境电子商务平台进行商品陈列、下单、处理、支付等活动,当处理完网络订单后,通过线下的保税区或自贸区仓库实现商品的分拣、包装、发货和终端配送等物流活动。自贸区或保税区物流模式集规模化物流、集货物流、本地化物流优势于一身,有利于缩短物流时间、提高物流时效、降低物流成本,还有利于享受保税区或自贸区的资源优势。

保税区或自贸区物流可以享受保税区或自贸区的优惠政策与综合优势,主要体现在物流、通关、商检、收付汇、退税等方面,也简化了跨境电子商务与跨境物流烦琐的流程与手续。如亚马逊在上海自贸区建立了自贸区物流仓库,预先将商品送至自贸区物流仓库。当消费者下单后,商品由自贸区物流仓库发出,能够实现集中化的国际(地区间)货运、通关与商检,既降低了跨境物流成本,也缩短了物流时间,提高了物流与配送时效。天猫国际、苏宁全球购等纷纷推出保税区物流模式,通过与郑州、重庆等跨境电子商务试点城市合作,在保税区设立物流保税仓库,预先将商品送至保税仓库,当消费者下单购买后,商品直接从保税区仓库发出。

(五)集货物流

跨境电子商务隶属于电子商务范畴。基于互联网的跨时空界限特性,跨境电子商务消费较分散,单笔订单量小,产品种类繁多。在快速发展的跨境电子商务驱使下,集货物流随之出现。集货物流模式的出现是为了降低高额的跨境物流成本。集货物流具体指先将商品运输到本地或当地的仓储中心或集散中心,当积累到一定数量或达成一定规模后,通过与国际(地区间)物流公司合作,通过国际(地区间)货运模式将商品运至境外的买家手中,或者将各地发来的商品先进行聚集,然后再批量配送;或一些商品属性或种类相似的跨境电子商务企业形成战略联盟,成立共同的跨境物流运营中心,利用规模优化与互补优势等理念,实现降低跨境物流成本的目的。例如,米兰网在广州与成都自建了仓储中心,商品在仓储中心聚集后,通过与国际(地区间)快递公司合作,将商品送至境外买家手中。深圳在大龙湾建立了仓储中心,采取集中发货方式满足跨境物流需求,既提高了跨境物流的整体效率,又降低跨境物流成本。虽然保税区或自贸区物流模式类似于集货物流模式,大致可以归属于集货物流范畴,但是集货物流又不等同于保税区或自贸区物流模式。集货物流不仅可以集中仓储再进行跨境电子商务活动,也可以先进行跨境电子商务活动再集中进行物流配送。

(六) 第三方物流

第三方物流指的是由交易主体以外的第三方承担物流功能,第三方物流企业采取合同委托模式,承担交易产生的商品物流需求。在境内电商交易中,自建物流可视为第一方物流,如中国的京东商城、阿里菜鸟物流、海尔日日顺物流,境外的Ulmart自建物流、亚马逊物流、沃尔玛物流等。第二方物流由买家来承担物流功能,第三方物流则由专业的第三方物流公司来承担,如中国的"四通一达"等。在跨境电子商务中,流程与环境更加复杂,自建物流投入多,要求高,风险大,虽然个别跨境电子商务也在采取自建物流模式,如京东商城、洋码头等,但是基于资金、跨境物流的复杂性以及诸多风险与障碍等因素,绝大多数跨境电子商务除了使用国际(地区间)邮政小包与国际(地区间)快递外,逐渐开始转向第三方物流模式,与万国邮政联盟体系、国际快递公司等合作,或者与专业第三方跨境物流公司合作。

在跨境物流中,也会存在多种模式或多个第三方物流公司合作的现象。此外,还存在自建物流与第三方物流共存的现象。如兰亭集势不仅自建跨境物流体系,还与国际性(地区间)跨境物流资源合作,将商品销往全球170多个国家或地区。大批海运公司、航运公司、陆运公司、多式联运公司、国际货代公司拥有丰富的国际贸易经验、境外运作经验、境外业务网点及国际化实践经验,这都是跨境电子商务或跨境物流公司合作的潜在对象。顺丰物流与荷兰邮政合作,推出欧洲小包业务,实现了中国境内物流与目的国(地区)物流的衔接,缩短了物流周期,降低了物流成本。在巴西,FedEx、UPS等快递公司业务量无法满足其国内市场的需求,它们集中在城市区域,偏远地区则依托于巴西邮政及其旗下的Sedex。

(七) 第四方物流

在跨境电子商务发展的刺激下,跨境物流需求也驱动第四方物流应用于跨境电子商务市场。第四方物流是独立于交易主体双方以及专业第三方物流商之外的主体,承担商品物流与配送业务。它具体指为商品交易的买卖双方、第三方提供物流咨询、物流规划、商品运输、物流信息系统、供应链管理等综合性活动的一个供应链集成商,通过管理自身资源以及外部可协调资料、能力与技术,提供综合性的、全面的供应链解决方案。第四方物流强调供应链资源整合能力,通过其在整个供应链的影响力与话语权,以解决物流需求为基础,整合各类内部及外部资源,实现物流信息共享及社会物流资源充分利用。

伴随着跨境电子商务的发展与成熟,跨境物流更加复杂,服务已不再局限于商品跨境空间位移需求,会产生许多增值服务需求,随之涌现出一批第四方物流公司,为跨境电子商务市场提供更丰富的跨境物流服务。如兰亭集势在2015年1月26日宣布正式启动"兰亭智通"全球跨境物流开放平台,通过整合全球各地配送服务资源,提供开放比价竞价、全球智能物流路径优化、多种物流协同配送、自动打单跟单、大数据智能分析等综合性服务内容。Axado与全球150多个物流公司通力合作,通过整合碎片化跨境物流市场,为需求方提供一揽子物流解决方案。递四方和出口易也属于第四方跨境物流公司范畴,整合全球物流服务资源,不仅能够提供专线物流服务,还可以提供购物车建站、货源分销、在线推广、渠道管理软件服务、在线收付、全球物流与仓储等一站式综合服务项目,并逐渐涉足大数据、信息技术及金融增值服务等。

(八)AliExpress 无忧物流

AliExpress 无忧物流是速卖通的官方物流,也是线上物流的一种。为确保卖家可以放心地在速卖通平台上经营,帮助卖家降低物流不可控因素的影响,阿里巴巴集团旗下全球速卖通及菜鸟网络推出官方物流服务——AliExpress 无忧物流,为速卖通卖家提供包括稳定的国内揽收、国际配送、物流详情追踪、物流纠纷处理以及售后赔付在内的一站式物流解决方案。

AliExpress 无忧物流包括三种物流方式:一是 AliExpress 无忧物流-简易(AliExpress Saver Shipping),属于简易类物流;二是 AliExpress 无忧物流-标准(AliExpress Standard Shipping),属于标准类物流;三是 AliExpress 无忧物流-优先(AliExpress Premium Shipping),属于快速类物流。这三种无忧物流方式在物流时效、物流信息、赔付上限以及品类限制方面有所差异。

无忧物流主要有以下几个优势:

第一个是渠道稳定、时效快。菜鸟网络与优质物流服务商合作,搭建了覆盖全球的物流配送网络,有业内领先的智能分单系统,能够根据目的国、产品类别和重量自动匹配最优的物流方案。

第二个是运费优惠。重点国家运费低于市场价,约为市场价的8~9折,只发一件也有折扣,没有数量限制,而且可以使用支付宝在线支付运费。

第三个是操作简单。一键选择无忧物流即可完成运费模板设置,出单后发货到国内仓库即可,深圳、广州、义乌等重点城市免费上门揽收。

第四个是平台承担售后。物流纠纷无需卖家响应,直接由平台介入核实物流状态并判责,而且因物流导致的纠纷、DSR 低分不计入卖家账号考核。

第五个是赔付保障。因物流原因导致的纠纷退款,由平台承担标准物流赔付上限800元人民币,优先物流赔付上限1 200元人民币。

第3节 跨境电子商务物流运作流程

跨境电子商务物流的发运有别于境内物流的发运,而且有本质上的区别。跨境电子商务物流与境内一般电商物流最大的区别在于跨境,成交商品需要通过关境进出境,货品进出境的方式决定了跨境物流的运作方式和复杂程度。跨境电子商务物流所要经历的程序远远复杂于境内一般物流。

跨境电子商务的物流过程首先是由商家将商品交由商家境内的物流服务商提供商品物流服务,然后商家境内的物流服务商再将商品转交物流转运公司继续物流服务,再次转运公司通过海关和转包协议将商品交由客户境内的物流服务商,最后客户境内的物流服务商将商品递送到客户手中。

一、品检

在跨境电子商务物流发运阶段,特别将品检提出来的原因在于,跨境电子商务卖家还有一大部分自己没有工厂,需要向厂家采购商品,所以这里的品检更多是第二次商品质量检查。如果没有品检,倘若发错商品,或者发了残次品,这个订单很可能导致卖家财货两空。

跨境电子商务发运过程中品检的作用如下:

(1) 把关作用

把关是品检最基本的作用。工厂的生产是一个复杂的过程,人、机、料、环境等诸多要素都可能对生产过程产生影响。各个工序不可能处于绝对稳定状态,质量特性的波动是客观存在的,要求每道工序都能100%生产合格产品是不太可能的。因此,通过质量检验把关,挑出不合格品以保证产品质量,是完全必要的。

(2) 预防作用

预防不合格产品被运送到买家手里,引起纠纷等不必要的麻烦。一个产品经历了漂洋过海、长途跋涉,好不容易到达消费者手中,倘若是不合格产品,这将极大影响买家的购物体验。卖家不仅要面临全额退款的风险,而且会丢失好不容易得到的客户。

二、包装

商品一旦到了物流供应商的手中,便不再受卖方的控制。卖家不能指望物流人员对商品特别小心,卖家能做的就是做好发货前的包装,避免运输过程中的意外情况发生。在跨境电子商务中,绝大多数包裹都是按克或者 0.5 千克为单位来计费的。所以,产品的包装不仅要保证产品在远渡重洋的长途运输中不受损坏,还要兼顾控制包装成本。使用合理的包装可以有效保证消费者接收到完整的商品。

跨境电子商务物流常见的包装材料主要有气泡信封、气泡膜、瓦楞纸箱、胶纸、包装袋、快递袋、气泡袋、珍珠棉、气柱袋、泡沫箱、木架等。其中气泡信封和胶纸最常用,且是必不可少的包装材料。

三、发货

跨境电子商务发货按选择渠道不同,可分为线上发货和线下发货;按效率分类,可分为人工发货和智能发货。以下将具体介绍这两种分类。

(一)线上发货和线下发货

1. 线上发货

线上发货一般是指跨境电子商务卖家选择通过跨境电子商务平台后台直接发货。这些物流商是平台的合作方,价格相对优惠,且有一些保护政策。例如,速卖通平台对线上发货的订单给予不少保护政策,如平台网规认可,规避物流评价的低分等。中小卖家在运营初期订单量不多时,线下发货很难拿到折扣,且市场中大小货代鱼龙混杂,所以线上发货是一个不错的选择。

2. 线下发货

线下发货是相对线上发货而言的。除了各大跨境电子商务平台线上的物流渠道,卖家用任何其他物流方式发运统称为线下发货。线下发货通常通过邮政渠道或快递等物流渠道进行,但商家一般会通过选择货代进行合作,这样可以拿到一个相对优惠的价格。那些规模庞大的公司也有直接跟邮局和快递合作的,也许比与货代合作的成本更低。

货代即货运代理公司,往往和邮局或者快递公司有着较好的合作关系,能拿到中小卖家拿不到的折扣。几乎每家货代公司都有着自己的优势渠道,或者优势的专线物流服务,所以每家货代公司给出的折扣会略有差别。卖家需要参考周边货代报价及服务,选择适合自己的货代。这里特别要注意的是,选择货代的标准不只看价格,还要看其服务、资质和责任心。

(二)人工发货和智能发货

1. 人工发货

一般来说,传统的跨境电子商务卖家在没有使用第三方工具的情况下,一般是登录各个电商平台(如亚马逊、eBay、速卖通等平台),进入订单管理模块,导出未发货订单表格,把订单按照产品进行归类,拿着这个归好类的表格到仓库中去拣货。拣货之后批量打印地址标签(打印地址标签的时候,如果不借助第三方打单软件,还需要手动拷贝粘贴地址打印),然后按照订单打包货物。打包之后,拿着地址标签和打包好的货物一个一个按照订单信息进行地址标签的粘贴,最后是到电商平台的后台将发货状态标注为已发货,输入物流跟踪号,只有这样才能把货物发走。

2. 智能发货

假如使用第三方工具,例如市面上一些 ERP(企业资源计划)系统,发货时不需要登录每个平台甚至每个账号去获取订单信息并导出,也不需要手动合并订单。利用 ERP 系统的订单自动下载合并功能,就能把当天的订单从各个平台上下载并合并好。结合订单中的产品在各个仓库不同的库存情况(针对多仓库而言),系统将订单中产品自动分发到对应符合条件的仓库,并提醒仓库发货人员发货。发货人员可以在系统中打印配货单,拣货之后,直接扫产品上的二维码自动打印对应的订单收货地址标签,然后贴上去,即可完成发货,不需要校对订单。而且发完后,ERP 系统会自动将对应的已发货的订单标记为已发货的状态,同时也不用手工录入跟踪号。ERP 通过与第三方物流信息的对接,可以直接将物流跟踪号自动录入平台的跟踪号里,免去了很多重复、烦琐的操作。

通过对比可以看出,传统发货采用的是人工发货模式,而 ERP 采用扫单发货的方式,大大提高了发货速度,降低了发货的出错率。使用 ERP 发货,流程变得智能和便捷,省去了很多重复的操作;而采用传统发货流程则操作重复、冗余,而且流程节点多,耗时耗力,容易出错,大大降低了工作效率。

第4节 跨境电子商务物流管理

一、跨境电子商务物流管理含义

物流管理(Logistics Management)是指在社会再生产过程中,根据物质资料实体流动的规律,应用管理的基本原理和科学方法,对物流活动进行计划、组织、指挥、协调、控制和监督,使各项物流活动实现最佳的协调与配合,以降低物流成本、提高物流效率和经济效益。

实施物流管理的目的就是要在尽可能低的总成本条件下实现既定的客户服务水平,即寻求服务优势和成本优势的一种动态平衡,并由此创造企业在竞争中的战略优势。根据这个目标,跨境电子商务物流管理要解决的基本问题,就是把合适的产品以合适的数量和合适的价格在合适的时间和合适的地点提供给客户。

二、跨境电子商务物流管理要素

跨境电子商务物流管理要素包括跨境物流运输保险管理、跨境物流仓储管理以及跨境物流系统。

(一)跨境物流运输保险管理

跨境物流运输保险是通过订立保险合同来实现的,保险单是保险合同存在的证明。保险合同一经订立,订约双方均应按照合同条件,亦即保险单中各项保险条款的规定来履行义务,享受权利。

国际货物的运输方式一般有海运、陆运、空运,以及通过邮政速递等多种途径,涉及最多的则是邮政包裹。因此,这里主要介绍邮包保险的管理准则。

1. 保险分类

邮包运输保险是指承保邮包通过三种运输方式在运输途中由于自然灾害、意外事故或外来原因所造成的包裹内物件的损失。

邮包运输保险承保通过邮政局邮包寄递的货物在邮递过程中发生保险事故所致的损失,以邮包方式将货物发送到目的地,可能通过海运,也可能通过陆上或航空运输,或者经过两种或两种以上的运输工具运送。不论通过何种运送工具,凡是以邮包方式将贸易货物运达目的地的保险均属邮包保险。

邮包保险按其保险责任分为邮包险和邮包一切险两种。邮包险与海洋运输货物保险水渍险的责任相似,邮包一切险与海洋运输货物保险一切险的责任基本相同。

(1) 邮包险:负责赔偿被保险邮包在运输途中由于恶劣气候、雷电、海啸、地震或洪水等自然灾害,或由于运输工具遭受搁浅、触礁、沉没、碰撞、倾覆、出轨、坠落或失踪等,由于失火、爆炸等意外事故所造成的全部或部分损失。此外,该保险还负责被保险人对受承保责任范围内危险的货物采用抢救、防止或减少损失的措施而支付的合理费用,但以不超过获救货物的保险金额为限。

(2) 邮包一切险:包括除邮包险的责任外,还负责被保险邮包在运输途中由于外来原因所致的全部或部分损失。

2. 责任范围

被保险邮包在运输途中由于恶劣气候、雷电、海啸或洪水等自然灾害,或由于运输工具遭受搁浅、触礁、沉没、碰撞、倾覆、出轨、坠落或失踪等,或由于失火、爆炸等意外事故所造成的全部或部分损失。

被保险人对遭受承保责任内危险的货物采取抢救,防止或减少货损的措施而支付的合理费用,但以不超过该批被救货物的保险金额为限。邮包一切险的责任除上述邮包险的各项责任外,还负责被保险邮包在运输途中由于外来原因所致的全部或部分损失。邮包运输货物保险的除外责任和被保险人的义务与海洋运输货物保险相比较,其实质是一致的。其责任起讫为自被保险邮包离开保险单所载起运地点寄件人的处所运往邮局时开始生效,直至该项邮包运达本保险单所载目的地邮局,自邮局签发到货通知书当日起算满 15 天终止。但是在此期限内,邮包一经交至收件人的处所时,保险责任即行终止。

3. 邮包保险合同的内容

邮包保险合同的内容主要包括下列几项:保险人名称;被保险人名称;保险标的;保险价值;保险金额;保险责任和除外责任;保险期间;保险费。

(1) 邮包保险合同的当事人

邮包保险合同的当事人为保险人和被保险人。保险人是指在保险合同中收取保险费,并在合同约定的保险事故发生时,对被保险人因此而遭受的约定范围内的损失进行补偿的一方当事人。被保险人是指在保险范围内的保险事故发生时受到损失的一方当事人。邮包保险合同中的投保人一般也是被保险人。

(2) 邮包保险合同的保险标的

邮包保险合同的保险标的主要是货物,包括贸易货物和非贸易货物。

(3) 保险价值

保险价值是被保险人投保的财产的实际价位。投保人在投保时需说明所要投保的标的价值,而准确地确定标的实际价值是很困难的,因此,保险价值通常是由被保险人与保险人协商确定的。这个价值是估算形成的,因此它可以是标的实际价值,也可能与实际价值有一定的差距。

(4) 保险金额

保险金额是指保险合同约定的保险人的最高赔偿数额。当保险金额等于保险价值时为足额保险;当保险金额小于保险价位时为不足额保险;当保险金额大于保险价值时为超额保险。财产保险中的保险金额通常以投保财产可能遭遇损失的金额为限,即不允许超额保险,因为保险是以损失补偿为原则的;如果允许超额保险,就等于被保险人可以通过保险赚钱。正因如此,法律规定保险金额不得超过保险价值;超过保险价值的,超过部分无效。

(5) 保险责任

保险责任是保险人对约定的危险事故造成的损失所承担的赔偿责任。约定的危险事故就是保险人承保的风险。保险人承保的风险可以分为保险单上所列举的风险和附加条款加保的风险两大类,前者为主要险别承保的风险,后者为附加险别承保的风险。

(6) 除外责任

除外责任就是保险人不承保的风险。保险所承保的是一种风险,所谓风险,就是可能发生,也可能不发生。如果该风险必然发生,则保险人是不承保的,因此,自然损耗这种必然发生的风险,保险人通常会约定不予承保。市价跌落引起的损失属于间接损失,保险人也往往将其列入除外责任的范围。此外,被保险人的故意行为或过失造成的损失,属于发货人责任引起的损失,而不是由于自然灾害、意外事故或约定的人为风险引起的损失,保险人也不予承保。

(7) 保险期间

保险期间也就是保险责任的期间。保险责任的期间有三种确定方法:一是以时间来确定,例如,规定保险期间为 1 年,自某年、某月、某日起至某年、某月、某日止;二是以空间的方法来确定,例如,规定保险责任自货物离开起运地仓库起至抵达目的地仓库止;三是以空间和时间两方面来对保险期间进行限定的方法,例如,规定自货物离开起运地仓库起至货物抵达目的地仓库止,但如在全部货物卸离海轮后 60 日内未抵达上述地点,则以 60 日期满为止。

(8) 保险费和保险费率

保险费率是计算保险费的百分率。保险费率有逐个计算法和同类计算法之分。船舶保险的保险费率通常采用逐个计算法来确定,每条船舶的保险费率由保险公司依该船舶的危险性大小、损失率高低及经营费用的多少来确定。同类计算法是指对于某类标的,保险人均采用统一的保险费率的方法。保险费是投保人向保险人支付的费用,等于保险金额乘以保险费率。

(二) 跨境物流仓储管理

涉及跨境物流仓储管理的事项主要集中在设立或使用边境仓、保税区、自贸区或者海外仓的物流模式中。对于使用第三方物流形式的跨境电子商务的商户而言,仅需考虑的是物流方式与物流成本的平衡;而对于自建物流的跨境电子商务的商户而言,则不得不考虑跨国物流的仓储管理问题。

1. 规范仓储空间

对仓储空间的规范,即对货架位信息的规范。货架位信息是指对库存商品存放场所按位置进行排列,要求对商品进行统一的号码标识,并做出明显标志。科学合理的货架位信息有利于对库存商品进行科学的养护保管。在商品的出入库过程中,根据货架位信息可以快速、准确、便捷地完成操作,提高效率,减少误差。

货架位信息的编号,应确保一个仓库的货架位采用同一种方式规则进行编号。目前,几种常用的货架位编号方法如下。

(1) 区段式编号

区段式编号即把仓库区分成几个区段,再对每个区段编号。这种方式是以区段为单位,每个号码代表一个存储区域,例如,可以将存储区域划分 A1、A2、A3 等若干个区段。区段式编号主要适用于仓库库位简单、没有货架的情况。

(2) 品项群式编号

品项群式编号是指把一些相关性比较强的商品经过集合后,分成几个品项群,再对每个品项群进行编号。这种方式适用于容易按商品群保管和所售商品差异大的跨境电子商务商户,如多品类经营的商户。

(3) 地址式编号

地址式编号是指将仓库、区段、排、行、层和格等进行逐一编码。可采用 4 组数字表示商品库存所在的位置,4 组数字分别代表仓库的编号、货架的编号、货架层数的编号和每一层中每格的编号。对于如 1-12-1-5 的编号,可以知道编号的含义:1 号房,第 12 个货架,第 1 层中的第 5 格,根据货架位信息就可以迅速确定某种商品具体存放的位置。

2. 商品信息规范

商品信息的规范主要是指商品的 SKU(库存量单位)信息、商品规格尺寸,以及中英文报关信息的合理化、明晰化。商品信息的规范有利于进行库存商品的科学管理,合理的 SKU 编码有利于实现精细化的库存管理,同时也有利于及时、准确地拣货,提高效率,避免拣货失误。

商品信息的几项内容中,商品规格尺寸和中英文报关信息作为既有数据,稍作整理即可完善。商品 SKU 作为商品的最小库存单位,是商品管理中最为重要、最为基础的数据,但由于不是既有的信息,现实经营中,跨境电子商务的商户没有 SKU 或 SKU 不完善的情况较为普遍。在跨境电子商务的实际管理过程中,SKU 不仅仅作为最小库存单位,同时也需要通过 SKU 来识别商品信息,因此,商品 SKU 完美体现商品信息就显得十分必要。

3. 流程设计

这里的流程是指商家在上述两点规范的情况下,订单、进销存管理过程中每个节点工作的顺次衔接。简单而言,跨境电子商务卖家日常的后端管理大致可分为获取订单、订单分配、打单配货和库存维护。

(1) 订单获取

通过平台的官方 API 接口自动将平台订单导入管理系统。

(2) 订单分配

接入市面上主流的国际物流渠道,通过用户自定义的分配规则,所有订单自动根据规则分配给相应的仓库配货和相应的物流,获取面单和跟踪号。

(3) 打单配货

订单根据规则自动获取物流信息并生成面单、跟踪号,拣货信息也与面单同步打印;对于简单包裹(一个订单仅包含一件商品的包裹)可以扫货出面单。

(4) 库存维护

系统自动根据订单发货情况维护库存,并根据库存存量及临近日期的日均销量结合采购周期自动生成采购建议。采购回来就可以支撑不断产生的订单,在流程上形成一个闭合的循环。

(三) 跨境物流系统

依托于跨境电子商务存在的跨境物流系统,遵循一般系统模式的原理,同时又因为跨境电子商务的特点,而构成了自己独特的物流系统模式。跨境物流系统通过其所联系的各子系统发挥各自的功能。跨境物流系统的一般运作模式包括系统的输入部分、系统的输出部分,以及系统输入输出的转换部分。

系统是两个及以上的要素有机地、有序地、分层次地结合在一起的要素集合体。按照系统论的原理,跨境物流活动本身也是一个系统。与国内物流和国际物流一样,跨境物流系统也由一般要素、功能要素、支撑要素和物质基础要素组成,只是各要素的内容与组成有所不同罢了。

1. 跨境物流系统的一般要素

跨境物流系统的一般要素主要由劳动者、资金和物的要素三方面构成。

(1) 劳动者要素

它是现代物流系统包括跨境物流系统的核心要素和第一要素。提高劳动者的素质,是建立一个合理化的跨境物流系统并使其有效运转的根本。

(2) 资金要素

商品交换是以货币为媒介的。实现商品交换的跨境物流过程,实际上也是资金的运动过程。同时,跨境物流服务本身也需要以货币为媒介。跨境物流系统建设是资本投入的一大领域,离开资金这一要素,跨境物流就不可能实现。

(3) 物的要素

物的要素首先包括跨境物流系统的劳动对象,即各种实物,缺此,跨境物流系统便成了无本之木。此外,跨境物流的物的要素还包括劳动工具和劳动手段,如各种物流设施、工具和各种消耗材料(燃料、保护材料)等。

2. 跨境物流系统的功能要素

跨境物流系统的功能要素是指跨境物流系统所具有的基本能力。这些基本能力有效地组合、联结在一起,形成了跨境物流系统的总功能,由此便能合理、有效地实现跨境物流系统的总目的,实现其自身的时间和空间效益,满足跨境电子商务相关业务的要求。

跨境物流系统的功能要素一般认为有采购、包装、储存保管(仓储)、流通加工、出境检验检疫和通关、装卸搬运,以及运输和物流信息处理。如果从跨境物流的实际工作环节来考察,跨境物流也主要由上述八项具体工作构成,换句话说,跨境物流能实现以上功能。这八项功能要素也相应地形成各自的子系统。

(1) 跨境物流采购子系统

随着跨境物流管理内涵的日益拓宽,采购功能在企业中变得越来越重要。要真正做到低成本、高效率地为企业跨境物流服务,采购就需要涉及企业的各个部门。采购的功能是选择企业各部门所需要的适当物料,从适当的来源(包括全球采购),以适当的价格、适当的送货方式(包括时间和地点)获取原材料。

(2) 跨境物流包装子系统

杜邦定律(美国杜邦化学公司提出)认为63%的消费者是根据商品的包装装潢进行购买的。国际市场和消费者是通过商品来认识企业的,而商品的包装就是企业的面孔,它反映了一个商家的综合科技文化水平。

在考虑出口商品包装设计和具体作业过程时,应把包装、储存、搬运和运输有机联系走来,统筹考虑,全面规划,实现现代物流系统所要求的"包、储、运一体化",即从开始包装商品时就考虑存储的方便、运输的快速,以加速物流运输,减少物流费用,符合现代物流系统设计的各种要求。

(3) 跨境物流储存保管子系统

商品储存和保管是商品在其流通过程中处于一种或长或短的相对停滞状态,这种停滞是完全必要的。因为,商品流通是一个由分散到集中,再由集中到分散的源源不断的流通过程。国际贸易和跨国经营中的商品从生产厂家或供应部门被集中运送到装运港口,有时要临时存放一段时间,再装运出口,这是一个集和散的过程。它主要是在各国的保税区和保税仓库进行的,主要涉及各国保税制度和保税仓库建设等方面。从物流角度看,应尽量减少储存时间和储存数量,加速货物和资金的周转,实现国际物流的高效率运转。

(4) 跨境物流流通加工子系统

流通加工是为了促进销售、提高物流效率和物资利用率,以及为维护产品的质量而采取的能使物资或商品发生一定的物理和化学及形状变化的加工过程,它可以确保进出口商品的质量达到要求。出口商品加工的重要作用是使商品更好满足消费者的需要,不断地扩大出口。同时,它也是充分利用本国劳动力和部分加工能力扩大就业机会的途径。进出口商品流通加工的具体内容包括:一种是指装袋、贴标签、配装、挑选、混装、刷标记等出口贸易商品服务;另一种则是生产性外延加工,如剪断、平整、套裁、打孔、折弯和烫熨等。其中,后一种出口加工或流通加工区不仅能最大限度地满足消费者的多元化需求,同时还可以实现货物的增值。

(5) 跨境物流商品检验检疫、通关子系统

通过商品检验,可确定交货品质、数量和包装条件是否符合合同规定,若发现问题,也可分清责任,向有关方面索赔。在买卖合同中一般都订有商品检验条款,其主要内容有检验时

间与地点、检验机构与检验证明、检验标准与检验方法等。另外,商品的出入境还必须申请通关,报关手续通常包括申报、查验、征税和放行四个基本环节。对于进口货物来说,当货物运抵进口国港口、车站或机场时,进口商或其代理商应向海关提交有关单证和填报由海关发出的表格。一般来说,除提交进口报关单、提单、商业发票或海关发票外,往往还要根据海关的特殊规定,提交原产地证明书、进口许可证配额证明、品质证书和卫生检验证书等。当报关人员填写和提交有关单证后,海关按照海关法令与规定,审查核对有关单证,并查验货物、计算进口税额、结清进口税款,办完通关手续,准予货物结关放行。

(6) 跨境物流装卸搬运子系统

装卸搬运子系统主要包括对跨境物流货物的运输、保管、包装和流通加工等物流活动进行衔接活动,以及在保管等活动中为进行检验、维护和保养所进行的装卸活动。伴随装卸活动的小搬运,一般也包括在这一活动中。在国际物流活动中,装卸活动是频繁发生的,因而是产品损坏的重要原因。对装卸活动的管理,主要是确定最恰当的装卸方式,力求减少装卸次数,合理配置及使用装卸机具,以做到节能、省力,减少损失、加快速度,最终获得较好的经济效果。

(7) 跨境物流运输子系统

运输的作用是将商品的使用价值进行空间移动,物流系统依靠运输作业克服商品生产地和需要地的空间距离阻隔,创造了商品的空间效益。跨境货物运输是跨境物流系统的核心。通过跨境物流运输作业使商品在交易前提下,由卖方转移给买方。一般跨境物流的运输包括国内运输段和国际运输段两部分。其中,跨境电子商务的售卖方货物出口的国内运输是指将商品由供货地运送至出运港(站、机场),是跨境物流中不可缺少的重要环节。国内运输实现了出口货源从供货地集运到港口、车站或机场,使跨境物流业务得以正常开展。国内运输阶段应注重商品包装、加工、短途集运、国外到证、船期(航班)安排和铁路运输配车等各个环节的情况,力求搞好车、船、货、港的有机衔接,确保出口商品的运输任务顺利完成,减少因物流不畅而导致跨境电子商务业务开展不顺的现象。而国际运输除了包括运输方式的选择、运输单据的处理外,还包括投保等相关问题。

(8) 跨境物流信息子系统

信息子系统的主要功能是采集、处理及传递跨境物流和商流的信息情报。没有功能完善的信息系统,跨境电子商务将寸步难行。跨境物流信息主要包括进出口单证的作业过程、支付方式信息、客户资料信息、市场行情信息和供求信息等。跨境物流信息系统的特点是信息量大、交换频繁;传递量大、时间性强;环节多、点多、线多,所以要建立技术先进的跨境物流信息系统。跨境电子商务中EDI(电子数据信息交换系统)的发展是一个重要趋势。我国应该在跨境物流中加强推广EDI的应用,建设跨境电子商务的信息高速公路。

应将上述各主要系统有机地联系起来,统筹考虑,全面规划。其中,运输及储存保管分别解决了供给者与需要者之间场所和时间的分离,分别是跨境物流创造空间效用及时间效用的主要功能要素,因而在跨境物流系统中,这两个要素处于主要功能要素的地位。跨境物流主要通过商品的储存保管和国际运输实现其自身的时空效应,满足跨境电子商务的基本需要。

3. 跨境物流系统的支撑要素

跨境物流系统的运行需要许多支撑手段,尤其是处于复杂的社会经济系统中,要确定跨境物流系统(国际物流系统)的地位,要协调与其他系统的关系,这些要素就更加必不可少。它们主要包括以下几个方面。

(1) 体制、制度

物流系统的体制、制度决定了物流系统的结构、组织、领导和管理的方式。国家对其控制、指挥和管理的方式,是跨境物流系统的重要保障。当前,许多国家运用减免税赋的方式鼓励民间资本投资物流中心等基础设施的建设,创造开放透明的运输市场环境,放松管制,促进市场竞争等,这些措施都促进了国际物流和跨境物流的发展。

(2) 法律、规章

跨境物流系统的运行不可避免地涉及企业或个人的权益问题,法律规章一方面限制和规范物流系统的活动,使之与更大的系统相协调,另一方面则是给予保障。合同的执行、权益的划分、责任的确定和单证的国际流转都要靠法律、规章来维系。

(3) 行政、命令

跨境物流系统和一般系统的不同之处在于,跨境物流系统关系到国家(地区)间的经济、政治及文化追求,所以,行政、命令等手段也常常是跨境物流系统正常运转的重要支持要素。

(4) 标准化系统

它是保证跨境物流各环节协调运行、保证跨境物流系统与其他系统技术上实现联结的重要支撑条件。

(5) 国际信用手段

它为跨境物流活动的支付与结算提供信用保障。

第5节 跨境电子商务物流关境

一、跨境电子商务出口关境

(一) 概述

关境作为跨境电子商务中一个必不可少的关键环节,涉及大量通关知识。跨境电子商务卖家需要了解关境货物监管的基本制度及注意事项。货物监管是关境代表国家(地区)在口岸根据其进出口法律、法规和政策,监督合法进出境货物和运输工具的重要管理职责,也是完成征收关税、制止走私违法、编制海关统计等各项任务的基础。对进出境的运输工具及其所载货物,进行审单(申报)、查验、征税、放行,是货物监管的基本作用。关境对进出境个人邮递物品的管理原则是既方便正常往来,照顾个人合理需要,又要限制走私违法活动。据此原则,关境规定了个人每次邮寄物品的限值、免税额和禁止、限制邮寄的物品,对邮寄出境的物品,关境依法进行查验,并按章征税或免税放行。如果买家所购买的商品价值超过其所在国(地区)的免税金额,则买家有可能需要为商品交纳关税。

跨境电子商务涉及的关境至少有两个:一个是出口方出口关境,另外一个是消费者所在地的进口关境。

(二) 我国跨境电子商务出口报关相关内容

在我国跨境电子商务出口中,只要卖家遵守法律法规,不运输明令禁止的违禁品,办理进出口海关手续时,经查验货主申报的进出口货物的单证与实际进出口货物相一致,即做到单货相符,一般都会顺利通过。以下简要介绍我国跨境电子商务出口报关方面的信息。

1. 出口报关

部分港口的跨境电子商务企业已经可以借助跨境电子商务通关服务平台实现通关一次申报。关境、税务、外汇、市场监管等部门则可通过这个平台同步获取跨境电子商务产品信息,实现对产品的全流程监管。

(1) 跨境电子商务出口通关流程

① 在跨境电子商务服务平台上备案;

② 货物售出后,电商、物流、支付企业向跨境电子商务服务平台提交订单、支付、物流三单信息;

③ 跨境电子商务服务平台完成三单比对,自动生成货物清单,并向电子口岸发送清单数据;

④ 货物运往跨境电子商务监管仓库;

⑤ 关境通过跨境电子商务服务平台审核,确定单货相符后,货物放行出口;

⑥ 电商公司凭报关单向国税局申请退税。

(2) 报关单据

一般情况下,传统外贸出口通关单据包含发票、装箱单、报关单。在跨境电子商务中,由于订单零散碎片化,所以大多数情况下不会使用到这些正式的单据。例如,邮政类小包的报关信息就直接显示在面单上。

只有在寄送商业快递时,快递公司才会让卖家提供货物的发票。发票又分为形式发票(proforma invoice)和商业发票(commercial invoice)。在理论上,用于报关的发票必须是商业发票,但实际操作中,用形式发票也可以。两者涵盖的内容基本一致,主要区别在于:一方面,名称不同;另一方面,形式发票更像是一种估价单据,没有商业发票那么正式。

发票一般包含以下内容:① 发票字样及寄件人的公司抬头(英文);② 寄件人的公司名称、地址(英文)及电话;③ 收件人的公司名称、地址(英文)及电话;④ 分运单号码和发票号码;⑤ 贸易术语如 FOB(离岸价格)、CFR(成本+运费)、CIF(成本+保险费+运费)等;⑥ 货物重量;⑦ 货物尺寸或体积;⑧ 物品名称的详细描述(中英文);⑨ 货物数量;⑩ 单价及申报总价(注明货币单位:美元);⑪ 原产地;⑫ 关境编码(部分快递公司要求);⑬ 寄件人的公章。

注意事项:发票必须是打印原件(不可手写),复印件、传真件无效;不得有修改痕迹(修改后须盖章)。

2. 出口退（免）税

近几年谈得比较多的是跨境电子商务出口退税问题。2014年之前，跨境电子商务出口商品特点是多品种、小批量、多频次，大多从事跨境电子商务的企业选择通过行邮物品渠道将产品寄到境外。由于缺乏正规出口报关单，电商企业的出口产品既不能合法结汇，又不能享受退税优惠，不少跨境电子商务企业被迫处于灰色生存状态，无法做强做大。

通关方面，我国部分港口采取分送集报、合并同类项、产品提前备案等通关监管措施。比如在通关流程上，针对电商企业的需求设计了入区暂存模式。根据规定，部分港口海关将电商货物进入保税港区设置成暂存入库状态，货物实际离境出口，电商企业才向海关报关；如果货物没有销售出去，则可以直接退回境内，从而大幅降低电商的通关成本。那么在我国，什么条件下电子商务出口享受退免税？

(1) 享受退税的四个条件

电子商务出口企业出口货物必须同时符合以下四个条件，才能享受增值税、消费税退免税政策（财政部、国家税务总局明确不予出口退税或免税的货物除外）。

一是电子商务出口企业属于增值税一般纳税人并已向主管税务机关办理出口退（免）税资格认定；二是出口货物取得海关出口货物报关单（出口退税专用），且与海关出口货物报关单电子信息一致；三是出口货物在退（免）税申报期截止之日内收汇；四是电子商务出口企业属于外贸企业的，进出口货物取得相应的增值税专用发票、消费税专用缴款书（分割单）或海关进口增值税、消费税专用缴款书，且上述凭证有关内容与出口货物报关单（出口退税专用）有关内容相匹配。

(2) 享受免税的三个条件

如果电子商务出口企业出口货物不符合上述退（免）税条件，但同时符合下列三个条件，可享受增值税、消费税免税政策：一是电子商务出口企业已办理税务登记；二是出口货物取得（海关）签发的出口货物报关单；三是购进出口货物取得合法有效的进货凭证。如出口企业只有税务登记证，但未取得增值税一般纳税人资格或未办理出口退（免）资格认定，以及进货物报关单并非出口退税专用联次，购进货物出口时未取得合法凭证等，应当享受免税政策。

注意，在上述规定中，如果出口企业为小规模纳税人，均实行增值税和消费税免税政策。

(3) 退（免）税申报要求

出口退（免）税预申报：出口企业在当月出现销售收入后，应收齐单证（凭证）及收汇的货物于次月增值税纳税的申报期之内，向主管税务机关提出预申报。若在主管税务机关审核当中发现申报的退（免）税的单证（凭证）无对应电子信息或者信息不符，应进行调整之后再次进行预申报。

出口退（免）税正式申报：企业在主管税务机关确认申报单证（凭证）的内容与所对应的管理部门电子信息准确无误之后，应提供规定的申报退（免）税的凭证和资料以及正式申报电子数据，向主管税务机关进行正式申报。

3. 免税申报要求

《国家税务总局关于出口货物劳务增值税和消费税有关问题的公告》规定，自2014年1

月1日起,出口企业出口适用增值税、消费税免税政策的货物,在向主管税务机关办理免税申报时,采用备案制不再实行申报制,出口货物报关单、合法有效的进货凭证等资料,按出口日期装订成册,留存企业备查。

二、跨境电子商务进口关境

全球跨境贸易蓬勃发展,加强了世界经济一体化进程。在经济全球化进程中,世界各国海关对进口贸易政策也有所不同。

(一)关境扣关

在目的国(地区)遇到的最多问题当属扣关。遇到货物被扣关了这类问题时不要太紧张,首先要了解货物被扣关的原因,因为每个国家、地区的关境条例都有所不同。当出现扣货、扣关,相关关境部门会给出一份说明,里面肯定有扣货的原因,发件人或收件人必须配合关境部门提供相关的文件。

1. 货物被扣关或者不允许清关原因

(1) 商品货物品填写不详细、不清楚,须重新提供证明函,具体说明货物的品名及其用途;

(2) 货物申报价值过低(关境部门有理由怀疑逃税);

(3) 国际(地区间)快递货物单、证不齐全,需要提供必需的单、证,如发票、装箱单、进口许可证、3C认证;

(4) 敏感货物,属于进出口国家(地区)禁止或者限制进口、出口的物品;

(5) 收货人条件不允许(没有进口权等);

(6) 超过目的地国家(地区)进口最低免税金额;

(7) 其他当地国家(地区)规定的相关政策。

一般情况下,大多数扣关问题的原因是当地国家(地区)的扣关政策。货物一旦扣关,发件人或收件人应尽量配合关境部门,提供相关的文件。一般情况下,关境部门会对货物进行评估,只要与发件人或收件人陈述相符,办理完清关手续,即可放行。

2. 处理方法

(1) 申报货值太低扣关:与客户协商交关税后从关境部门拿货出来,如果关税不高,可以考虑和买家分摊。

(2) 手续不全的货物扣关:比如个人进口,关境部门要求有进口权,可以找有进口权的公司代理清关。

(3) 如果需要相关认证手续,将手续提供给关境部门。

(4) 可以向关境部门申请货物退运,按国际惯例,清关不了的货物可以申请退运回发货地或是第三方贸易港口。

3. 如何尽量避免海关扣货

（1）为了避免扣货，针对一般的包裹，尽量勾选"gift"，但不要直接在申报品名里填写"gift"。相对而言，私人包裹被查的概率低一些。为了避免扣货后产生高额的清关费，申报价值可以写得相对少一点，不要低于实际价值太多，因为贵重物品的扣货率高。但低报的前提是需要和买家协商好。另外，关境部门扣货后，清关费是根据申报价值计算的，申报价位越高，清关费越高。同样，如果需要客户寄回产品时，也注意让客户把申报价值报低一点。

（2）了解各国（地区）政策。如澳大利亚虽然通关容易，但是电池类产品是海关禁止的，因此电池或者带电池的产品尽量不要发往澳大利亚。如果一定要卖带电池的产品，可以与客户说清楚不发电池，只发产品。

（3）选择安全的递送方式。DHL的扣货率是很高的，其次是FedEx和UPS，相对安全的递送方式是航空挂号小包和EMS。另外，EMS就算是被关境部门扣货，还能免费退回到发货地点。尤其是针对俄罗斯、巴西等海关极为严格的国家，航空挂号小包和EMS在通关上有绝对的优势。

（4）越重的包裹被关境部门扣货的可能性越大。

（5）不同产品被关境部门扣货的概率不同，如电子产品被扣的概率比服装类高。

（6）寄往不同的国家（地区），采用的申报策略也有所不同。英美海关相对不那么严格，申报价可以适当放低；德国海关比较严，就不宜把申报价格放太低。

需要注意的是，以上方式都只能降低被扣货的概率，不可能完全杜绝被扣货。

（二）部分国家关税起征点及免税金额

最低免税申报金额是指符合条件的货件，其申报金额小于规定金额，即可免于正式报关，也无须缴纳关税或税款。

1. 美国

2016年初，美国对入境货件的最低免税申报金额标准已从每票货件200美元提高至800美元。这意味着大多数运入美国货值低于800美元的货件可免于正式报关以及缴纳进口关税，此项调整将有效促进贸易发展，降低成本和加快商品的流通。特别是亚洲的出口商可因此获益，减少了书面工作，加快了货件的清关速度，缩短了货件到达美国的运输时间。

起征点：800美元。

综合关税的组成：DUTY（关税）＋ADV（清关杂税）；DUTY＝货值×税率。

2. 欧盟

欧盟对货值大于22欧元的包裹就开始收税，因为免税申报金额较低，所以，在欧盟区包裹时常会因低申报而被查。从以往资料看，有少量包裹被查到，航空挂号小包及EMS的安全系数相对高一些。德国是欧盟区相对特别的一个国家，海关的检验力度比其他欧盟区国家要大些，EMS时常因海关原因被退回。

综合关税的组成：VAT＝[货值(向海关申报)＋运费＋DUTY]×19%；DUTY＝(货值＋70%运费)×产品税率。

3. 英国

英国：在申报价值大于15英镑时会收关税。起征点：15英镑；

综合关税的组成：VAT(增值税)＋DUTY(关税)＋ADV(清关杂税)；VAT＝[货值(向海关申报)＋运费＋DUTY]×20%；DUTY＝货值×产品税率。

4. 澳大利亚

对于进口的包裹类货物查验相对宽松,对低于1 000澳元的包裹免征关税,除一些违禁品和原木制品外,其他的很好清关。起征点：1 000澳元；

综合关税的组成：DUTY＋GST＋ADV(清关杂费)；GST＝[货值(向海关申报)＋运费＋DUTY]×10%；DUTY＝货值×税率。

5. 俄罗斯

2016年10月,俄海关总署向俄经济发展部提出降低网购进口商品免税额度、分阶段对网购进口国际邮包征税的建议。当前,俄罗斯联邦海关对于进境包裹中一个月之内购买的,价值不超过1 000元,重量不超过21千克的商品实行免税。此外,俄罗斯是个很特别的国家,快递只能走EMS。

6. 乌克兰

乌克兰的海关也较为严格,除邮政EMS和小包裹外,其他都很难清关。

7. 巴西

巴西曾是速卖通平台订单主要来源国之一,但是物流成本居高不下及其严格的海关政策,以致近来逐渐失去优势。主要表现在：一方面,速卖通削减了对巴西的宣传；另一方面,平台很多卖家设置巴西须补运费,甚至设置成巴西不发货。

目前发往巴西的主要渠道还是邮政,如各国邮政小包,通关相对简单。商业快递寄送包裹至巴西一直是跨境电子商务卖家最头痛的问题之一。

8. 印度尼西亚

自2017年1月28日起,印度尼西亚对进口货件的最低免税申报金额标准将从每票货件50美元(696 550印尼盾)提高至100美元(1 393 100印尼盾)。

9. 菲律宾

2016年对入境货件的最低免税申报金额标准已从每票货件10菲律宾比索(0.21美元)提高至10 000菲律宾比索(210美元)。

10. 新加坡

对于申报金额大于 400 新加坡币(约 320 美元)的包裹征收关税。从数据上看,到新加坡的包裹很少出现问题。

总之,由于各国(地区)关境政策的差异,卖家在发货前须大概了解相关信息,以便让货物顺利通关。卖家想了解相关信息可以询问其他卖家、货代等。

实　验
选择合适的邮政快递

一、实验目的

学会如何根据不同的产品选择相应的物流快递。

二、实验内容

1. 实验任务

详细分析邮政物流的几种快递方式,根据不同的产品思考它们各自适合哪种邮政快递,并说明原因。

2. 实验步骤

(1) 阅读实验素材——邮政物流补充介绍,更加详细地了解这些快递方式;

(2) 阅读实验素材——包裹详情,思考其各自适合的邮政物流,并说明原因;

(3) 填写实验产出模板。

3. 实验工具及素材

实验素材一:邮政物流补充介绍

邮政物流是指各国邮政部门所属的物流系统,包括 EMS、ePacket、中国邮政航空大包和中国邮政航空小包等。

(1) EMS

EMS 即特快专递,是一项由中国邮政速递物流与各国(地区)邮政合作开办的中国大陆与其他国家以及中国港澳台地区间寄递特快专递邮件的服务。其最大的优势就是在各国(地区)邮政、海关、航空等部门均享有优先处理权。

EMS 参考时效、资费、体积、重量限制

EMS 国际快递的投递时间通常为 3~8 个工作日(不包括清关的时间)。由于各个国家及地区的邮政、海关清关时间长短不一,有些国家和地区的包裹投递所需时间可能较长。

卖家可登录 EMS 的官方网站 www.ems.com.cn,在"服务指南"版块查看包裹投递信息以及资费标准、体积和重量限制、禁寄商品等。若实在不清楚,还可咨询客服。

EMS 优缺点

EMS 是与其他国家(地区)的邮政合办的,具有自身的优缺点。

优点：

EMS 依赖于全球的邮政体系，所以它的投递网络非常强大，覆盖范围也很广，价格相对于商业快递较为便宜，以实际的重量为计算，不计算抛重。

抛重的含义：体积折算的重量大于实际重量的货物，按体积来算。比如说，一公斤的泡沫和一公斤的钢珠比，泡沫就属于抛重，按体积计费。

EMS 享有优先通关权，且清关时可不用提供商业发票，通关不过的货物是可以免费运回国内，其他快递一般都是要收费的。这条很有吸引力，在国际物流中，比如我发出去的费用是一百块钱的运费，那退回来时可能是 2~3 倍的运费价格，因为发出去享有一定的物流优势。

寄往俄罗斯以及南美等国家具有绝对优势，比较适合小件物品，以及时效要求较低的货物。

缺点：

相对商业快递来说，速度相对较慢；

查询网站的信息更新不太及时，出现问题后只能做书面查询，耗费时间比较长；

不能一票多件（一票货物有多个包裹，有一个是主面单，其他的都是贴子面单），所以运送大件货物的价格比较高。

(2) ePacket

ePacket 即国际 e 邮宝（EUB），是中国邮政为适应国际电子商务寄递市场的需要，为中国电商卖家量身定制的一款经济型国际邮递产品。

ePacket 包裹体积限重

e 邮宝的包裹形状有两种，一种是方形包裹，一种是圆柱形包裹，它们的单件邮件重量都必须小于 2 千克。

从最大体积限制来说，方形包裹的单件邮件的长＋宽＋厚不超过 90 厘米，最长边不超过 60 厘米。圆柱包裹，圆筒形邮件直径的两倍＋长度不超过 104 厘米，单边长度不超过 90 厘米。

它还有最小的体积限制，方形包裹的单件邮件长度大于 14 厘米，宽度大于 11 厘米。圆筒形邮件直径的两倍＋长度要大于 17 厘米，实际长度大于 11 厘米。

ePacket 跟踪查询

卖家可以登录中国邮政快递网站 http://www.ems.com.cn，或者拨打客服电话 11183 查询 e 邮宝的资费标准和物流环节。注意：中国邮政未对 ePacket 做出时限承诺。

美国、澳大利亚和加拿大 e 邮宝业务提供全程时限跟踪查询，但不提供收件人的签收证明。

英国 e 邮宝业务不提供投递确认信息，但能提供收寄、出口封发和进口接收信息。

由于 e 邮宝业务不提供查单，也不承担邮件丢失，货物延误赔偿，因此，对于一些价值较高的产品来说，不适合选择 e 邮宝。

ePacket 速度优势

目前，e 邮宝主要可以发往美国、加拿大、英国、澳大利亚、法国和俄罗斯。

国际 e 邮宝在国内段使用 EMS 网络进行发运，并采用国际领先的 EMI 电子报关系统进行通关。出口至美国的货物,由美国邮政通过其国内一类函件网(First Class)进行投递。出口至澳大利亚的货物,由澳洲邮政通过其国内挂号函件网(Register mail network)进行投递。一般情况下,货物能在7~10个工作日内完成妥投。

出口至英国的货物,由英国皇家邮政通过其国内一类函件网(First Class)进行投递,包裹到达英国海关后将不再提供追踪信息,一般情况下,货物能在7~9个工作日完成妥投。

(3) 中国邮政大包

中国邮政大包包括航空大包、水路运输大包、空运水陆运输大包,下面提到的"中邮大包"仅指航空大包。

中国邮政航空大包服务是中国邮政区别于中国邮政小包的新业务,是中国邮政国际普通包裹三种服务方式中的航空运输方式服务,可寄达全球200多个国家和地区,适用于对时效性要求不高且重量稍重的货物。

重量在2千克以上,通过邮政空邮服务寄往国外的大邮包可以称为国际大包。国际大包分为普通空邮(Normal Air Mail,非挂号)和挂号(Registered Air Mail)两种。普通空邮费率较低,邮政不提供跟踪查询服务;挂号费率稍高,邮政可提供网上跟踪查询服务。

中国邮政大包包裹体积限制及运送时效

根据运输物品的重量和所到达国家的不同,中邮大包的资费标准以及包裹体积、重量限制标准有所不同,具体可登录官网 http://11185.cn 进行查询。

根据目的地不同,中国邮政大包的运送时效也有所不同,通常到亚洲临近国为4~10天,到欧美主要国家为7~20天,到其他国家和地区为7~30天。卖家可在 http://intmail.183.com.cn 上进行跟踪查询。

中国邮政大包计费方式

中国邮政大包对包裹重量有限制,不能超过30千克(部分国家不能超过20千克),计费时不计算体积、重量,没有偏远附加费和燃油附加费,其计费公式如下:

首重1千克的价格+续重1千克的价格×续重的数量=总额

此外,中国邮政大包需要收取8元/件的报关手续费用。

中国邮政大包优缺点

中邮大包是区别于中邮小包的新型业务,它适合重量稍重且对时效性要求不高的产品。中邮大包具有以下优点和缺点:

优点:成本低,且不计算体积、重量,没有偏远附加费;覆盖范围广,清关能力强,如俄罗斯和巴西;运单操作简单、方便。

缺点:部分国家限重10千克,最重也只能是30千克;速度较慢;查询信息更新不及时。

中邮大包体积重量限制

寄往各国包裹的最大尺寸限度分为以下两种。

第一种尺寸:

最长一边不超过150厘米,长度与长度以外的最大横周合计不超过300厘米。

单边≤1.5米,长度+长度以外的最大横周≤3米(此最大规格是30千克货物)。

第二种尺寸：

最长一边不超过 105 厘米,长度与长度以外最大横周合计不超过 200 厘米。

单边≤1.05 米,长度＋长度以外的最大横周≤2 米(此最大规格是 20 千克货物)。

横周面积的计算公式:2 倍的高＋2 倍宽度＋长度。

(4) 中国邮政小包

中国邮政小包(China Post Air Mail)即中国邮政航空小包,又称"中邮小包""航空小包""空邮小包"。单件邮件重量小于 2 千克(寄往阿富汗限重 1 千克),外包装长宽高之和不超过 90 厘米,最长边不超过 60 厘米,通过邮政空邮服务寄往国外的小包裹。

中国邮政小包的类型

中国邮政小包分为两大类:第一类是中国邮政平常小包,即平邮,只能通过面单条码,用电话查询邮包在国内的状态。第二类是挂号小包,挂号小包相对会方便很多,可以利用跟踪条码,跟踪邮包在大部分国家的实时状态,买家的体验很好。

运费计算

中国邮政平常小包和挂号小包的运费模式是不同的,挂号小包需要支付挂号费,而平邮不需要挂号费。

平邮的计算公式如下:标准运费×实际重量×折扣＝总额。提醒一下,官网上报出的价格跟实际价格会有很大区别,正常来说,一般可以达到三折,如果按照正常官网的报价,那做跨境物流会亏得很惨。

挂号运费的计算公式,就是上面平邮的计算公式加 8 元挂号费。

中国邮政小包的包裹体积限重

中国邮政小包与 e 邮宝一样,包裹形状有两种:一种是方形包裹,一种是圆柱形包裹。它们的单件邮件包裹重量不超过 2 千克,至阿富汗的包裹重量不超过 1 千克。

从最大体积限制来说,方形包裹的单件邮件的长＋宽＋高不超过 90 厘米,单边长度不超过 60 厘米。圆柱形包裹,圆筒形邮件直径的两倍＋长度不超过 104 厘米,并且单边长度不超过 90 厘米。

它还有最小的体积限制,方形包裹至少有一面的长度大于 14 厘米,宽度大于 9 厘米。圆筒形邮件直径的两倍＋长度要大于 17 厘米,实际长度大于 10 厘米。

中国邮政小包的优缺点

优点:运费相对来说较低,这是最大的优势;网络覆盖范围非常广,基本覆盖全球;在海关享有"绿色通道"特权,因此,清关能力很强;包裹本质上属于"民用包裹",可邮寄的物品类型较多。

缺点:限重较低,只有 2 千克,阿富汗甚至为 1 千克,包裹如果超过限重就需要将其分成多个包裹邮寄;总体来说,运送时间较长,容易产生物流纠纷;跟踪查询不方便,许多国家不支持全程跟踪,官网只能跟踪国内部分,国外部分无法跟踪,卖家需要借助其他工具进行跟踪。

中国邮政小包使用注意事项

使用中国邮政小包时,需要注意以下几点事项:

① 必须用英文将收件人的姓名、地址填写完整;

② 客户须填写报关单上内件物品、数量、重量及价格等内容；
③ 客户须在报关单上寄件人签名处填写自己的中文姓名；
④ 货物包装要完整，不易损坏，包装袋外侧只能有地址标签，不能带有其他无关标识，易碎货物最好在外包装上贴上易碎品的标志，邮包正面中间位置贴中国邮政跨境小包面单；
⑤ 在某些国家，如尼日利亚、意大利，平邮丢失不能获得赔偿，因此，最好选择用挂号或快递方式。挂号邮件丢失后根据申报价格进行赔偿，且不会退还挂号费。

(5) 新加坡邮政小包（递四方）

新加坡邮政小包是由新加坡邮政在中国大陆的唯一合法代理——递四方速递公司针对2千克以下小件物品推出的空邮产品，可发带电池商品，运送范围为全球。

收货重量及尺寸限制

同样可以看到，新加坡邮政小包的收货重量及尺寸标准是分为方形和卷轴型的，跟中国邮政小包在尺寸上是一致的，这里就不赘述了。

基本运费

基本运费也是平邮＋挂号的模式。

举个例子，一票到美国的货物（带电池玩具），重100克，标准运费为88元/千克，挂号费12元，请计算新邮挂号小包的运费。

因为产品带电，不能选中邮小包，运费＝100×88/1 000＋12＝20.8元。

运送范围及主要参考时效

新加坡小包递四方支持发往全球200多个国家和地区，有邮局的地方都可以到达（极少数国家或地区除外）。运费根据包裹重量按克计费，10克起计，每个单件包裹限重在2千克以内。

新加坡邮政小包的优势

那么，新加坡邮政小包的优势是什么呢？

价格低：相对于其他运输方式（如 DHL、UPS、FedEx、TNT 等）来说，小包服务有绝对的价格优势。

速度快：到达多数国家的正常运输时间需7～15个工作日。

安全性高：新加坡邮政提供的国际小包服务是世界认可的优质产品，丢包率低，既快速又安全。

(6) 其他邮政小包

除了以上介绍的几种邮政小包之外，还有其他小包渠道，如瑞士小包、瑞典小包等，它们也各自具有不同的优势。

瑞士小包：价格相对较高，但在欧洲国家的通关能力很强，在欧洲申报国家免报关，因此瑞士小包在欧洲线路的寄送上时效性较强。

瑞典小包：与瑞士小包相比，其价格较低，在俄罗斯有较强的通关能力，且投递速度较快，因此是寄往俄罗斯首选的物流方式，有时可以寄送带电池的商品。

实验素材二：包裹详情
包裹一：13寸苹果电脑运往日本

【2018新款】Apple 苹果 MacBook Pro 13英寸笔记本电脑 四核第八代Core i5处理器2.3GHz/8G/512G SSD/MR9R2CH/A 深空灰 苹果电脑 Multi-Touch Bar 套装版【内含罗技无线蓝牙鼠标+Chirslain清洁套装】
by Apple
★★★★☆ | 6 customer reviews | 8 answered questions Share
Best seller in 笔记本

Price: ¥13,688.00
Promotion Message: Ryoma 消费满 ¥2999.00 起，即可... 1 Applicable Promotions

1 new from ¥13,688.00

Size: 13英寸 i5 8G 512GSSD Touch Bar

| 13英寸 i5 8G 256GSSD Touch Bar | **13英寸 i5 8G 512GSSD Touch Bar** |
| 15英寸 i7 16G 256GSSD Touch Bar | 15英寸 i7 16G 512GSSD Touch Bar |

Color: 深空灰

Only 2 in stock.

Delivery date **Want it the day after tomorrow(4月27日)-nextFriday(5月3日)?** Choose **Standard Door-to-door** at checkout.

Seller Ships from and sold by 品牌电脑授权专营店.

Cash On Delivery is not available. Details

- 2.3GHz 四核第八代 Intel Core i5 处理器 Turbo Boost 最高可达 3.8GHz
- Intel Iris Plus Graphics 655 图形处理器
- 8GB 2133MHz LPDDR3 内存 512GB 固态硬盘
- 采用原彩显示技术的视网膜显示屏 触控栏和触控 ID 四个雷雳 3 端口
- 注：Apple产品不支持7天无理由退货，请确认需求后下单
> See more product details

Technical Details

Brand	Apple
Item Weight	1.37 Kg
Color	深空灰
Display Size	13 inches
Display Resolution	2560x1600
Processor Brand	Intel
Processor Type	Intel Core i5
Processor Speed	2.30 GHz
Number of Processors	4
Memory Size	8 GB
Memory Type	GDDR3
Hard Disk Size	512 GB
Graphics Coprocessor	Intel Iris Plus Graphics 655 图形处理器
Graphics Chipset Brand	intel
Graphics Description	核心显卡
Hardware Platform	Mac
Operating System	Mac OS X

包裹二：苹果手机壳运往美国

YinShang 流光溢彩 玻璃手机壳 苹果iPhone X手机壳 玻璃晶钢5.8寸iPhone XS 保护壳 防爆抗摔苹果X手机壳
by yinShang
★★★★☆ 19 customer reviews Share

Price: ￥108.00
1 new from ￥108.00

Size: iPhone X
| iPhone 6/6s | iPhone 6/6s Plus | iPhone 7/8 | iPhone 7/8 Plus | iPhone X |

Color: GL-11

In Stock

Delivery date **Want it the day after tomorrow(4月27日)-nextFriday(5月3日)? Choose Standard Door-to-door** at checkout.
Seller Ships from and sold by inShang China.
Cash On Delivery is not available.Details

- 苹果iPhone X/XS手机壳
- 采用晶钢（9H钢化玻璃背膜）和TPU/硅胶制造，安全环保、时尚大方、坚硬无比、抗爆裂。后玻璃采用冷雕工艺，几乎达到裸机的手感。
- 手机壳的设计充分考虑工程力学，双侧防爆，四角加硬，加高设计，对意外坠落具有极强的缓冲作用。正常使用情况下，手机壳很难被摔坏
- 耳机、摄像头、喇叭、MIC等功能孔位均——预留。无线充电和有线充电均无需卸下手机壳。
- 包装内含赠品：商务签字触控两用笔一支，手机钢化膜一张，指环扣一个。
> See more product details

Size: **iPhone X** | Color: **GL-11**
Technical Details

Brand	yinShang
Product Dimensions	20.6 x 9.2 x 1 cm
Item Weight	99.8 g
Color	GL-11
Display Size	5.8 inches

包裹三：女士裙子运往俄罗斯

PINGORA
PINGORA 2019 新款女装欧美风格优雅修身显瘦刺绣蕾丝长款连衣裙长裙礼服正装
★★★★★ 8 customer reviews Share

Price: ￥1,999.00
Sale: ￥588.00
: As expected (70%)

Size:
Select Size Chart

Color: 藏蓝

- Fit Type: 修身
- Style de col: 圆领
- Material: 薄纱
- Care Instructions: 手洗
- 面料：高档蕾丝面料，100%聚脂纤维（内衬），优质蕾丝，优雅时尚，舒适修身。
- 设计特点：蕾丝拼接，精美的刺绣，X型长裙型，修身显瘦，独特的领口设计，合适的袖长，拉链设计
- 适用场合：这款2019年女装连衣裙，裙子，A字裙，蕾丝连衣裙，礼服裙非常适合都市女性在重要的场合穿着，比如朋友聚会，商务聚会，鸡尾酒会，宴会，婚礼等。
> Show More

Product details

Item Weight: 349 g

Shipping Weight: 499 g

ASIN: B071V51G3J

Average Customer Review: ☆☆☆☆☆ 8 customer reviews

Amazon Bestsellers Rank: #16,404 in 服饰箱包 (See Top 100 in 服饰箱包) #46 in 女士正装连衣裙

包裹四：24寸行李箱运往新加坡

ELLE 中性 全铝品质硬箱出国通用防摔耐压坚固行李箱旅行箱拉杆箱 ELDL5511-24-84 银色 24寸(亚马逊自营商品，由供应商配送)
by ELLE
Be the first to review this item Share
Sold By Amazon

List price: ￥2,598.00
Price: ￥1,299.00 此商品可以享受免费配送 详情
 prime 加入Prime可免运费

1 new from ￥1,299.00

Color: 银色

Size: 24寸
20寸 24寸

In Stock

Delivery date **Want it next Monday(4月29日)?** Choose **Standard Door-to-door** at checkout.

Seller Ships from and sold by 亚马逊.

Return policy: This product is suitable for 7days returnable Return details

· 面料：金属(铝镁合金等)
· 商品尺寸：45*24*64厘米

Product details

Color: 银色 | Size: 24寸

Product Dimensions: 45 x 24 x 64 cm

Item Weight: 5.2 Kg

Shipping Weight: 6.2 Kg

ASIN: B07CWXKYBT

产地：上海

Average Customer Review: Be the first to review this item

Amazon Bestsellers Rank: #186,423 in 服饰箱包 (See Top 100 in 服饰箱包) #1527 in 托运箱

4. 实验产出

包裹序号	选择的邮政物流	选择的原因
包裹一		
包裹二		
包裹三		
包裹四		

思考题

1. 跨境电子商务有哪些物流模式？
2. 跨境电子商务面临哪些难题？
3. 如何进行跨境电子商务的物流管理？

第 7 章

跨境电子商务支付

本章学习概要

1. 跨境电子商务支付产生的背景、概念与优缺点以及支付原理。
2. 跨境电子商务支付线上与线下工具。
3. 跨境电子商务移动支付及工具。
4. 跨境电子商务国际结算。
5. 跨境电子商务支付风险及应对。

第1节 跨境电子商务支付概述

一、跨境电子商务第三方支付产生的背景

由于中国跨境网购用户数量的激增、人民币升值以及配送环节的不断成熟和完善,境内用户的境外网购交易额呈现逐年递增趋势。在跨境电子商务、海淘、留学教育、出境游等产业的推动下,中国跨境清算、结算需求增长强劲,跨境电子商务支付市场将获得极好的发展机遇。在当前经济全球化、金融全球化、消费国际化的环境中,跨境电子支付服务已经成为中国支付体系的重要组成部分,并在跨境商务和个人消费生活中发挥重要的作用,在现代支付体系中扮演着越来越重要的角色。

迅猛发展的电子商务浪潮改变了传统购物方式和商业模式,消费者通过网上购物可以享受到境外质优价廉的商品。然而,跨境电子商务与境内电子商务相比,买卖双方风险更难控制。在跨境电子商务平台这种虚拟的无形市场中,交易双方互不认识,不知根知底,卖家不愿先发货,担心货物发出后不能收回货款;买家不愿先支付,担心支付后拿不到商品或商品质量得不到保证。由于货物和款项在国家(地区)间传递交易,物流与资金流在时间和空间上不同步,各国或各地区语言不同,法律法规各异,相隔万里。这种信息的不对称,导致商家与消费者的彼此信任度相对较低。因此,安全、便捷的支付方式成为商家和消费者最为关心的问题。

传统国际贸易中所使用的结算方式难以满足单票金额较小、批次较多的碎片化跨境电子商务的需要,传统的结算方式主要有电汇(T/T)、托收和信用证(L/C),汇付和托收以商业信用为基础,出口商需要承担较大的风险,且贸易融资不便。信用证以银行信用为基础,

虽可以降低出口商的收款风险并提供融资便利,但手续较为繁杂,费用较高。而国际电子商务的每笔成交金额较低,无法承担国际贸易中传统结算方式的费用,亟需低费用甚至零费用的支付手段,以解决国际电子商务发展过程中跨境支付费用高昂的难题。正是在这种背景下,第三方支付在国际小额贸易中应运而生。

随着跨境电子商务和非金融机构支付业务的迅猛发展,一些规模较大、发展比较成熟的支付机构对扩展跨境支付业务的需求逐步强烈。大量跨境电子商务企业在境外开立账户收取货款,并通过个人分拆结汇等方式流回境内。同时,这些境外支付公司对我国境内外贸企业不仅收费高,而且管理苛刻,在发生纠纷时普遍偏袒境外持卡人,冻结我国境内企业的资金时间较长。因此,扶持我国自有支付公司拓展跨境业务,对于促进我国跨境电子商务和第三方支付市场健康发展具有重要意义。

二、跨境电子商务第三方支付概念与优缺点

(一) 跨境电子商务第三方支付概念

跨境电子商务第三方支付是指具备实力和信誉保障的第三方企业和境内外的各大银行签约,为买方和卖方提供的信用增强。在银行的直接支付环节中增加一个中介,通过第三方支付平台交易时,买方选购商品,不直接将款项打给卖方而是付给中介,中介通知卖家发货;买方收到商品后,通知中介付款,中介将款项转至卖家账户。它在商家与消费者之间建立了一个安全的可以信任的中介,可以对双方进行监督和约束,满足了商家与消费者对信誉和安全的需求。

(二) 跨境电子商务第三方支付的优缺点

1. 跨境电子商务第三方支付的优点

(1) 第三方支付平台将多种支付方式整合到一个界面上,负责交易结算中与银行的对接,使网络购物更加快捷、便利。

(2) 利用第三方支付平台进行支付操作更加简单而易于接受。通过第三方支付平台,交易双方不需要通过电子商务认证授权机构(certificate authority,CA)认证各方的身份,商家和客户之间的交涉由第三方来完成,使网上交易变得更加简单,更为快捷,成本更低。

(3) 第三方支付平台本身依附于大型的门户网站,可以与其合作的银行的信用作为信用依托,因此,第三方支付平台能够较好地突破网上交易中的信用问题,有利于推动电子商务的快速发展。

(4) 对商家而言,通过第三方支付平台可以规避无法收到客户货款的风险,同时能够为客户提供多样化的支付工具,不需要在不同的银行开设不同的账户,帮助商家降低运营成本,尤其为无法与银行网关建立接口的中小企业提供了便捷的支付平台。

(5) 对客户而言,不但可以规避无法收到货物的风险,而且货物质量在一定程度下也有了保障,增强了客户网上交易的信心,同时不需要在不同的银行开设不同的账户,可以帮助

消费者降低网上购物的成本。

（6）对银行而言，通过第三方平台，银行可以扩展业务范畴，同时也节省了为大中小企业提供网关接口的开发和维护费用。

可见，第三方支付模式有效地保障了交易各方的利益，为整个交易的顺利进行提供支持。

2. 跨境电子商务第三方支付的缺点

（1）风险问题。在电子支付流程中，资金都会在第三方支付机构滞留，成为沉淀资金，如果缺乏有效的流动性管理，则可能存在资金安全风险。同时，第三方支付机构开立支付结算账户，先代收买家的款项，然后付款给卖家，可能为非法转移资金和套现提供便利，因此形成潜在的金融风险。

（2）电子支付资格获取问题。第三方支付结算属于支付清算组织提供的非银行类金融业务，银行将以牌照的形式提高门槛。因此，对于从事金融业务的第三方支付公司来说，面临的挑战不仅仅是如何赢利，更重要的是能否拿到第三方支付业务牌照。

（3）恶性竞争问题。电子支付行业存在损害支付服务，甚至给电子商务行业发展带来恶意竞争的问题。境内专业电子支付公司已经超过 40 家，而且多数支付公司与银行之间采用纯技术网关接入服务，这种支付网关模式容易造成市场严重同质化，也挑起了支付公司之间激烈的价格战，惯用的价格营销策略将使电子支付行业利润被摊薄。

三、跨境电子商务第三方支付原理

第三方支付系统的实现原理：第三方机构与各个主要银行之间签订有关协议，使得第三方机构与银行可以进行某种形式的数据交换和相关信息确认。这样，第三方机构就能在持卡人（或消费者）与各个银行以及最终的收款人（或者商家）之间建立一个支付的流程。

第三方机构必须具有一定的诚信度。在实际的操作过程中，这个第三方支付机构可以是发行信用卡的银行本身。在进行网络支付时，信用卡号以及密码的披露只在持卡人和银行之间转移，降低了通过商家转移而导致的风险。

同样，当第三方是除了银行以外的具有良好信誉和技术支持能力的某个机构时，支付也通过第三方在持卡人（或者客户）和银行之间进行。持卡人首先和第三方以替代银行账号的某种电子数据的形式（例如邮件）传递账户信息，避免了持卡人将银行信息直接透露给商家，另外也不必登录不同的网上银行界面，取而代之的是每次登录时，都能看到相对熟悉和简单的第三方机构的界面。第三方支付模式中，商家看不到客户的信用卡信息，同时又避免了信用卡信息在网络多次公开传输而导致的信用卡信息被窃事件。

第 2 节　跨境电子商务支付工具

按照是否需要去柜台现场办理业务，跨境支付方式分为两大类：一种是线下支付，比较适合较大金额的跨境 B2B 交易；另一种是线上支付，包括各种电子账户支付和国际信用卡，由于线上支付手段通常有交易额的限制，所以比较适合小额的跨境零售。

一、跨境电子商务线下支付工具

线下支付是相对线上支付而言的，具体支付工具有信用证、托收、电汇、西联汇款、速汇金 MoneyGram、香港离岸账户。

（一）信用证

信用证(letter of credit,L/C)是指由银行（开证行）依照（申请人的）要求和指示或自己主动，在符合信用证条款的条件下，凭规定单据向第三者（受益人）或其指定方进行付款的书面文件，即信用证是一种银行开立的有条件的承诺付款的书面文件。

在传统国际（地区间）贸易活动中，买卖双方可能互不信任：买方担心预付款后，卖方不按合同要求发货；卖方也担心在发货或提交货运单据后，买方不付款。在信用证结算方式中，银行以银行信用代替商业信用，为交易双方提供信用保证，从而促进交易的顺利达成和资金的安全支付。信用证是银行有条件保证付款的证书，成为传统国际贸易活动中常见的结算方式。买方先提交信用证申请书，支付保证金和银行费用，由银行开立信用证，再由异地卖方银行通知卖方，卖方按合同和信用证规定的条款发货，开证银行在审单无误的条件下代买方先行付款。

1. 费用

信用证相应的银行费用项主要可分为以下几类：① 开证：开证费、改证费、撤证费；② 信用证传递：信用证预先通知费、通知费、转递费；③ 信用证交单：邮递费、电报费、审单费；④ 信用证收汇：议付费、承兑费、保兑费、偿付费、付款手续费、转证费、无兑换手续费、不符点费、不符点单据保管费；⑤ 信用证中可能涉及的罚款项等。银行对不同费用项的收费方式也不一样，有些是定额收取的，如通知费、不符点费等，按每笔收取；有些则是按比例收取的，如议付费、兑换费等；还有按时间循环收取的，如承兑费、保兑费等。另外，不同银行的收费标准也是不一样的。

2. 优点

有银行信誉参与，相对比较安全，风险相对较低；在交易额较大、交易双方互不了解且进口国或地区进行外汇管制时，信用证的优越性更为突出，受 UCP600 跟单信用证统一惯例的约束，贸易双方交易谨慎度较高；相较于电汇、托收方式，信用证方式中交易双方资金负担较平衡；买方开立信用证需要交纳一定比例的保证金，保证金比例取决于买家的资信和实力，资信越高比例越低，卖方可以从中粗略了解买方的资信状况；即使买方拒付，卖方也可以控制货权，损失相对较少。

3. 缺点

信用证是独立的文件，银行只审单不管货，因此，容易产生欺诈行为，存在假单；信用证方式手续繁杂，环节较多；信用证对单据要求较高，容易出现不符点拒付；费用比较高，影响出口商利润,如果信用证金额较小,各项银行费用总和将超过1%;遭遇软条款陷阱,审证、审单等环节需要较强的技术性。

4. 适用范围

主要适用于成交金额较大(一般大于5万美元)的线下交易。

(二) 托收

托收(collection)是出口人在货物装运后,开具以进口方为付款人的汇票(随附或不随附货运单据),委托出口地银行通过其在进口地的分行或代理行代出口人收取货款的一种结算方式,属于商业信用。根据托收时是否向银行提交货运单据,可分为光票托收和跟单托收两种。跟单托收根据交单条件的不同,又可分为付款交单(documents against payment, D/P)和承兑交单(documents against acceptance, D/A)两种。托收属于商业信用。银行办理托收业务时,既没有检查货运单据是否正确或是否完整的义务,也没有承担付款人必须付款的责任。托收虽然是通过银行办理,但银行只是作为出口人的受托人行事,并没有承担付款的责任,进口人不付款与银行无关。出口人向进口人收取货款靠的仍是进口人的商业信用。如果进口人拒绝付款,除非另外有规定,否则银行没有代管货物的义务,出口人仍然应该关心货物的安全,直到对方付清货款为止。

托收对出口人的风险较大,D/A比D/P的风险大。跟单托收方式是出口人先发货,后收取货款,因此对出口人来说风险较大。进口人付款靠的是其商业信誉,如果进口人破产,丧失付款能力,或货物发运后进口地货物价格下跌,进口人借故拒不付款,或进口人事先没有领到进口许可证,或没有申请到外汇,被禁止进口或无力支付外汇等,出口人不但无法按时收回货款,还可能蒙受货款两空的损失。虽然出口人有权向进口人索赔所遭受的各种损失,但在实践中,在进口人已经破产或逃之夭夭的情况下,出口人即使可以追回一些赔偿,也难以弥补全部损失。在当今国际市场出口竞争日益激烈的情况下,出口人为了扩大销售占领市场,有时也采用托收方式。如果进口人信誉较好,出口人在境外又有自己的办事机构,则风险可以相对小一些。

托收对进口人比较有利,可以免去开证的手续以及预付押金,还可以享受预借货物的便利。当然,托收对进口人也不是没有一点风险。例如,进口人付款后才取得货运单据,领取货物,如果发现货物与合同规定不符,或者根本就是假的,也会因此而蒙受损失。但总体而言,托收对进口人比较有利。

1. 费用

托收所发生的正常的银行费用主要有托收费和寄单费。扣费包括两部分:境外银行扣费一般为35~95美元,境内银行扣费150~350元。

2. 优点

相比于信用证,托收的操作比信用证简便许多,单据要求相对简单,费用相对较低;先发货后收款,因此对进口商有利,容易促成交易。

3. 缺点

托收是建立在商业信用基础之上的一种结算方式,卖方承担了较大的风险;对出口商不利,因为出口商能否按期收回货款,完全取决于进口商的资信;相较于电汇等方式,托收手续较繁杂,费用较高。

4. 适用范围

托收对于出口商来说风险较大,只适用于金额较大、往来多年的、彼此比较熟悉和了解的、信誉比较好的客户。

(三) 电汇

电汇(Telegraphic Transfer)是汇款人将一定款项交存汇款银行,汇款银行通过电报或电传给目的地的分行或代理行(汇入行),指示汇入行向收款人支付一定金额的一种汇款方式。跨境电汇是汇款人通过所在地的银行将所汇款以电报、电传的形式划转境内各指定外汇银行,同时由境内银行通知收款人就近存取款项。相对于信用证、托收等方式而言,电汇适用范围广,手续简便易行,中间程序少,灵活方便,因而目前是一种应用极为广泛的结算方式。

1. 费用

一般来说,电汇的费用分为两部分:一部分与电汇金额有关,即1‰的手续费;另一部分与汇款的金额无关,与笔数有关,即每汇一笔就要收取一次手续费。具体费用根据银行的实际费率计算,不同的银行收费标准差距较大,在选择汇款银行时要做好比较。汇款手续费一般都有最高限额,在最高限额可以最大限度利用。

2. 优点

电汇没有金额起点的限制,不管款项多少均可使用;汇兑结算手续简便易行,单位或个人均可办理;收款迅速,快速到账;可先付款后发货,保证商家利益不受损失。

3. 缺点

需要去银行柜台办理业务,受限于银行网点分布;先付款后发货,买方容易产生不信任感;买卖双方都要支付手续费,相对于一些线上支付工具而言,费用较高;相较于第三方在线支付方式,电汇手续较为繁杂;在实际业务中,买方承担的风险较大。

4. 适用范围

电汇是传统 B2B 付款常用模式,适用于跨境电子商务较大金额的交易付款。

(四) 西联汇款

西联汇款是西联国际汇款公司(Western Union)的简称,是世界上领先的特快汇款公司。西联汇款拥有全球最大、最先进的电子汇兑金融网络,代理网点遍布全球近200个国家和地区。中国建设银行、中国农业银行、中国光大银行、中国邮政储蓄银行、浦发银行等多家银行是西联汇款的中国合作伙伴。

1. 费用

收款人不需要支付任何费用,汇款人需要按照一定的比例支付手续费,如有其他额外要求,则加收附加服务费。

2. 优点

汇出金额等于汇入金额,无中间行扣费;西联全球安全电子系统确保每笔汇款的安全,并有操作密码和自选密码供核实,使汇款安全地交付到指定的收款人账户;西联汇款手续简单,利用全球最先进的电子技术和独特的全球电子金融网络,收款人可在几分钟内如数收到汇款;手续费由买家承担,卖家无须支付任何手续费;西联国际汇款公司在国外的代理网点遍布全球各地,代理点包括银行、邮局、外币兑换点、火车站和机场等代理网点,方便交易双方进行汇款和收款。

3. 缺点

汇款手续费按笔收取,小额收款手续费高;买家难以在第一次交易时信任卖家,在发货前打款,容易因此而放弃交易;买家和卖家需要去西联线下柜台操作;属于传统型的交易模式,不能很好地适应跨境电子商务的发展趋势。

4. 适用范围

1万美元以下的中等额度支付。

(五) 速汇金(Money Gram)

速汇金国际汇款是国际速汇金公司(Money Gram)推出的国际汇款方式,是通过其全球网络办理的一种境外快速汇款业务,为个人客户提供快捷简单、安全可靠、方便的国际汇款服务。速汇金汇款公司在全球194个国家和地区拥有总数超过275 000个代理网点,是一家与西联相似的汇款机构。目前,境内中国银行、中国工商银行、中国交通银行、中信银行代理了速汇金收付款服务。

1. 费用

速汇金汇入汇款业务无收费,卖家无须支付手续费。速汇金汇出汇款业务费用,包括佣金和手续费两个部分。佣金收费标准按办理汇款业务时,国际速汇金公司速汇金系统自动生成的金额为准扣收;手续费根据速汇金公司提供的费率计算。

2. 优点

汇款速度快,在速汇金代理网点(包括汇出网点和解付网点)正常营业情况下,速汇金汇款在汇出后十几分钟即可到达收款人账户;速汇金收费采用的是超额收费标准,汇款金额不高时,费用相对较低;无其他附加费用和不可知费用,无中间行费,无电报费;手续简单,无须填写复杂的汇款路径,收款人无须预先开立银行账户,即可实现资金划转。

3. 缺点

速汇金仅在工作日提供服务,节假日不提供相应的服务,而且办理速度缓慢;汇款人及收款人均必须为个人;必须为境外汇款,不提供境内汇款业务;客户如持现钞账户汇款,还需交纳一定的现钞变汇的手续费;速汇金合作伙伴银行对速汇金业务部不提供VIP服务;买家和卖家需要去线下柜台操作,不能很好地适应跨境电子商务的发展趋势。

4. 适用范围

适用于境外留学、旅游、考察、工作人员,亦适用于年汇款金额不超过50 000美元的中等交易付款。

(六) 香港离岸账户

离岸账户,也叫OSA账户,在金融学上指存款人在其居住国家(地区)以外开设的银行账户。相反,位于存款人所居住国家(地区)的银行则称为在岸银行或境内银行。境外机构按规定在依法取得离岸银行业务经营资格的境内银行离岸业务部开立的账户,属于境外账户,如内地的公司在中国香港开立的账户即香港离岸账户。卖家通过在中国香港开设离岸银行账户,接收境外买家的汇款,再从香港账户汇到内地账户。离岸账户只针对公司开户,个人开户是不支持的。离岸账户相较于境内外汇账户(NRA账户)受外汇管制更少些,从资金的安全性角度来看,离岸账户要安全些,受国家外汇管理局监管没那么严格。

1. 费用

主要包括香港离岸账户开户费用和后续维护费用。不同银行开户费用略有不同,亲临香港办理费用约为1 150港元;内地视频开户费用为1 750~3 150港元;如不方便,可以选择委托代理。后续维护费用包括:年审费用(不包括雇员申报等费用),香港公司满18个月报税费用,汇款的费用以及资金量不到会员每月最低标准时的账户管理费。

2. 优点

资金调拨自由,离岸账户等同于在境外开设的银行账户,可以从离岸账户上自由调拨资金,不受内地外汇管制;存款利率、品种不受境内监管限制,特别是大额存款,可根据客户需要在利率、期限等方面度身定做,灵活方便;中国政府对离岸账户存取款之利息免征存款利息税;加快境内外资金周转,降低资金综合成本,提高资金使用效率;利用一个离岸账户来收款,使企业在税务方面可以合理安排,对公司以后的发展具有极大的好处;接收电汇无额度限制,不同货币直接可自由兑换。

3. 缺点

开设离岸账户的起点储蓄金额一般较高,至少1万港元激活资金;若低于规定的资金量,每月需要缴纳一定的账户管理费;香港银行账户的钱还需要转到内地账户,较为麻烦;离岸账户常被犯罪分子用来洗钱,名声不佳;离岸公司的税务情况受到比较严格的监管;部分客户选择地下钱庄的方式,有资金风险和法律风险。

4. 适用范围

传统外贸及跨境电子商务都适用,适合已有一定交易规模的卖家。

二、跨境电子商务线上支付工具

(一) PayPal

PayPal 是美国 eBay 公司的全资子公司,总部在美国加利福尼亚州。PayPal 与许多电子商务网站合作,成为跨境电子商务平台的线上支付方式之一。PayPal 是账户模式,需要交易双方都注册有 PayPal 账号,买家必须在 PayPal 账户上绑定信用卡账号,用信用卡充值到 PayPal 账户中,才可以进行付款。PayPal 交易不经过银行网关,如果买家拒付,在线操作即可,对其信用没有任何影响。

PayPal 是目前全球使用最为广泛的网上交易工具。它能帮助我们进行便捷的外贸收款、提现与交易跟踪;从事安全的国际(地区间)采购与消费;快捷支付接收包括美元、加元、欧元、英镑、澳元和日元等25种国际主要流通货币。用 PayPal 支付方式转账时需要支付一定数额的手续费。

1. 支付流程

通过 PayPal 支付一笔金额给商家或者收款人时,可以分为以下几个步骤:

(1) 付款人首先要有一个电子邮件地址,登录邮件地址开设 PayPal 账户,通过验证成为其用户,并提供信用卡或者相关银行资料,增加账户金额,将一定数额的款项从其开户时登记的账户(例如信用卡)转移至 PayPal 账户下。

(2) 在进行付款时,付款人先进入 PayPal 账户,指定特定的汇出金额,并提供收款人的电子邮件账号给 PayPal。

(3) 接着 PayPal 向收款人发出电子邮件,通知其有等待领取或转账的款项。

(4) 如果收款人也是 PayPal 用户,在决定接受款项后,付款人所指定的款项即汇入收款人的 PayPal 账户。

(5) 如果收款人没有 PayPal 账户,收款人要根据 PayPal 电子邮件内容指示连线站进入网页,注册取得一个 PayPal 账户。收款人可以选择将取得的款项转换成支票寄到指定的处所,转入其个人的信用卡账户或者转入另一个银行账户。

2. PayPal 限制

关于 PayPal 账户使用遇到的问题,最常见的就是账户的限制,关于 PayPal 账户的限制主要类型及应对措施如下:

(1) 新账户 21 天限制。新账户的限制很频繁,这是 PayPal 对新账户的审核。不需要提交任何资料,PayPal 会在审核结束后自动解除限制,遇到这种情况,只需耐心等待即可。

(2) 临时审查限制。在多次收款之后的某一天突然被限,出现这种情况,PayPal 需要了解卖家的经营模式和产品信息,卖家需要做出积极的回应,提供相应的资料让 PayPal 了解卖家所经营的产品。常见的解除限制资料包括信用卡证明、地址证明、供应商信息、发票等。

(3) 风险审查类的限制。这类型的限制是由账户风险的审核引发的。账户的风险包括两方面:如果是来自买家的风险,买家账户风险过高,PayPal 会自动退款,交易无法进行;如果风险来自卖家,那就要从几个方面找原因,是否投诉率过高,是否短期内收款过多。

(4) 高限。高风险、高限的账户不能收款、不能付款,产品违规、投诉率都会导致高限的产生。另外,账户出现限制的情况如没有及时回应,限制会自动升级到高限,直至被封。所以若账户出现限制情况,要第一时间在账户中做出积极回应,按要求提交资料。

3. PayPal 冻结

PayPal 账户冻结,是指账户的某笔交易被临时冻结,账户使用者不能对这笔交易进行退款、提现等操作。一个账户从注册到收款再到提现,PayPal 公司从来没有从用户手里得到过任何的资料,所以每个账户从开通到提现的过程中肯定要被冻结一次,然后要求账户使用者递交身份证明、地址等资料来证明使用者是真实存在并且遵纪守法的公民。出现以下几种情况也会被冻结:

(1) 收款后立马提现,比如账户收了 1 000 美元,收款后马上提现 900 美元。存在这种情况,卖家收了款,货还没发就提现,难免引起怀疑,导致账户被冻结。

(2) 提现金额过高。例如收款 1 000 美元,发货后,卖家需要资金周转,把 1 000 美元全部提现,这种情况比较危险。PayPal 上一般提现金额在 80% 以内是比较安全的,留 20% 是为了防止买家退单,也是为了 PayPal 自身的保障。

(3) 被客户投诉过多、退单过多。一般投诉率超过 3%,退单率超过 1% 就会被 PayPal 公司终止合作了。

(4) 所售产品有知识产权问题。境外非常重视知识产权的保护,如果出现仿牌或者假货,PayPal 将禁止其交易,一旦国际品牌商向 PayPal 投诉,后果非常严重,卖家将难以再使用 PayPal 进行支付。

4. 费用

收款方费用——每笔收取 0.3 美元银行系统占用费;交易时候收 2.9%~3.9% 手续费;跨境交易每笔收取 0.5% 的跨境费;每笔提现收取 35 美元。

5. 优点

无开户费用；PayPal 符合大多数国家或地区人群的交易方式，在国际上知名度较高，拥有不可忽视的用户群。

6. 缺点

① 不支持仿牌收款。② 偏向保护买家利益，相对于卖家来讲比较没有保障。③ 交易费用主要由卖家提供。④ 提款等后续限制和费用较多，而且账户容易被冻结。如果有一笔交易存在争议，而买家和卖家不能达成一致意见，支付公司则会冻结卖家的整个账户，用来保护买家的利益不受损失。

7. 适用范围

适合跨境电子商务零售行业，几十美元到几百美元的小额交易。

（二）国际信用卡支付

国际信用卡收款通常指的是国际信用卡在线支付，国际信用卡收款目前是支付网关对支付网关模式（类似于网银支付）。信用卡消费是当今国际流行的一种消费方式，尤其在欧美，信用体系非常完善，人们习惯用信用卡刷卡进行提前消费，基本是人手一张卡。购物时用信用卡在线付钱，早已成为主流。

1. 支付流程

信用卡支付的风险来自"先用钱，后还款"，其支付流程如下：① 买家从自己的信用卡上发出支付指令给发卡银行；② 银行先行将钱支付给卖家银行；③ 银行通知持卡人免息期满的还款日期和金额。虽然卖家已经完成交易，但只有当买家做出如下行动时货款才有100%的保证。买家在还款日到期之前还款，交易顺利完成，卖家收货款成功；买家先还部分，一般大于银行规定的最小还款额，其余作为向银行贷款，并确认同意支付利息，以后再逐步偿还本息。最终，买家得到融资便利，银行得到利息收入，卖家及时得到货款。

2. 优点

（1）客户群巨大。国际维萨、万事达卡用户量超过20亿人次，特别是欧美地区，使用率很高，符合境外买家的提前消费习惯，支付更方便。

（2）扩大潜在客户。信用卡支付是只要买家持有信用卡就能完成付款。信用卡持有人相较在支付公司注册的人数要多得多，在欧美几乎人手一张信用卡，是所有人都接受也乐意使用的一种消费模式。

（3）减少拒付。由于属于银行对银行模式，买家拒付需要到发卡行操作。同时，发卡行也会对该笔拒付进行核查，看看是否属于恶意拒付（如果是恶意拒付的话，银行就会在持卡人的信用记录上有所记录，给买家以后的生活、学习和工作会带来很大的不便，所以持卡人一般不会随意拒付）。账号对账号模式的拒付对持卡人的信用记录没有任何影响，所以信用卡支付的拒付率相对于账号对账号模式的拒付率要小。

(4) 不会冻结账号。采用信用卡支付,如果有笔交易存在交易争议,则会冻结该笔交易的金额,不影响整个账户。信用卡通道注重买家和卖家双方的利益,会根据货品的发货情况以及买家的态度来进行处理,不会关闭通道造成商户资金冻结,因此,对拒付的处理无疑更加公平。

(5) 买家付款过程简单方便。在买家页面选定相应的物品后直接进入信用卡验证页面,从而减少付款步骤,方便买家付款。付款快捷,仅需 3~5 秒钟。

3. 缺点

(1) 需要开户费和年服务费,门槛有点高。

(2) 仍可能拒付。国际信用卡本身有 180 天的拒付期(个别信用卡甚至 180 天后还可以拒付)。所谓拒付,是指信用卡持卡人本人主动要求把钱要回去的行为。拒付的原因有:客人没有收到货、货不对版、货物质量问题、黑卡、盗卡、商务卡交易,遇到诈骗分子。

4. 适用范围

一般用于外贸交易中 1 000 美元以下的小额收款,比较适合网店零售,主要商品有鞋服、饰品、生活用品、电子产品、保健品、虚拟游戏等。

(三) 阿里巴巴 Secure Payment

Secure Payment(原 Escrow 服务)是阿里巴巴国际站针对国际贸易提供交易资金安全保障的服务。它联合第三方支付平台 Alipay 提供在线交易资金支付的安全保障,同时保护买卖双方从事在线交易,并解决交易中资金纠纷问题。为了买卖双方更清晰地了解及认知线上交易中资金安全保障的流程、支付方式及纠纷退款问题处理方法等,对原 Escrow 服务系统进行了升级优化,Escrow 服务将名称更换为 Secure Payment。

1. Secure Payment 流程

Secure Payment 相当于国际支付宝服务,为在线交易提供资金安全保障,在交易双方的快递订单/在线批发订单中,提供资金安全的担保服务。流程如下:

(1) 买家通过阿里巴巴国际站下单;

(2) 买家通过阿里巴巴 Secure Payment 账户付款;

(3) 买家付款后,平台会通知卖家发货,卖家在看到买家的付款信息后通过 EMS、DHL、UPS、FedEx、TNT、SF(顺丰速运)、邮政航空包裹等七种运输方式发货;

(4) 买家在阿里巴巴国际站确认收货;

(5) 买家收到货物或者买家收货超时,平台会放款给卖家。

2. 费用

仅开通阿里巴巴国际站平台的 Secure Payment 服务不需要支付额外费用,但使用该服务过程中会产生交易手续费和提现手续费。

（1）交易手续费 5％，须包含在产品价格中，可根据交易手续费平衡交易产品价格。

（2）提现费用。美元提现每次需支付 15 美元手续费，银行收取；人民币提现无手续费。

3. 优点

（1）快速交易。支持起草快递订单或批发在线交易，买家线上下单，通过阿里巴巴后台可实时查看订单进展。

（2）多种支付。支持信用卡、西联、银行汇款多种支付方式，方便买家支付。

（3）安全收款。买家支付货款成功后会通知卖家发货，买家确认收货或者物流妥投且超时后，会放款至卖家国际支付宝账户，卖家不用担心收不到钱的情况。

4. 缺点

Secure Payment 是针对国际贸易提供交易资金安全保障的服务，暂不能像支付宝一样直接付款或收款。

5. 适用范围

为降低国际支付宝用户在交易过程中产生的交易风险，目前支持单笔订单金额在 10 000 美元（产品总价加上运费的总额）以下的交易。

（四）Cashrun Cashpay

Cashrun Cashpay 中文是铠世宝，旨在通过其诈骗防范和全球支付方案服务，保护电子商务免受不确定风险，利用先进的支付平台，给商户们增添全球互联网市场支付渠道，扩充业务增长。铠世宝的产品分别为现金盾和现金付。现金盾主要是一个全面的风险控制/反欺诈的系统，通过对大量订单进行快速、有效的审核，有效识别欺诈性订单并做出合适的反应，并根据欺诈方式的改变，不断改善风险评估标准，以应对互联网世界的纷繁复杂。现金付使得商家能够接受全球通用的 PayPal、Yellow Pay、Money bookers 等支付渠道的交易，能在三天之内把款项偿还给商家，促进商户资金流动，从而扩展全球业务，增加销售额度。相对于境内现有的支付宝、财付通、网上银行或信用卡支付，现金付无疑是更高效、更安全的支付渠道。

Cashrun Cashpay 成立于 2007 年，铠世宝的目标是帮助网上商户设立支付管道和防止诈骗行为。铠世宝最初在瑞士的圣加仑营业，为了进入亚洲市场，铠世宝 2008 年在新加坡建立了分公司，计划开发与扩大亚洲其他业务。德国的分公司在 2009 年设立，主要扩充和提高在欧洲的业务与服务水平。2010 年铠世宝在中国上海成立分公司，为广大网上商户提供防欺诈、抗风险的"安保"服务。通过一系列发展和创新的磨炼过程，铠世宝不断地改进解决方案，以应对不断改变的诈骗行为。铠世宝通过在全球的合作伙伴，来开发为网上商户提供风险控制的业务，在境外有一定的知名度。

1. 费用

由收款方支付，现金付的费率一般在 2％～3％，是所有支付工具中最低的。

2. 优点

（1）安全性高，有专门的风险控制防欺诈系统。

（2）可选择提现币种，商户从此不再受指定的外汇限制。现金付让商户可以选择用首选的支付货币来接收款项，降低外汇风险。

（3）快速偿还商户的款项。普通的支付服务可能需要一个星期的时间来偿还款项给商户，现金付能在三天之内把款项偿还给商家，促进商户资金流动。

（4）无隐藏费用，所有收费都会预先讲解给商户而且会清楚地记载在协议里，不会有其他的隐藏费用。

（5）本土化的支付，商户能拓展支付渠道，增加全球范围的业务。

3. 缺点

刚进入境内市场，知名度不高。

（五）Moneybookers(Skrill)

Moneybookers（现名为 Skrill）是一家极具竞争力的网络电子银行，它诞生于 2002 年 4 月，是英国伦敦 Gatcombe Park 风险投资公司的子公司之一。Moneybookers(Skrill)以邮件地址作为账户，所以申请的时候要选安全的邮箱地址。Moneybookers(Skrill)注册完以后就可以收发钱，这一点对于没有信用卡的用户来说非常方便。当然账户需要激活，但这个激活只是用来提升账户流量的，以及从 Moneybookers(Skrill)取钱到国家（地区）内银行。Moneybookers(Skrill)账户里有钱的话，可以取现到国家（地区）内银行，每次转账到国家（地区）内会收 1.8 欧元的费用。

1. 费用

即时到账，付款方支付 1% 手续费（最高 0.5 欧元），收款方免手续费，提现收取 1.8 欧元费用。

2. 优点

（1）安全，以电子邮箱为支付标识，不需要暴露信用卡等个人信息；

（2）快捷，只需要电子邮箱地址就可以转账，可以通过网络实时进行收付费。

3. 缺点

（1）不允许多账户，一个客户只能注册一个账户；

（2）目前不支持未成年人注册，须年满 18 周岁才可以。

（六）Payoneer

Payoneer 成立于 2005 年，总部设在美国纽约，是万事达卡组织授权的具有发卡资格的机构。其主要业务是帮助其合作伙伴将资金下发到全球，同时也为全球客户提供美国银行/

欧洲银行收款账户,用于接收欧美电商平台和企业的贸易款项,为支付人群提供简单、安全、快捷的转款服务。

Payoneer 的合作伙伴涉及领域众多,服务已遍布全球。不管需要支付的对象是偏远区域的雇员、自由职业者、联盟成员还是其他人群,都可以通过收款人申请获得 Payoneer 预付万事达卡并为其提供安全、便利和灵活的收款方式。Payoneer 预付万事达卡可在全球任何接受万事达卡的刷卡机(POS 机)刷卡、在线购物或者在自动取款机取出当地货币。

1. 收费标准

(1) 转账到全球各个国家和地区的当地银行账户,收取 2‰ 的手续费;

(2) 使用 Payoneer 万事达卡内的资金,自动柜员机取款每笔取现手续费为 3.15 美元,在用自动柜员机直接取人民币时,还有不高于 3‰ 的汇率损失,每天最多 2 500 美元;POS 机消费不收取费用;

(3) 超市、商场消费每天最多 2 500 美元,Payoneer 不收手续费;

(4) 合作联盟不同,费用会有所不同;

(5) Payoneer 万事达预付卡的年费为 29.95 美元,每年收一次;

(6) 美国银行账户转账收取金额的 1‰ 为手续费,每笔进账都收。

2. 优点

(1) 便捷。凭中国居民身份证即可完成 Payoneer 账户在线注册,并可自动绑定美国银行账户和欧洲银行账户。

(2) 合规。像欧美企业一样接收欧美公司的付款,并通过 Payoneer 和中国支付公司的合作完成线上的外汇申报和结汇,可避开每年 5 万美元的个人结汇额度限制。

(3) 安全。对于欧美客户的入账,在提供一定文件的基础上为卖家审核并提供全额担保服务。

3. 缺点

(1) Payoneer 账户之间不能互转资金,无法通过银行卡或信用卡充值;

(2) 手续费较高。

4. 适用人群

单笔资金额度小,客户群分布广的跨境电子商务网站或卖家。

(七) Click and Buy

Click and Buy 是独立的第三方支付公司,允许通过互联网进行付款和资金转移。1999 年,公司在德国科隆成立,之后在英国建立业务点。2010 年 3 月 25 日,德国电信收购 Click and Buy 的国际有限公司,现有客户超过 13 万名,目前可在众多网店使用。

Click and Buy 是德国电信针对 PayPal 研发的版本。Click and Buy 和 PayPal 这两款在线支付系统的原理一样,网友只需要注册账户,通过自己的支付账户在网店购物,不需要在网店提交自己的账户信息。Click and Buy 客户可以通过 Click and Buy 向交易账户注入资金，可以自由选择任何一种适合自己的汇款方式。Click and Buy 的汇款确认后，在 3~4 个工作日内会到达客户的账户中。每次交易金额最低 100 美元，每天最高交易金额 1 万美元。

1. 优点

(1) 绝大多数情况下免费服务；
(2) 很多网店接受使用，在国际范围内可以使用；
(3) 购物者的权益能受到保护；
(4) 账户资金过夜就有利息，有正有负；
(5) 账户资金随着汇率波动有价差，同样有正收益和负收益。

2. 缺点

(1) 注册麻烦，需要特别认证；
(2) 必须有维萨卡或万事达卡，并开通国际支付功能；
(3) 提现周期长；
(4) 有可能受到病毒邮件的攻击；
(5) 每次购物都会留下信息痕迹。

(八) WebMoney

WebMoney(简称 WM)是由 WebMoney Transfer Techology 公司开发的一种在线电子商务支付系统，是俄罗斯最主流的电子支付方式。俄罗斯各大银行均可自主充值、取款，其支付系统在包括中国在内的全球 70 个国家和地区可以使用。

WebMoney 使用前需要先开通一个 WMID，此 ID 可以即时与别人聊天，像 ICQ(即时通信软件)、MSN 一样。ID 里面可设有多种货币的钱包，如以美元来计的 Z 钱包里的货币就是 WMZ。它有多种使用方式，应用得比较多的是 Mini 版本，只需要注册和设置账户就可以转账，但 Mini 版本的转账有月限额；然后就是 Keeper Classic 版本，需要下载软件安装，最新版本的 Keeper Classic 注册需要用 Mini 账号转换，进行二次注册。

国际上越来越多的公司和网络商店开始接受 WebMoney 支付方式，它已经成为人们进行电子商务交易强有力的工具。只需 3 分钟就可以免费申请一个 WebMoney 账号，账号之间互相转账只需 10 秒钟，可以把账号里的收入转到全球任何一个人的账户里。目前，许多国际性网站使用 WebMoney 向用户收款和付款，例如，一些外汇交易网站和投资类站点都接受 WebMoney 存取款。

目前，WebMoney 支持中国银联卡取款，但手续费很流程很复杂，所以充值和提现一般通过第三方网站来进行，可找有信誉的兑换站卖出自己的 WMZ、WME，买入需要的电子货币。

1. 费用

(1) WMID 下不同钱包之间转账收取 0.8% 的手续费，由付款方支付；
(2) WMZ(美元)，收取 0.8% 转账手续费，最低 0.01WMZ，最多 50WMZ；

(3) WME(欧元),收取 0.8%转账手续费,最低 0.01WME,最多 50WME;

(4) WMR(俄罗斯卢布),收取 0.8%转账手续费,最低 0.01WMR,最多 1 500WMR;

(5) WMG(黄金),收取 0.8%转账手续费,最低 0.01 克,最多 2 克;

(6) 还有其他一些账户,如 WMU、WMB、WMY、WMV 等。

2. 优点

(1) 安全,转账需要手机短信验证,异地登录 IP(网络之间互连的协议)保护等多重保护功能;

(2) 迅速,即时到账;

(3) 稳定,俄罗斯最主流的电子支付方式,俄罗斯各大银行均可自主充值取款;

(4) 国际性,人人都能在网上匿名免费开户,可以零资金运行;

(5) 方便,只需要知道对方的钱包号即可转账汇款,不需要去银行办理烦琐的手续;

(6) 匿名申请,保护双方隐私;

(7) 通用,全球许多外汇、投资类站点、购物网站都接受 WebMoney 收付款。

3. 缺点

虽然 WebMoney 支持中国银联卡取款,但手续费很高,流程很复杂。

(九) Paysafecard(欧洲)

Paysafecard 是欧洲比较流行的预付卡支付方式,不仅在欧洲可以购买,在澳大利亚以及北美、南美等地区都可以使用。Paysafecard 在全球有 45 万个销售网店,用户可以在超过 4 000 家在线商店使用 Paysafecard 支付。Paysafecard 购买手续非常简单,大多数国家的报刊亭、加油站、商场和店铺都可以买到,其支付过程也相当快捷安全。Paysafecard 主要用于购买虚拟类产品,比如游戏充值等。境内很多销售到欧美的游戏币交易网站也已经支持 Paysafecard 支付,比如 offer gamers、igxe、igvalut。

用户在网上购物支付时,选择 Paysafecard 支付方式,然后只需输入一个 16 位的 PIN Code(个人识别码密码)便可完成交易,不需要银行账号,也不需要提供个人信息。支付的款项将从 Paysafecard 的账户里面扣除,终端客户可以随时查询账户的余额。Paysafecard 还可提供面值 10、25、50、100 欧元的代金券,大额交易用户可以使用多张卡组合,最高不超过 1 000 欧元。

1. 优点

(1) 支付过程简单、快捷、安全,消费者不需填写任何银行账号和个人信息,有效提升了支付体验,保障交易安全;

(2) 实时交易,和 PayPal 或者信用卡是一样的;

(3) 不能拒付;

(4) 无保证金或者循环保证金,大大缓解了商家的资金周转压力。而 PayPal 或者信用卡一般都会有一定的交易保证金,以及 10%的循环保证金;

(5) 无交易额度限制,可支持英镑、欧元、美元、瑞士法郎等币种。

2. 缺点

(1) 交易费用高,对于商家而言,交易费用一般在15%左右。费用高是预付卡支付的一个惯例,境内的游戏卡支付一般也是这个费用;

(2) 需要有企业营业执照才能开通Paysafecard支付。

3. 适用范围

应用范围非常广泛,如游戏、软件、音乐、电影、通信。

(十) Cash U(中东)

Cash U是中东和北非地区非常流行的一种预付支付方式,在埃及、沙特阿拉伯、科威特、利比亚以及阿联酋都比较受欢迎。用户线下购买充值卡,线上使用充值卡付款。由于该地区很多人没有信用卡或者银行账户,以埃及为例,只有2%的人有信用卡,而且本地的信用卡在国外都无法使用,当地人更愿意使用现金完成支付。据统计,该地区70%~80%的在线购物是通过货到付款形式支付的。

Cash U隶属于阿拉伯门户网站Maktoob,主要用于支付在线游戏、电信和IT服务,以及实现外汇交易。Cash U允许使用任何货币进行支付,但该账户将始终以美元显示资金。Cash U现已为中东和独联体广大网民所使用。在中东和北非地区,相对于其他付款方式,Cash U最大的好处就在于它不能恶意退款。

Cash U是一个安全的支付方法和定制服务,现有的服务在所有的阿拉伯语和周边国家都可促进网上购物安全,提供方便和易于使用的支付解决方案。Cash U多年来已经建立了一个可信的、平易近人的大型网络顶级供应商,确保了它在中东、北非的各个国家和城市的可用性和用户的传播点。

1. 费用

(1) 年费1美元;

(2) 不同的国家或地区的汇兑手续费为交易金额的5%~7%。

2. 优点

(1) 实时交易,这和PayPal或者信用卡是一样的;

(2) 不能拒付;

(3) 无保证金或者循环保证金,减轻商家因资金周转而产生的压力。

3. 缺点

交易费用较高。Cash U商家支付的费用大概在交易金额的6%~7%。

4. 适用范围

有中东客户的电商以及游戏公司。

(十一) Qiwi wallet(俄罗斯)

Qiwi wallet 即 Qiwi 钱包,是俄罗斯的一种在线支付方式,用户可以使用 Qiwi 钱包交水电费等各种费用。但其并不仅限于俄罗斯,在乌克兰、哈萨克斯坦、乌兹别克斯坦等国都比较流行。Qiwi 在纳斯达克上市后更进一步国际化,现在很多国家都可以注册使用 Qiwi,但还不支持中国手机号注册。Qiwi 钱包和用户手机号绑定,使用手机号注册开通后即可收发款。个人用户使 Qiwi 钱包是免费的,只有商家使用 Qiwi 钱包收款才会收费。

用户使用 Qiwi 钱包创建支付后,可选择线上使用信用卡、银行卡或者余额付款,另外也可以选择使用线下的 kiosks(付款终端)付款。这点非常重要,因为俄罗斯人更习惯使用现金支付。Qiwi 钱包在线下设置了 17 万个付款终端。不光 Qiwi 钱包,俄罗斯的其他支付服务公司也都习惯于在线下设置了很多支付终端,方便人们使用现金支付。

1. 特点

(1) 实时交易,和 PayPal 或者信用卡一样;

(2) 无保证金或者循环保证金,缓解商家的资金周转压力。

2. 适用范围

适用于俄罗斯、哈萨克斯坦及乌兹别克斯坦等国家。

(十二) Yandex.Money(俄罗斯)

Yandex.Money 是俄罗斯 Yandex 旗下的电子支付工具。买家注册后,即可通过俄罗斯所有地区的支付终端、电子货币、预付卡和银行转账(银行卡)等方式向钱包内充值。Yandex.Money 可以让用户轻松、安全地完成互联网商品支付、给他人转账或收款。为加强交易保护,Yandex.Money 允许使用一次性密码、保护码、PIN 码等多种安全措施,并将相关的操作信息通过电子邮件或手机短信发送。

1. 特点

(1) 充值方便,实时到账;

(2) 可通过支付终端、电子货币、预付卡和银行转账(银行卡)等方式向钱包内充值,实时到账;

(3) 无拒付风险,不能拒付;

(4) 支持多币种交易,目前支持欧元、美元、卢布三种货币进行支付,且每笔交易不能超过 10 000 美元。

2. 适用范围

独联体国家均可使用,包括俄罗斯、亚美尼亚、阿塞拜疆、白俄罗斯、哈萨克斯坦、吉尔吉斯斯坦、摩尔多瓦、乌兹别克斯坦、塔吉克斯坦等。

（十三）iDEAL（荷兰）

iDEAL 成立于 2005 年,是一种在线实时银行转账的支付方式,几乎支持所有荷兰本地银行,目前在荷兰占据 50% 以上的市场份额。当地有 80% 的在线电商都支持 iDEAL,在荷兰当地最流行的支付方式就是 iDEAL。

iDEAL 支付份额已经占据绝对优势,而且还呈现递增趋势,目前敦煌网已经支持 iDEAL 支付方式。

1. 特点

(1) 实时交易,和 PayPal 或者信用卡一样;
(2) 不能拒付(当然商家可以选择是否开通买家保护,如果没有开通则不会拒付);
(3) 交易费用低;
(4) 无保证金或者循环保证金,缓解商家的资金周转压力。

2. 适用范围

有荷兰客户的电商网站。

（十四）Boleto（巴西）

巴西是"金砖国家"之一,也是拉美发展得比较好的国家,除了信用卡,当地人习惯使 Boleto 支付。Boleto 是受巴西中央银行监管的一种官方支付方式,每年大约有 20 亿笔交易,其中 30% 的交易来自在线交易。由于巴西人倾向于使用现金交易,且其申请可用于跨境交易的信用卡很困难,另外 Boleto 通常是公司以及政府部门唯一支持的支付方式,可以说 Boleto 是跨境电子商务打通巴西支付的不二之选。如速卖通、兰亭集势都支持 Boleto 支付。

Boleto 可以说是一种现金支付,卖家需要在线打印一份发票,发票中有收款人、付款人信息以及付款金额等。付款人可以打印发票后去银行或者邮局网点,以及一些药店、超级市场等完成付款,另外也可以通过网上银行完成付款。

1. 特点

(1) 非实时交易,买家一般可在 3~5 天内完成支付,具体取决于发票上的到期日期;
(2) 不能拒付;
(3) 交易有限额,每个巴西人每月累计支付不超过 3 000 美元(如果要突破此限额需要申请);
(4) 交易费用低,一般低于 4%;
(5) 无保证金或者循环保证金,缓解商家的资金周转压力。

2. 适用范围

有巴西客户的电商网站。

(十五) Sofortbanking(欧洲)

Sofortbanking 是欧洲一种在线银行转账支付方式,支持德国、奥地利、比利时、荷兰、瑞士、波兰、英国以及意大利等国家的银行转账支付。目前已经有超过 3 万家商家集成了 Sofortbanking 支付,覆盖电商、航空以及各种在线服务类行业,如 DELL、Skype、Facebook、KLM Royal Dutch Airlines、Emirates 等都支持 Sofortbanking 支付。Sofortbanking 在德国、奥地利、比利时等国家很流行,另外中国航空从 2012 年开始也支持 Sofortbanking 支付。

商家可以通过和 Sofortbanking 直接联系开通账户,但前提是需要有一个欧洲银行账户才能结算,也可以通过 Payssion 一站式接入全球多个国家(地区)的本地支付方式,包括 Sofortbanking,商家无须拥有欧洲银行账户。

它的特点如下:
(1) 实时交易,这和 PayPal 或者信用卡是一样的;
(2) 不能拒付(当然商家可以选择是否开通买家保护,如果没有开通则不会拒付);
(3) 交易费用低,Sofortbanking 的费用不超过 3%;
(4) 无保证金或者循环保证金,缓解商家的资金周转压力。

(十六) MOLPay(东南亚)

2005 年年底,MOLPay 在马来西亚成立,是马来西亚第一家第三方支付服务公司,起初命名为 NBePay,被 MOL Access Portal Sdn. Bhd. 收购后改名为 MOLPay。MOLPay 支付几乎涵盖了东南亚的大部分地区。

1. 支付流程

整个支付流程和使用支付宝付款的流程很相似。
(1) 用户创建订单后选择 MOLPay 作为支付方式;
(2) 页面跳转到 MOLPay 支付页面,用户选择具体的支付方式,如信用卡或者银行转账;
(3) 完成支付。

2. 特点

(1) 实时交易,和 PayPal 或者信用卡一样;
(2) 非信用卡交易不能拒付;
(3) 交易费用低;
(4) 无保证金或者循环保证金,缓解商家的资金周转压力。

(十七) World First

俗称 WF 账户,是一家注册于英国的顶级国际汇款公司,在英国、美国、澳大利亚、新加坡、中国香港有办事处,提供 24 小时中文电话服务。以个人或公司身份均可申请,提现时 WF 会自行打款到卖家绑定的法人、私人账户或者对公银行卡里。

World First 总部设立于金融业高度发达的澳大利亚的新南威尔士州,于 2008 年正式加入英国金融服务局(FSA),成为其会员。它为全球客户提供最便捷的期货、贵金属和外汇等品种的交易服务,是目前世界上首屈一指的衍生品交易平台。World Fim(中国香港)有限公司于 2005 年 1 月成立,旨在统一管理和协调 World First 在亚洲区域的业务活动,属 World First 澳大利亚总公司直属机构。它在中国从事金融投资推广,支持中文服务,并对 World First 在中国及亚洲其他区域进行宏观管理及广泛的业务支持,推动 World First 在中国市场的不断发展。

1. 费用

(1) 无年费,没有提款额度限制。美元账户:一次性转款 1 000 美元以下每笔 30 美元,1 000 美元以上免手续费。英镑账户:一次性转款 500 英镑以下每笔 10 英镑,500 英镑以上免手续费。欧元账户:一次性转款 500 欧元以下每笔 10 欧元,500 欧元以上免手续费。加元账户:一次性转款 1 000 加元以下每笔 30 加元,1 000 加元以上免手续费。

(2) 汇损:每次转款汇损在 1%~2.5%,转款金额越大越优惠。

2. 特点

(1) 提供 24 小时中文电话服务;
(2) 费用较低,最高费用为 2.5%,提现越多越便宜,无注册手续费、无年费、无入账费用;
(3) 具有竞争力的汇率,实时返佣,固定点差;
(4) 支持美元、欧元、英镑、加元四个币种;
(5) 更快的付款速度,欧元、英镑和美元在当日内付款,加元在一天后付款。

(十八) NETeller

NETeller 是在线支付解决方案的"领头羊",免费开通。全世界数以百万计的会员选择 NETeller 的线上转账服务,可以将其视为一种电子钱包或者支付工具。

NETeller 是随着互联网交易而发展起来的公司,为广大网友提供在线支付服务。它的原理是通过银行转账或者电汇把钱转入 NETeller 账户,以后在网上交易时,只要在接受 NETeller 付款的网站用 NETeller 支付就行了,不用再输入银行、信用卡账号等敏感信息,大大增加了资金的安全性。

第 3 节 跨境电子商务移动支付

一、跨境电子商务移动支付的概念

移动支付也被称为手机支付,是指交易双方为了某种货物或者服务,以移动终端设备为载体,通过移动通信网络实现的商业交易,就是允许用户使用其移动终端(通常是手机)对所消费的商品或服务进行账务支付的一种服务方式。单位或个人通过移动设备、互联网或者近距离传感直接或间接向银行等金融机构发送支付指令,产生货币支付与资金转移行为,从而实现移动支付功能。移动支付所使用的移动终端可以是手机、平板电脑、移动 PC 等。移动支付将终端设备、互联网、应用提供商以及金融机构相融合,为用户提供货币支付、缴费等金融业务。所谓的跨境移动支付,是指用于跨境交易活动的移动支付方式,可以视为移动支付的一个分类。

移动支付业务是由移动运营商、MASP(移动应用服务提供商)和金融机构共同推出的,构建在移动运营支撑系统上的一个移动数据增值业务。移动支付系统为每个移动用户建立一个与其手机号码关联的支付账户,其功能相当于电子钱包,为移动用户提供了一个通过手机进行交易支付和身份认证的途径。用户通过拨打电话、发送短信或者使用 WAP(无线应用通信协议)接入移动支付系统,移动支付系统将此次交易的要求传送给 MASP,由 MASP 确定此次交易的金额,并通过移动支付系统通知用户。在用户确认后,付费方式可通过多种途径实现,如直接转入银行或者实时在专用预付账户上借记,这些都将由移动支付系统(或与用户和 MASP 开户银行的主机系统协作)来完成。

二、跨境电子商务移动支付的特点

跨境移动支付属于电子支付方式的一种,因而具有电子支付的特征,但因其与移动通信技术、无线射频技术、互联网技术相互融合,又具有自己的特征。

(一)移动性

移动设备一般在用户身边,其使用时间远高于 PC,可随身携带,消除了距离和地域的限制。用户只要申请了移动支付功能,便可随时随地完成整个支付与结算过程。移动支付的交易时间成本低,减少了往返银行的交通时间和支付处理时间,可随时随地获取所需要的服务、应用、信息和娱乐。

(二)安全性

移动支付作为电子商务最为重要的支付环节,直接涉及用户和运营商的资金安全,所以,支付安全是移动支付的核心问题之一。移动设备用户对隐私性的要求远高于 PC 端用户。不同于互联网公开、透明、开放的特点,移动设备用户显然不需要让他人知道或共享自己设备上的数据,移动设备的隐私性保障了支付的安全。移动支付采用的高安全级别的智能卡芯片,和目前的银行磁条卡相比,具有更高的安全性。

(三)方便性

用户不受时间地点的限制,可方便地通过手机使用移动互联网,随时随地查询账户余额、交易记录、实时转账、修改密码,等等,及时获取信息,管理自己的移动支付账户。用户还可以通过手机客户端对离线钱包进行空中充值,减少了去营业厅或者充值点充值的麻烦。这些充分体现了移动支付方便、时尚的特点。

(四)定制化

基于先进的移动通信技术和简易的手机操作界面,用户可定制自己的消费方式和个性化服务,选择支付宝、微信、银联、易付宝、外币、NFC(近距离无线通信技术)一体刷卡等方式,账户交易更加简单方便,可以融合多种金融资源。

(五)集成性

以手机为载体,通过与终端读写器近距离识别进行的信息交互,运营商可以将移动通信卡、公交卡、地铁卡、银行卡等各类信息整合到以手机为平台的载体中进行集成管理,并搭建与之配套的网络体系,从而为用户提供十分方便的支付以及身份认证渠道。

三、跨境电子商务移动支付的分类

(一)iPayment MobilePay

此支付系统是由 Flagship Merchant Services 和 ROAMpay 开发的。该系统可以接纳各种支付卡,同时可以记载现金交易记录。这款 App 可以通过顾客地址框,帮助用户建立顾客资料数据库,用户可以按月使用这一服务。App 和读卡机是免费的,服务价格为每月 7.95 美元。

(二)Square

Square 是一种简易的信用卡支付系统。Square 提供免费的 App,并为苹果手机和苹果平板电脑用户提供免费的信用卡读卡机。此外,Square 提供一系列工具,帮助用户跟踪销售额、税金等数据,同时也可以显示顾客购买数据,从而知悉哪些顾客买得最多。Square 不提供按月支付的服务,费用算是比较高的,每刷一次的费用为交易额的 2.75%,每次手动输入的交易费用为交易额的 3.5% 再加 0.15 美元。但是如果使用移动支付的频率不那么高,Square 算是一个不错的选择。

(三)PayPal Here

PayPal Here 接受多种多样的支付方式,包括信用卡、PayPal、支票和发票等。通过 PayPal Here 可以清晰地罗列出销售额,也可以计算税金、提供折扣、管理支付邮件通知单等。PayPal Here 可以兼容 iOS 和安卓系统。App 和读卡机是免费的,每刷卡一次交易费用为交易金额的 2.75%,每次手动输入,交易费用为交易额的 3.5% 再加 0.15 美元。

(四)Google Wallet

Google Wallet 即谷歌钱包,是一种虚拟钱包,可以帮助商家创造更具吸引力的购物体验。无论商家运营的是网店还是实体店,都可以使用谷歌钱包。谷歌钱包通过销售终端的

NFC 读卡机,帮助实体店商家让顾客使用手机进行支付。谷歌钱包还可以帮商家展示优惠商品。如果使用谷歌钱包的 Instant Buy 功能,顾客可以在商家的移动网站上快速地完成结算,费用免费。

(五) Intuit GoPayment

Intuit GoPayment 是 Imuk 公司开发的 App,接受信用卡、支票等支付工具。这款 App 可与 QuickBook 和 Intuit 公司的其他销售终端产品同步使用,兼容安卓系统和 iOS 系统,读卡机免费,服务费用为每月 12.95 美元,刷一次收取交易金额 1.75% 的手续费。

(六) LevelUp

LevelUp 是一种使用 QR 代码的移动支付系统。使用时,将扫描仪 LevelUp 与 POS 机相连,或者使用独立的扫描仪也可以操作。此外,通过 LevelUp Merchant App,可以使用智能手机的摄像头读取 QR 代码,输入交易金额并完成支付。LevelUp 还提供了一系列的工具帮助用户利用顾客数据资源。费用为交易金额的 2%,扫描仪 50 美元,平板电脑 200 美元。

(七) Boku

Boku 使用方便。在 Boku 的帮助下,顾客以手机号码为媒介,直接从手机账单中扣除他们购买商品的金额,而无须提供信用卡号码、银行账号等信息,也无须注册。

(八) PayAnywhere

通过读卡机,PayAnywhere 可以在智能手机和平板电脑上使用。根据所处的具体位置,可以自动计算税费,提示折扣商品信息、商品图片、库存信息以及其他数据。PayAnywhere 系统有英语和西班牙语两个版本。它的 App 和信用卡读卡机是免费的,与安卓系统和 iOS 系统兼容。费用为每次交易金额的 3.49%。

(九) mPowa

通过 mPowa,顾客可以使用信用卡、借记卡和支票进行支付。mPowa 即将推出 PowaPIN 芯片和 PIN 读卡机,从而与 Europay、万事达卡和维萨等支付卡标准接轨。mPowa 支付系统为商家向全球扩张的业务提供了良好的解决方案。费用为每次交易金额的 2.95%。

(十) MCX

MCX 是由一大群零售公司创建并发展的一个移动 App。MCX 致力于提供一种可定制的个性化平台服务。MCX 的团队成员包括一系列的零售商,比如便利店、药店、食杂店、快餐厅、特色商品零售店的商家。

第4节　跨境电子商务国际结算

在跨境贸易中，国际支付与国际结算是密不可分的。国际支付是过程，而国际结算是结果。国际结算可以促进国际贸易交易，服务国际经济文化交流，促进国际金融一体化，促进繁荣整个世界经济；同时还可为本国创收和积累外汇，引进外资，合理使用外汇，输出资金向外投资，起到巩固本国货币汇率，提供本国对外支付能力的作用。

一、国际结算的含义

国际结算（International Settlements）是指国与国之间由于政治、经济、文化、外交、军事等方面的交往或联系而发生的以货币表示债权债务的清偿行为或资金转移行为。

根据发生债权债务关系的原因，国际结算可分为有形贸易和无形贸易两类：

(1) 有形贸易引起的国际结算为国际贸易结算，主要包括票据资金单据、汇款方式、托收、信用证、保函、保付代理、福费廷等业务。

(2) 无形贸易引起的国际结算为非贸易结算，主要包括非贸易汇款、非贸易信用证、旅行支票、非贸易票据的买入与托收、信用卡和外币兑换等。

从演进过程来看，国际结算经历了从现金结算发展到非现金结算，从凭实物结算发展到凭单据结算，从买卖双方直接结算发展到通过银行进行结算，从人结算发展到电子结算。现代国际结算是以票据为基础，单据为条件，银行为中枢，结算与融资相结合的非现金结算体系。

国际与国内结算的区别在于：

(1) 货币的活动范围不同。国内结算在一国范围内，国际结算是跨国进行的。

(2) 使用的货币不同。国内结算使用同一种货币，国际结算则使用不同的货币。

(3) 遵循的法律不同。国内结算遵循同一法律，国际结算遵循国际惯例或根据当事双方事先协定的仲裁法。

二、国际结算的特点

(1) 国际性。按照国际惯例进行国际结算，国际结算有相应的规则惯例、合同、票据法约束相关人行为，但不具强制性。

(2) 信用性。以国际银行为中心，银行提供信用与保证，但不一定提供资金。

(3) 权益性。国与国之间的债权债务形成特定的经济关系和责任，总体上涉及一国国际的经济权益，是以货币为表现形式的一定数量的财富国际转移。

(4) 时间性。银行处理的标的物对象是外汇资金，外汇资金具有经济含义（收益与支付量的固定性）和法律含义（责权的质的规定性）。外币存在汇率风险，结算难度大，风险高。

（5）政治性。国际结算是国与国之间由于政治、经济、文化、外交、军事等方面的交往或联系，而发生的以货币表示债权债务的清偿行为或资金转移行为。因为涉及多国结算制度，所以有多个国际惯例。

三、国际结算方式

国际结算方式是指以一定的条件实现国际货币收付的方式，主要包括汇款、托收、信用证和银行保函等。

一般而言，国际结算方式应包括以下内容：按照买卖双方议定具体的交单与付款方式办理单据和货款的对流；结算过程中，银行充当中间人和保证人，正确结清买卖双方债权和债务；买卖双方可以向银行提出给予资金融通的申请；结算方式必须订明具体类别、付款时间、使用货币、所需单据和凭证。

依据付款时间的先后不同，国际结算方式存在预先付款（Payment in Advance）装运时付款（Payment at Time of Shipmen）和装运后付款（Payment after Shipment）三种付款时间。由于银行依据的装运时间是以提单日期为准，所以银行的付款时间有：交单前预付；交单时付款，又称即期付款；交单后付款，又称远期付款。

国际结算使用的货币应是可兑换的货币（Convertible Currency），它可以是出口国货币，也可以是进口国货币，还可以是国际通用的第三国货币。美元、英镑、欧元、日元等货币是主要的世界通用货币，对于卖方和买方来说，使用世界通用货币结算易被双方接受；至于使用出口国货币或进口国货币，须经买卖双方磋商决定。

国际结算方式的采用通常是结合交易情况、市场销售情况、对方资信情况由买卖双方协商订立。国际结算方式主要有信用证、汇付和托收、银行保函等。

1. 信用证

信用证是一种由银行依照客户的指示和要求开立的有条件承诺付款的书面文件，一般分为不可撤销的跟单信用证和可撤销的跟单信用证。

信用证是银行介入国际货物买卖价款结算的产物，是当今国际贸易中的一种主要结算方式，被广泛应用于国际贸易中。这是因为信用证不但在一定程度上解决了买卖双方之间互不信任的矛盾，而且还使买卖双方在信用证结算货款的过程中获得银行资金融通的便利，从而促进了国际贸易的发展。信用证业务涉及六个方面的当事人：开证申请人、开证行、通知行、收益人、议付银行、付款银行。

2. 汇付和托收

汇付是指交款人按约定的时间和条件通过银行把款项交给收款人的结算方式。汇付分为信汇、电汇和票汇。托收是指出口商开立汇票，随附或不随附货运单据，委托出口地银行通过进口地代收银行向进口企业收款的一种结算方式。根据交单条件不同，托收分为付款交单和承兑交单。

3. 银行保函

在国际经济交易中,合同当事人为了维护自己的经济利益,往往需要对可能发生的风险采取相应的保障措施,银行保函就是以银行信用的形式所提供的保障措施。

保函又称保证书,是指银行、保险公司、担保公司或担保人应申请人的请求,向受益人开立的一种书面信用担保凭证,保证在申请人未能按双方协议履行其责任或义务时,由担保人或者担保机构代其履行一定金额、一定时限范围内的某种支付或经济赔偿责任。银行保函是由银行开立的承担付款责任的一种担保凭证,银行根据保函的规定承担绝对付款责任。银行保函大多属于"见索即付"(无条件保函),是不可撤销的文件。银行保函的当事人有委托人(要求银行开立保证书的一方)、受益人(收到保证书并凭以向银行索偿的一方)、担保人(保函的开立人)。

四、主要国际结算方式的特点

在分析各种结算方式的利弊时,主要从以下几个要素考虑:一是支付方式。支付方式的确定是货物买卖合同的首要问题,不同的支付方式基本决定了买卖双方的风险、责任和资金融通的划分;二是支付条件。支付条件是指各种支付方式的货币条件、时间条件和空间条件。货币条件是指选择什么样的计价和支付货币(汇率风险);时间条件是指收汇和付汇的时间(汇率风险、资金占用);空间条件是指收汇和付汇的地点(当事人的责任、义务及法律选择问题);三是支付程序。支付程序是指其业务程序,这涉及所使用的支付工具以及各当事人在支付中的权利和义务,严格按程序收付汇是使支付方式得以实现的基础;四是有关当事人的权利和义务。选用不同的支付方式,各当事人的权利和义务不同,应明确各当事人在支付中的地位,严格履行其义务,应用自己的权利保护自己的利益;五是各种支付方式的资金融通。资金融通对于买卖双方来说都是重要问题,在不同的支付形式下可以从对方获得资金融通,也可以从银行或金融公司及贴现公司获得资金融通。结合这几个方面,对几种主要的国际结算方式的特点总结如下:

1. 信用证结算方式的特点

(1) 开证行负有第一性的付款责任。在信用证结算方式下,只要受益人提交的单据完全符合信用证的要求,开证行必须对其或其指定人付款,而不是等进口商付款后再转交款项。可见,与汇款、托收方式不同,信用证方式依靠的是银行信用,是由开证行而不是进口商负第一性的付款责任。

(2) 信用证是一项独立的文件。虽然信用证以买卖合同为基础,但一经开出,就成为独立于买卖合同之外的另一种契约,各当事人的责任与权利均以信用证为准。买卖合同只能是进出口双方,而与信用证业务的其他当事人无关。因此,开证行只对信用证负责,只凭完全符合信用证条款的单据付款,而且一旦付款,开证行就丧失了对受益人的追索权。

(3) 信用证业务是一种纯粹的单据业务。在信用证方式下,银行付款的依据是单证一致、单单一致,而不管货物是否与单证一致。信用证交易把国际货物交易转变成了单据交易。

(4) 开证银行代进口商开立信用证,提供的是信用,而不是资金。信用证结算方式以银行信用代替商业信用,解决了进出口商之间缺乏了解和信任的问题;银行在结算过程中一边收单、一边付款,便利了进出口商的资金融通。所有这些都促进了国际贸易的发展,也反映了银行对国际贸易领域的介入和影响在不断加深。

2. 汇付结算方式的特点

(1) 简单,迅速,费用低。汇付结算手续简单,灵活,迅速,费用低廉。如果贸易双方互相比较信任,汇付结算是十分理想的支付或结算方式。

(2) 风险较大。汇付的结算基础是商业信用,卖方在发货后能否顺利收回货款,买方在预付货款后能否顺利收到符合合同规定的货物都分别取决于对方,即卖方或买方的信誉。银行在结算方式中处于简单受委托的地位,只需按常规办理汇款业务即可,并且只对汇款的技术性负责,不对货物买卖和货款收付的风险承担任何责任。

(3) 资金负担不平衡。如果是货到付款,则资金完全由出口商负担;如果是预付全部货款,则资金完全由进口商承担。并且在结算过程中,进出口商无法从银行得到贸易融资。

3. 托收结算方式的特点

(1) 比较安全。在跟单托收时,由于是交单或承兑付款,对于进口商来说,就不会像货到付款时,要冒"财物两空"的风险。而对进口商来说,托收比预付货款更为安全。

(2) 费用较高,手续较多。银行的托收手续费比汇款手续费略高些,托收要通过银行交单,自然手续也比汇款多,但以此来换得比汇款安全的优点,还是比较合算的。

(3) 仍以商业信用为基础。在使用托收方式时,是否付款完全由进口商决定,银行只是转手交单的代理人,对付款不负责任,因此托收是对进口商有利的支付方式。而进口商的风险主要来自货到后发现货物和合同不符,因此在做托收业务时,进口商必须了解出口商。

(4) 可以获得融资。托收时出口商的资金负担较重,但是因为有单据,有些银行愿意做押汇,出口商因此能获得融资。

4. 银行保函的特点

(1) 银行信用作为保证,易于为客户接受。

(2) 保函是依据商务合同开出的,但又不依附于商务合同,是具有独立法律效力的法律文件。当受益人在保函项下合理索赔时,担保行就必须承担付款责任,而不论申请人是否同意付款,也不管合同履行的实际情况,即保函是独立的承诺并且基本上是单证化的交易业务。

第5节 跨境电子商务支付风险

一、跨境电子商务支付中的风险

随着小额外贸零售的兴起,在线支付也逐渐被卖家接受,但在线支付的风险也随之而来。如果第三方缺乏足够的风险控制系统,或者用户的风险防范意识不足,拒付、冻结、退款和盗卡支付等情况必然出现。

(一) 交易信用风险

跨境电子商务模式中,除跨境物流风险大、通关困难等严重制约跨境电子商务发展外,由于网络的虚拟性及开放性,参与者的信用问题成为阻碍行业发展的另一难题。信用风险本质上是交易对象没有按照约定履行承诺,而对交易方的收益或资产造成损失的风险。跨境电子商务的交易双方基于时空差异、商业习惯不同,极易造成款项已付但货物未收或者货物已发而款项未收等现象。而在跨境电子支付服务中,由于没有完善的跨境信用协调体系,银行或者第三方支付平台不能充分地了解交易主体的信用及信誉状况,难以确定交易的实际情况。在不同信用状况的国家(地区),实现跨境信用保障还存在一定的阻力。另外,第三方的介入也很难改善,比如 PayPal 在针对境外贸易发生纠纷时,往往会对买家有意偏袒,而使境内卖家企业在面对交易纠纷时处于被动地位,信用风险得不到控制。

(二) 交易真实性的核实风险

交易的真实性是跨境电子商务运行和发展的生命线,是跨境电子商务平台必须守住的底线。交易真实性包括交易主体的真实性和交易内容的真实性。与一般跨境贸易相比,跨境电子商务支付的真实性更加难以把握。

首先,从跨境交易的对象方面看,跨境交易双方难以进行交易对象的审查,难以真正了解客户。在当前环境下,还未出台相关的有效法律法规,第三方交易平台及第三方支付机构缺乏有效的身份识别手段,极易导致交易主体提供虚假身份信息。

其次,跨境交易内容真实性的审核同样也存在一定困难,难以判断客户实际财务状况、经营范围与资金交易情况是否与提供的信息相符,无法核实跨境交易金额和交易商品是否匹配。网上交易的部分商品或服务是虚拟产品,虚拟产品如何定价缺乏衡量标准,可能出现网络诈骗和欺诈交易。买卖双方基于邮件联系达成交易而产生付款请求,此邮件信息是否能作为认定交易真实性的材料,尚不明确。支付机构难以通过比对订单信息、物流信息、支付信息等方式,确认现金流与货物流或服务流是否匹配,因为从信息获取渠道角度来讲,电商平台和支付平台是两个不同的主体,支付机构仅负责支付事项,并不掌握订单信息和物流信息。从信息质量角度看,支付机构从电商平台和物流公司获取的信息可能滞后,信息的准确性也受影响。总之,第三方支付机构审核跨境交易内容真实性和主体真实性都存在不少困难,跨境电子商务支付存在交易真实性识别风险。

(三) 跨境支付的网络风险

随着跨境电子商务的迅猛发展,尤其是跨境电子商务 B2C 与 C2C 的发展,迫切需要一站式跨境支付综合服务,开展线上支付、信用支付、移动支付等业务。作为跨境电子商务交易流程中的关键一环,跨境支付涉及交易双方资金的转账安全。跨境电子商务支付是通过互联网的渠道来进行款项收付的,在交易转账的过程中可能产生诸多网络安全问题,主要包括电子信息传输系统故障或计算机信息故障造成的支付信息丢失的风险、跨境支付信息因遭黑客攻击而产生的支付信息的泄漏、木马病毒和钓鱼网站泛滥造成的资金流失等,严重影响消费者的跨境购物体验,进而阻碍跨境电子商务的发展。另外,跨境支付对支付信息的审核要求更高、时间更长、难度更大,因而相应的跨境支付需要更长的时间,进一步加大了跨境支付的风险。

(四) 跨境支付的法律风险

跨境电子商务支付涉及多个国家(地区),增加了跨境支付的法律风险。跨境电子支付中的法律(法规)风险,具体包括:第一,对不同国家(地区)之间风险监管法律(法规)制度冲突的风险、主权国家(地区)法律(法规)与国际电子支付风险监管规则之间的冲突,以及跨境电子商务中适用哪个国家(地区)的监管法律(法规)体系还存在有争议和模糊的地方;第二,传统金融业务法律(法规)不能适应电子商务、电子支付发展的需要,在电子支付服务中出现了许多新的问题,如发行电子货币的法律(法规)界定及范围,电子支付服务主体资格的确定,电子支付服务活动的监管缺少技术性高、层次较高的法律规定,等等;第三,洗钱的风险,犯罪分子利用互联网进行洗钱活动具有更强的隐蔽性,这给电子支付造成了法律(法规)上的连带风险。此外,电子支付还面临客户隐私权、网络交易等其他方面的法律风险,在从事新的电子支付业务时必须对其面临的法律(法规)风险进行认真分析与研究。

(五) 虚拟账户沉淀资金风险

虚拟账户沉淀资金的来源主要有以下三个方面:其一,在跨境第三方支付方式中,客户选择利用第三方作为交易中介,将货款划到第三方账户。第三方支付平台要求商家在规定时间内发货,客户收到货物并验证后通知第三方,第三方将其账户中的货款划入商家账户中,交易完成。资金将会在第三方的账户上停留一定时间成为沉淀资金。其二,作为商家,不能将虚拟账户中的资金全部提现,需要留下部分资金用于货不对版、货损货差、恶意拒付等造成的退款。以 PayPal 为例,一般 PayPal 账户提现比例不能超过 80%,否则容易导致 PayPal 账号被限制,这些留待退款的资金同样成为沉淀资金。其三,在诸多跨境在线支付方式中,将虚拟账户的资金提现需要缴纳金额不等的手续费(同样以 PayPal 为例,提现资金在 150~100 000 美元,单笔提现须支付 35 美元的费用)。商家为了降低资金的提现手续费率,会在资金积累到一定金额才进行提现,在此限额之前这些资金将停留在账户中成为沉淀资金。在跨境支付业务中,由于信息不对称及监管难度大,支付机构也无须缴纳存款准备金,支付机构可以轻易挪用虚拟账户的沉淀资金;支付机构有可能因操作失误、结算周期长、调度不及时等发生结算资金不足的情况,引发流动性风险。另外,大量的沉淀资金容易引发洗钱、套现、赌博、欺诈等非法行为。

(六) 外汇管理监测风险

跨境支付外汇管理监测风险主要体现在以下几个方面:其一,部分跨境电子商务平台的参与者是个人用户,而在第三方支付平台中,没有对企业用户和个人用户进行区分,加大了外汇管理的监管难度。其二,目前实行的资本项目下的外汇管制,经常项目基本可自由兑换。但对于个人结售汇实行年度限额管理,个人年度结售汇限额不超过等值 5 万美元。为了规避个人结售汇限额,部分跨境电子商务商家开设香港离岸账户,以实现对账户资金更为自由的管控。其三,第三方支付机构为了保护交易双方的相关信息,对交易双方的银行账号、信用卡账号等进行保密,屏蔽资金的真实来源及去向,影响跨境电子商务商家的收支申报和外汇监管部门对其收支的监管。其四,第三方支付平台中沉淀资金的存在和不断积累,不仅会产生流动性风险等资金安全问题,而且会影响收支的统计及监管。

二、跨境电子商务支付风险控制

针对跨境贸易中主体的信息审核、支付交易的汇率变动等潜在风险问题,从企业、第三方机构和监管机构角度考虑,提出如下具有建设意义的对策和建议,以使其尽早发现跨境支付的漏洞和支付风险,保证跨境电子商务业务顺利进行、扩大规模。

(一)应对跨境电子商务支付中的信用风险

跨境电子商务发展的重要条件之一就是诚信。鉴于网络的虚拟性,买家和卖家没有面对面交流,大多数情况下都是通过沟通工具和视频工具进行交流,交易成功的关键取决于买家对于卖家公司、产品以及交易安全性的信心。网上交易失信的问题,是商家和各电子商务网站应首先解决的。

从跨境电子商务商家的角度,对于买家的信用风险,卖家也可以自己采取一些措施来鉴别是否是因为信用卡被盗或账户被盗而产生了欺诈交易,如通过搜索引擎的 IP 地理定位服务跟踪并核实买家的送货地址。保留交易存根、建立买家黑名单、限制买家购买条件和电话核对买家信息,也是有效的防范手段。同时,卖家需要紧密监测和核实收货地址为高欺诈风险的国家(地区)的订单、付款后提出变更收货地址的要求、邮寄至同一地址的多个订单、由于超额支付而提出的电汇退款申请,以及其他可疑行为等。对于敦煌网和速卖通等小额外贸批发平台,除了信息、支付和物流服务外,还可以充分利用平台上的风险预警系统。另外,可以建立信用机制,将新的欺诈交易方纳入信用黑名单,及时停止与其进行跨境交易。

从跨境电子商务平台的角度,应建立健全客户身份识别机制,对客户实行实名制管理,向买家提供真实、可靠的卖家信息,鼓励卖家诚信经商,引入第三方诚信认证和自身诚信评价。目前,中国规模最大的 B2B 网站包括阿里巴巴、慧聪网、中国制造网、环球资源网、酷配网、敦煌网、中国供应商、阿土伯交易网等都推出了自身网站诚信认证和第三方诚信认证两种方式。同时,跨境电子商务平台可与保险机构合作,推出针对平台卖家的跨境交易保险产品,如退货运费险、拒付货物损失险等网络购物类保险和个人消费信用类保险。

从政府层面,可建立跨境电子商务出口信用体系,营造良好的交易环境,为境外买家提供更好的用户体验,也给境内信誉好的卖家提供一个公平竞争环境,用以解决信用体系和市场秩序有待改善的问题。搭建跨境电子商务公共信息共享服务平台,建立企业、个人、事业单位、公共组织和政府等五类信用主体的信用主体库,提供电商主体身份识别、电商信用评价、电商信用查询、商品信息查询、货物运输以及贸易信息查询、对外贸易法律咨询服务、商务咨询服务、法律机构在线服务等信用服务,以帮助跨境电子商务企业、个人商家和跨境电子商务平台更好地防控信用风险。

推动建立信用认证体系,综合多方信用基础数据,建立跨境电子商务信用数据库、信用监管系统和负面清单系统,形成跨境电子商务平台、平台经营户、物流企业及其他服务企业的基础数据,实现对买卖双方的身份认证、资质审查和信用评价。

(二) 应对跨境电子商务支付中的网络风险

无论是企业内部的信息网络还是外部的网络平台,都必须建立在一个安全可信的网络之上。网络信息技术在现代外贸公司中的作用越来越大,并成为必不可少的工具。但网络信息技术是一把锋利的双刃剑,外贸公司在处理日常业务中可大量运用网络信息技术,提高自身业务效率,但钓鱼网站盗号、木马病毒盗号等信息安全隐患也成为巨大的威胁。

对于网络风险,卖家可以加强交易系统的维护,对交易数据加密,配置网络安全漏洞扫描系统,对关键的网络服务器采取毁灭的技术手段。支付机构处于跨境贸易的核心位置,是跨境交易参与者的中介。为保障交易的安全,应加大技术的研发力度,提升跨境支付的网络安全技术,如开发可以精确验证参与者身份信息的系统,对跨境支付的数据信息进行加密,利用当前先进的大数据以及云技术对跨境交易的参与者进行信用等级划分,并在后续的交易中对等级低的客户和商家着重考量,为境内外客户提供安全、更加有保障的购物网络环境,赢得更多参与者的信赖。此外,监管机构应定期检查跨境购物的网络环境,加大对妨害支付安全行为的处罚力度,为境内消费者营造一个和谐的跨境消费氛围。

(三) 应对交易真实性的核实风险

交易真实性包括交易主体的真实性和交易内容的真实性。针对交易主体的真实性,从跨境电子商务商家的角度,应通过 IP 地址查询、买家购买行为分析、买家购买意图等多方面进行买家身份的核实,以降低欺诈等情况发生的概率。从跨境电子商务平台方面,采用效用高的大数据信息技术实施核查,防范跨境贸易主体利用技术漏洞伪造个人身份信息,确保交易主体身份真实。从政府监管层面,外汇管理局及央行应出台相关的信息审核指导意见,要求第三方支付机构按照有关指导意见认真核实跨境支付业务中参与者的身份信息。

对于交易真实性的核实风险,从跨境电子商务商家的角度,应本着诚信原则进行跨境电子商务交易,避免采用刷单、虚假信息引流等制造虚假交易的行为。从跨境电子商务平台角度,应构建有效的交易审查机制,严格审查交易对象信息、订单信息、物流信息,并制定严厉的奖惩制度,对于不诚信、提供虚假信息的交易对象予以产品下架、账号限制等惩罚,以尽量减少刷单、欺诈等行为的发生。支付机构应当向客户充分提示网络支付业务的潜在风险,及时揭示不法分子新型作案手段,对客户进行必要的安全教育,并对高风险业务在操作前、操作中进行风险警示。在政府层面,应当由海关、税务局、国家外汇管理局、中国人民银行、国家邮政局等多个监管部门联手,建立联动工作机制,构建适宜的监管和服务体系,制定相应的行业标准规范,优化监管服务体系,对跨境电子商务支付平台进行全面监管,实现信息流、资金流和物流的匹配和统一,有效解决跨境电子商务运作过程中存在的真实性和合法性问题。

(四) 应对跨境电子商务支付的法律风险

对于法律风险,提高立法层次,加强电子支付服务交易立法。结合境内电子支付服务实践,制定相应的法律,以规范电子支付服务中参与主体间的权利、义务关系。适时修改并完善相关法律,明确国家外汇管理局的监管职责和跨境第三方支付机构的法律地位。跨境电子商务支付机构实际上承担了一定的类银行管理职责,执行一定的外汇管理政策,但第三方支付机构是非金融机构,让其承担这样的管理职责也缺乏法律依据。机构明确、权责统一是实现有效监管的基本前提,建议及时修改法律,明确非金融机构在外汇管理中的法律地位。

同时,加强与不同国家(地区)之间电子支付服务监管的法律(法规)协调性,具体包括电子支付服务内容、风险责任认定及监管标准等方面的协调,以及不同国家(地区)监管主体之间的协调、国家(地区)监管主体与国际规则监管主体之间的协调。明确各国家(地区)监管主体的责任和任务,建议各国(地区)联合起来专门制定有关跨境电子商务支付的规范,以解决跨境电子商务支付结算所产生的纠纷。另外,加强国家(地区)内法律(法规)与国际监管规则的衔接,在国家(地区)间电子支付服务法律协调性还存在极大阻力的情况下,积极促进电子支付服务国际监管规则在主权国家(地区)间的适用具有更为重要的意义。

(五)应对跨境电子商务支付的沉淀资金风险

首先,对风险分担,本金的充裕程度与抗风险能力直接对应,应建立健全风险准备金制度。央行公布的《非银行支付机构网络支付业务管理办法》规定:支付机构应当建立健全风险准备金制度和交易赔付制度……支付机构应在年度监管报告中如实反映上述内容和风险准备金提现、使用及结余等情况。按照这一规定,可以直接避免在支付机构的备付金账户里沉淀太多的资金,弱化部分支付机构账户体系的隐形清算结算功能,从而减少风险的积累和信息的不透明。

其次,设计风险监控指标。支付机构应将客户外汇备付金账户资金与自有外汇资金严格区分,并且将交易中所使用的资金存入银行独立账户中,并对其设立风险监控指标,针对账户资金的使用情况和资金流向进行监控,出现可疑交易便可以立即触发风险指标预警;为客户办理结售汇及跨境收付业务均应通过外汇备付金账户进行,外汇备付金账户不得提取或存入现钞,不得在无交易情况下预收、预存。同时,设计出分布于支付平台控制后台和客户端账户交易中的监控指标,分级评估风险大小,对后台操作和客户的危险转账行为进行风险划分,针对不同风险指标等级采取警告、暂停交易或者冻结账户等措施。

再次,对监管部门来说,可考虑在借鉴境外经验基础上结合境内金融改革的特色,逐渐尝试分层监管的模式。如在更严格的条款下可给予一定的容忍度,因为在现代金融产品和服务层面,支付预算、资金融通、风险和信息管理的功能融合趋势日益明显,在风险可控前提下,某些创新探索也有其存在的意义。

最后,理清沉淀资金的持有人与第三方支付机构的关系。在跨境支付过程中,用户与支付机构不是储蓄合同关系,因为支付机构不是金融机构而是信息服务提供商,第三方支付收入来源主要有按照交易比例收取的服务费或者手续费、沉淀资金的利息等。为了确保安全,必须像限制保险资金投资那样,限制第三方支付沉淀资金的投资范围,严控风险。

(六)应对跨境电子商务支付中的监管风险

现行的国际收支申报制度及其主要规定是建立在贸易方式传统、货物贸易占交易额绝大多数的基础之上的。随着越来越多的贸易由线下转移到线上,服务贸易占比逐渐攀升,虚拟商品大量出现,一些贸易找不到对应的国际收支统计项目。一方面,需要对国际收支统计申报项目进一步细化,保证国际收支统计的准确,缩小国际收支统计误差;另一方面,需要在网上监控交易，加强对个人外汇账户真实性审核。

应适当填充跨境支付业务中外汇的统计制度，将检测信息和外汇信息统计相联系，强化监管制度和机制，同时落实责任追究制度，保障跨境支付有序进行。要建立审查的制度，针对异常的情况给予交易账户预警的风险控制。这里要求处理跨境支付业务的第三方机构应具备真实物品和虚拟物品隔离的管理机制，对不同交易的信息进行分类和协同管理，并应该定期向国家外汇管理局或央行等监管机构汇报情况。另外，还应在外汇管理局的协调下，与工商部门、海关合作，建立跨境贸易共享平台，使跨境贸易和跨境交易的信息监测更加准确和细化，降低支付的风险。

实 验

选择合适的跨境支付与收款方式

一、实验目的

学会根据不同的跨境情境选择相应的支付与收款方式。

二、实验内容

1. 实验任务

详细分析不同的支付方式，针对具体的跨境情境，选择合适的支付方式与收款方式。

2. 实验步骤

（1）阅读实验素材——跨境电子商务该如何选择合适的支付方式、几种常见的外贸收款方式，了解支付与收款方式有哪些，分别有哪些优缺点；

（2）阅读实验素材——跨境情境，分析这个店铺适合哪种支付方式与收款方式，并说明理由；

（3）填写实验产出模板。

3. 实验工具及素材

实验素材一：跨境电子商务该如何选择合适的支付方式

长期做外贸的朋友都知道在跨境交易中，收款是最重要的环节之一，因为前面做的所有前期工作，包括独立建站、精准推广、投放广告、开发客户，都是为了网站有流量、有订单。如果因为收款方不能收到款项，造成的损失就不单单是流失订单，还有前面所有准备工作的成本。所以，在交易中配备稳定可靠有保障的收款工具是外贸制胜所必需的。那外贸商家该如何选择才能让收款更有保障呢？

目前市场上常见的外贸收款方式：

（1）PayPal

这个是大家又爱又恨的支付方式，知名度极高，是大部分外贸商家的选择。只要有一个

电子邮件地址，都可以使用 PayPal 在线发送和接收付款。最让人诟病的是它主要基于信用卡，Chargeback 风险很难避免，一旦发生拒付，维权困难。其实 PayPal 风控做得不算差，如果外贸商家主要业务是在欧美，那 PayPal 覆盖率确实较多，不过商家使用时须谨慎，收到款项后最好尽早提现。

（2）国际信用卡

通过第三方信用卡支付公司集成 Visa、MasterCard、JCB、美国运通（American Express）等国际信用卡支付网关来收款。这种方式符合国外买家的消费习惯，特别是欧美地区，用户人群大，但共同的毛病就是有 Chargeback 风险，安全性低。且现在国内的几家公司开通此通道，都需要开户费和年服务费，对于做外贸的门槛比较高，适合有一定经济实力的人使用。

（3）西联汇款

西联汇款是很多人在被 PayPal 坑过后转而选择的一种支付方式。西联汇款是西联国际汇款公司的简称，是世界上领先的特快汇款公司，可以在全球大多数国家的西联代理所在地汇出和提款。其属于传统式的交易模式，收款迅速，先付款后发货，保证商家利益不受损失，但也基于这个原因，外国人容易产生不信任。不过西联手续费较高，付款方式也挺麻烦的，并不是特别建议。

当然，还有如 TT、WF 卡等支付方式，上述三种是较为常用的，但 Chargeback 的风险始终是个问题。

还有一种新的收款方式——本地支付，这个方式大部分人应该都没听过，通俗来讲就是用各国家当地流行的支付工具进行收款，类似于中国人最常用的"支付宝""微信支付"。如：俄罗斯电子钱包 Webmoney、QiWi Wallet；德国的 Sofortbanking；荷兰的 iDEAL 等。国内一些比较大的电商平台如速卖通、敦煌网、棒谷都已经接入这些本地支付。

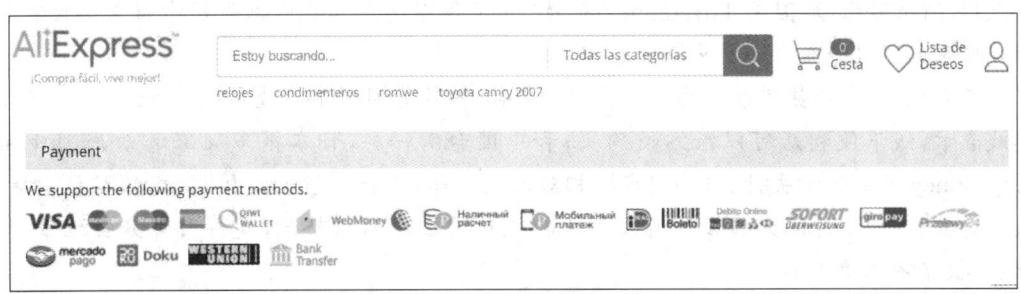

以后,多样化的支付选择会是个大趋势。一方面,可以补充信用卡覆盖不到的那部分人群,提升交易成交率;另一方面,本地支付不支持拒付,对商家来说安全性有所保障。

但本地化支付种类多样,包括银行转账、电子钱包、现金支付、运营商支付、预付费卡等多种方式。

概念:本地支付通俗讲就是各国当地主流的支付方式,例如,中国使用最多的是支付宝、财付通、银联以及网上银行支付;美国使用比较多的则是 PayPal 和信用卡;俄罗斯使用的是 QiWi 和 Yandex Money;德国使用 Sofortbanking 比较多;荷兰使用最多的是 iDEAL;而波兰则更习惯银行转账;拉美以巴西为例,当地使用 Boleto 现金支付更多;中东使用比较多的是 Onecard 等。

本地化支付的优势:

一般不支持拒付;实时交易;支付多样化;操作流程简便;

可以帮助商户深挖市场,最大限度地接触用户;

能有效提高交易成交率,提升用户的支付体验;

覆盖没有信用卡、PayPal 的群体。

常用地区:东南亚、中东、亚太、拉美、欧洲部分地区。

必要性:设想个场景,当你去国外网站选购产品时,在清一色的信用卡、PayPal 中提供支付宝或者微信付款,你会选择哪种?大部分人会选择哪种?同理,我们出发到其他国家,当地人也有自己常用的支付方式,当你能提供他们熟悉的付款方式时,这对于交易成功率来说,是有极大的提升的。

适用范围:外贸独立站、外贸 SOHO。

具体收款分布:

欧洲:俄罗斯常用的三大电子钱包——Webmoney、QiWi Wallet、Yandex.Money,都可以通过银行转账或者线下终端(类似银行的 ATM 机)去充值。荷兰的 iDEAL 覆盖大部分荷兰银行。网银转账 Sofortbanking 支付最多的国家是德国,其次是奥地利、比利时、瑞士、荷兰、英国、波兰、意大利、法国、西班牙、匈牙利等国家。

拉美:现金支付 Boleto 在巴西占据主导地位,客户可以到任何一家银行或使用网上银行授权银行转账。OXXO 是墨西哥最大的连锁便利店,拥有超过 14 000 家商店。

中东:中东地区较为流行的有 Onecard,可以通过网银或线下购买充值卡去充值,但是钱包之间不能转账。土耳其的运营商支付 Turkcell、Vodafone、TurkTelekom 和 Troy 信用卡支付。

东南亚:马来西亚一般用 Maybank2u、CIMB 等银行转账的比较多,新加坡比较喜欢用 eNETS 网银转账,泰国用 Turemoney,越南、印尼等东南亚其他国家信用卡覆盖率比较低,所以使用网银转账或者 ATM 机付款的会比较多。

亚太地区:中国使用最多的是支付宝和微信,中国台湾使用比较多的是 Mycard 和 Gash 游戏点卡,线下便利店可以很方便购买;和中国台湾一样,日本很多玩家喜欢用 Bitcash、Webmoney 等充值卡去付款;韩国市场相对比较封闭,用户一般使用信用卡、短信计费等方式去付款。POLi 是澳大利亚和新西兰比较流行的在线网银转账,支持大部分当地银行转账,付款非常方便。

这些本地化的支付通道虽然目前没有 PayPal 的知名度,甚至有的商家根本不知道。但这些第三方支付通道在海外当地是占比很高、使用率高、付费率高、体验好或者说是符合当地人的消费习惯。随着越来越多的跨境平台和独立网站的使用,本地支付的趋势一定是未来可期的(来源于:派付通有限公司)。

实验素材二:几种常见的外贸收款方式

在跨境交易中,收款是最后也是最关键的部分,稳定可靠、有保障的收款工具是外贸制胜所必需的。

线下收款方式(传统外贸):Western Union(汇款)、T/T(电汇)。

线上收款方式(独立站):PayPal、国际信用卡、Payssion(全球本地支付)。

(1) 西联汇款(western union)

世界上领先的特快汇款公司,可以在全球大多数国家的西联代理所在地汇出和提款。

优点:款到发货原则,最大化的保证商家利益不受损失。

缺点:先付款后发货,国外消费者容易产生不信任,导致订单流失;客户群体小,对商家的交易量有一定限制;数额比较大的,手续费高;需要去银行排队填写信息,支付极为不便。

(2) 电汇(T/T)

通过银行电汇款项,是较为传统式的交易模式,分为前 TT 和后 TT,前者是交货前全部款项直接汇款到银行账户(利于进口商);后者是先装货,见到提单传真后全额汇款(利于出口商)。

优点:适合大额付款

缺点:对于信用问题要求严格;不适合中小额收款,额外费用需要买家支付(1‰的手续费+3‰的钞变汇手续费+150元的电报费);先付款后发货,客户容易产生不信任。

(3) PayPal

目前,全球最大的在线支付提供商,全球范围内有超过一亿个注册账户,是跨国交易中最常用的付款方式。任何人只要有一个电子邮件地址,都可以使用 PayPal 收付款。

优点:满足多数消费者的付款请求,是账户交易模式。

缺点:主要基于信用卡,所以有 Chargeback 风险,一旦发生拒付,维权困难;更倾向于保护买家利益;商户账户容易被冻结,商家利益受损失;覆盖没有信用卡的用户群体。

(4) 国际信用卡收款

国际信用卡收款是指通过第三方信用卡支付公司集成 Visa、MasterCard、JCB、美国运通(American Express)等国际信用卡来收款。

优点:迎合国外买家的消费人群大。

缺点:一般需预留 10% 保证金、收费高昂、付款额度偏小;存在拒付风险。

(5) Payssion(全球本地支付)

针对有跨境收款需求的企业和个人;可以接入全球 300 多种本地支付,没有信用卡也能接入使用,支持包括网银转账、电子钱包、预付卡、运营商计费、现金付方式。

优点:支付方式多样化,覆盖当地更多的用户;无年费、无通道费,节约一大笔钱;用户体验佳,一般不支持拒付,保障商家利益;支持 WEB、安卓、IOS 等多终端接入。

缺点:提现周期较长。

实验素材三:跨境情境

https://sloverosashop.aliexpress.com/store/329159? spm = a2g0o.detail.1000002.2.12f8b45fNmTqPJ。

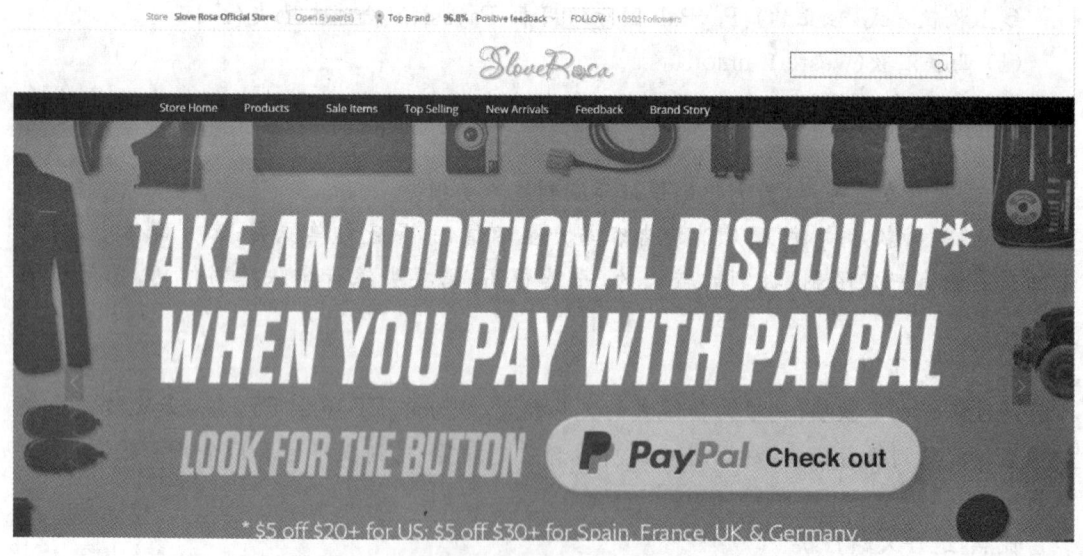

第7章 跨境电子商务支付

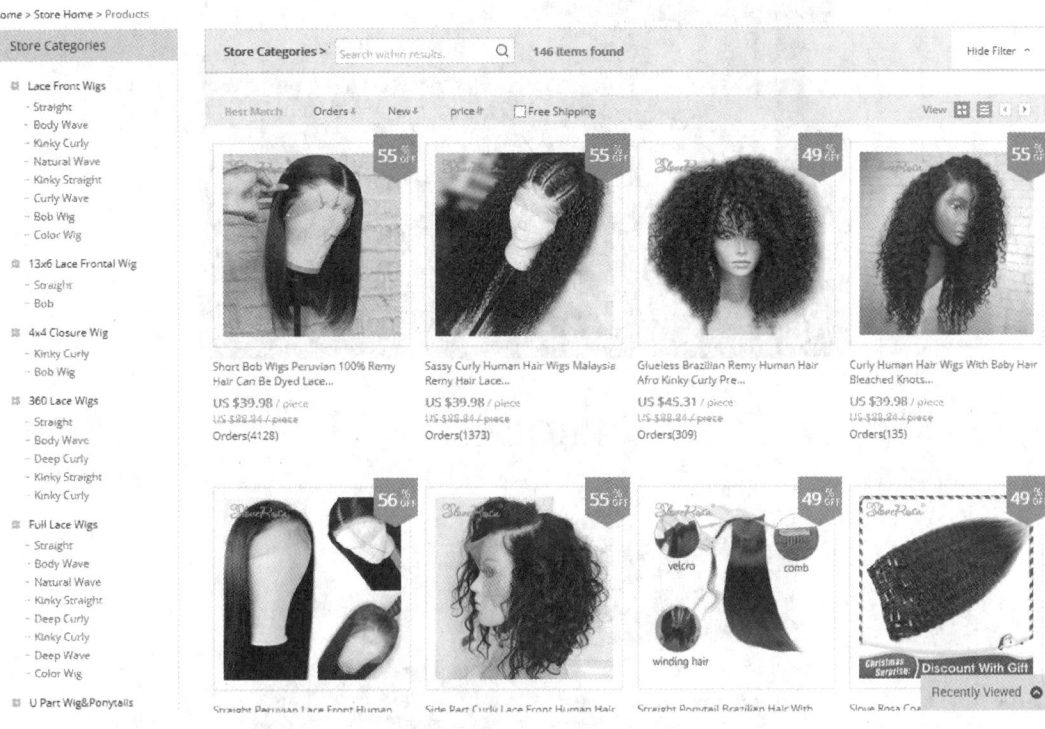

Slove Rosa

There are tens of thousands of hair product companies in China, but 99% will be eliminated. Why we would be exist at Aliexpress, and attracted so many customers also, because of our Highest Quality, Best Service, Nice Service. Our factory is the biggest hair product factory in China, we only use young girls' hair to make hair product to make sure the high quality, it is the most important thing to customer, also the key to have a successful business. Our all raw hair already be disinfected, and our whole factory will be regularly disinfexted every week to make hair produce in a cleaning environment, trust us, we will let you more beautiful.

PROCESS
(Ready For U)

1. Biggest Factory,
Young Girls' Hair,
Disinfected and Healthy Hair.

2. Ready Stock In Warehouse,
Different Style,
Make Sure Fast Shipping.

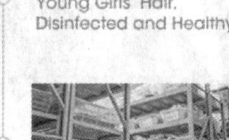

3. First Quality Checking,
No Shedding, No tangle.

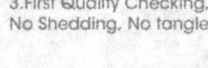

4. Making Natural Hairline
and Baby Hair,
Middle Part or Side part.

5. Double Checking Quality
and Add Gifts.
Checking Address.

6. Picking Package
By Shipping Service.

SHIPPING SERVICE
SLOVE ROSA HAIR

- Fly To Many Many Many Countries

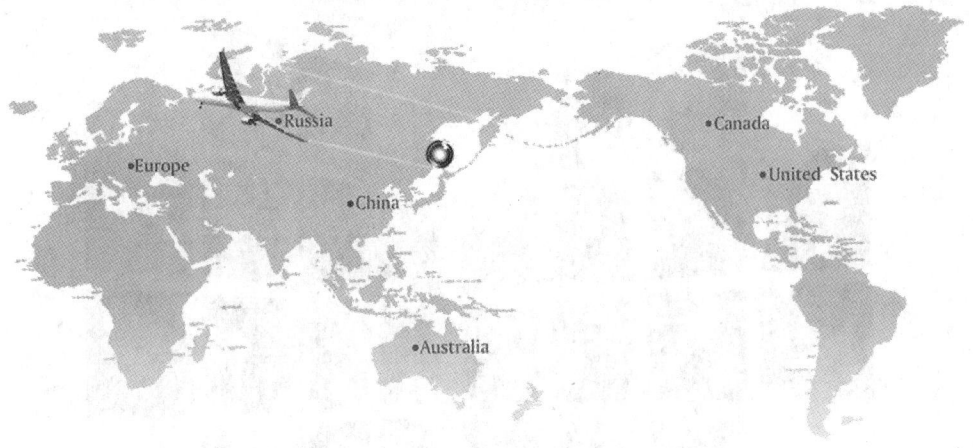

DIFFERENT STYLE
SPECIAL FOR YOU

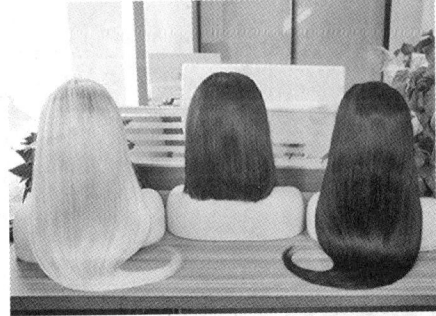

BEAUTY
BEST

We only use young girls' hair to make hair product to make sure the high quality.

Our all raw hair already be disinfected, and our whole factory will be regularly disinfected every week to make hair product in a cleaning environment, our hair is healthy, will not meet allergic phenomena.

FASHION

We have own factory, can do more style you want, we can customize your special wigs according picture you send, choose us, get your special wig.

SHOW TIME FOR CUSTOMERS

YOUR BEAUTY IS OUR DUTY

DO STYLE YOU WANT

SLOVE ROSA HAIR

Our hair is 100% human hair,
can be curled, straighten and dyed,
but also need in a suit and professional way.
If you have any question, please ask us first.

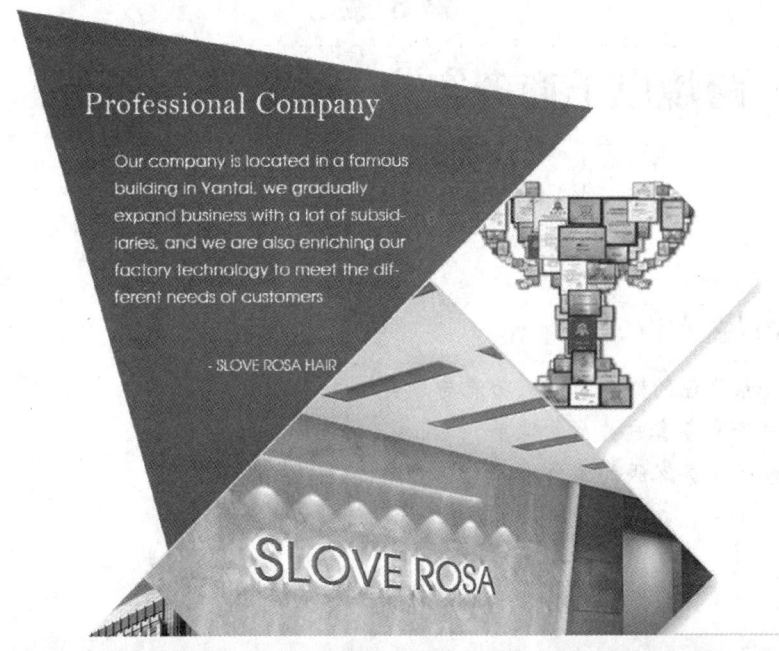

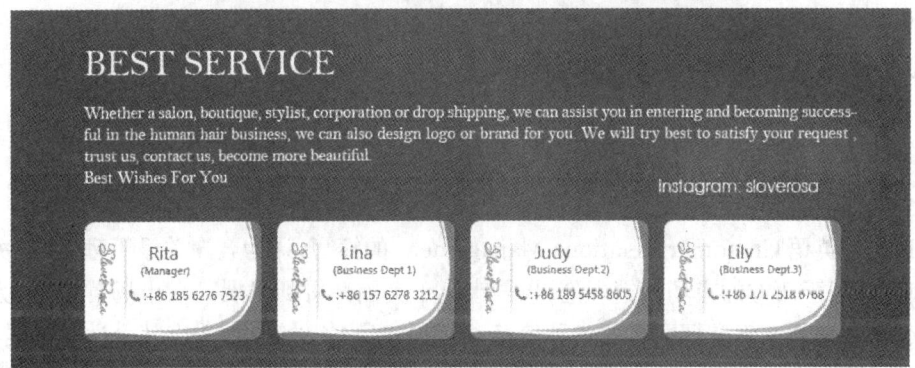

4. 实验产出

跨境支付方式	选择的跨境支付方式	
	选择理由	
跨境收款方式	选择的收款方式	
	选择理由	

思考题

1. 跨境电子商务有哪些主要的线上支付工具？它们分别有什么优点和缺点？
2. 跨境支付存在哪些风险？应该如何应对这些风险？
3. 什么是跨境电子商务移动支付？特点是什么？

第8章
跨境电子商务客户关系管理与服务

 **本章学习概要**

1. 客户关系管理的概念、内涵、功能与分类。
2. 跨境电子商务客户关系管理。
3. 跨境电子商务客服的工作内容与职责。

第1节 客户关系管理

一、客户关系管理的概念和内涵

(一) CRM 的概念

CRM 是英语 Customer Relations Management 的简写,译为客户关系管理,客户关系管理的理论来源于西方的市场营销理论,最早产生于美国并得到发展。在市场营销中,为使顾客满意,企业必须准确掌握顾客的各种信息,把握顾客的各种需求,适应其个性化的需求,提供更便捷的服务。20 世纪 90 年代以后,伴随着互联网和电子商务的兴起,客户关系管理不断得以提升和完善。

客户关系管理的概念,从不同的角度出发有不同的说法。结合营销理念、业务流程和技术支持三方面的特点,可将客户关系管理定义为:CRM 是现代信息技术、经营理念和管理思想的结合体,它以信息技术为手段,以客户为中心,对业务流程进行重新组合和设计,形成一个自动化的解决方案,以提高客户的忠诚度,最终实现效益的提高和利润的增长。

该客户关系管理的定义满足了以下几点要求:(1) 比较全面地概括目前企业界和理论界对于客户关系管理的各种认识和思考;(2) 比较系统地反映出客户关系管理的思想、方法和应用各层面的内容;(3) 比较科学地界定客户关系管理的应用价值。

客户关系管理所要追求的是顾客价值和关系价值之间的平衡,以实现价值的最大化。一方面,通过实现顾客价值提高顾客的满意度,促进其对供应商的忠诚,进而促进关系质和量的全面提高,进一步增加该顾客的关系价值;另一方面,通过对关系价值的管理,企业将资源和能力集中在关系价值最高的顾客身上,为其提供高质量的产品或服务,满足其需要,进而实现顾客价值的最大化。信息技术支持了顾客价值最大化和关系价值管理这两项活动。

(二) CRM 的内涵

1. CRM 是一种管理理念

CRM 的核心思想是将企业的客户(包括最终客户、供应商、分销商及其他合作伙伴)作为重要的企业资源,通过完善的客户服务和深入的客户分析来满足客户的个性化需求,提高客户满意度和忠诚度,进而保证客户终生价值和企业利润增长的实现。

CRM 吸收了数据库营销、关系营销和一对一营销等最新管理思想的精华,通过满足客户的特殊需求,特别是满足最有价值客户的特殊需求,来建立和保持长期稳定的客户关系。客户与企业之间的每一次交易都使得这种关系更加稳固,从而使企业在与客户的长期交往中获得更多利润。

CRM 的宗旨是通过与客户的个性化交流来掌握其个性需求,并在此基础上为其提供个性化的产品和服务,不断增加企业给客户的交付价值,提高客户的满意度和忠诚度,最终实现企业和客户的双赢。

2. CRM 是一种管理机制

CRM 也是一种旨在改善企业与客户之间关系的新型管理机制,实施于企业的市场营销服务与技术支持等和客户相关的领域,对企业与客户发生的各种关系进行全面管理。企业与客户之间发生的关系不仅包括单纯的销售过程所发生的业务关系,如合同签订、订单受理、发货和收款等,而且包括在企业营销及售后服务过程中发生的关系。例如,在企业市场活动和市场推广过程中与潜在客户发生的关系。在与目标客户接触的过程中,内部销售人员的作为、各项活动及其与客户接触全过程所发生的多对多的关系,还包括售后服务过程中,企业服务人员对客户提供关怀活动、各种服务活动、服务内容和服务效果的记录等,这也是企业与客户的售后服务关系。

CRM 作为一种管理机制,对企业与客户间可能发生的各种关系进行全面管理,将会显著提升企业营销能力,降低营销成本,控制营销过程中可能导致客户不满的各种行为。

3. 进一步延伸企业供应链管理

20 世纪 90 年代提出的 ERP(Enterprise Resource Planning,企业资源规划)概念,原本是为了满足企业的供应链管理需求,但 ERP 的实际应用并没有达到企业供应链管理的目标。这既有 ERP 软件本身功能方面的局限性,也有 IT 技术发展阶段的局限性,最终,ERP 系统成为帮助企业实现内部资金流、物流与信息流一体化管理的系统。

CRM 为 ERP 系统中销售管理的延伸,突破了供应链上企业间的地域边界和不同企业之间的信息交流的组织边界,建立起企业自己的 B2B 网络销售模式。CRM 与 ERP 系统的集成运行才真正解决了企业供应链中的下游链管理,将客户、经销商与企业销售全部整合到一起,实现企业对客户个性化需求的快速响应,同时也帮助企业清除了营销体系中的中间环节,通过新的扁平化营销体系,缩短响应时间,降低销售成本。

4. CRM 的层次

(1) 理念层:企业全体员工必须树立以客户为中心的理念,这是 CRM 的核心。
(2) 执行层:在执行过程中,企业的政策和态度要始终如一。
(3) 原理层:市场营销和网络营销的理论要始终贯穿。
(4) 软件层:有一套对外连接客户、对内连接所有部门的软件平台。
(5) 硬件层:网络建设、计算机设备等是 CRM 实施的基本条件。

二、客户关系管理的功能

(一) CRM 的功能

1. 销售自动化

销售自动化(Sales Force Automation,SFA)是以自动化方法替代现有的销售过程,有了销售自动化,可以缩短销售周期,能使销售人员及时掌握信息,获取销售利润。

销售自动化可以通过向销售人员提供的计算机网络及各种通信工具,使销售人员了解日程安排、佣金、定价、商机、交易建议、费用、信息传递渠道、客户关键人物图片信息和报纸新闻,它是面向销售人员的。客户则可以通过对电子商务的网上交易来购买企业的产品和服务。

2. 营销自动化

营销自动化模块是 CRM 的最新成果,作为对销售自动化(SFA)的补充,它为营销提供了独特的能力,如营销活动(包括以网络为基础的营销活动或传统的营销活动)计划的编制和执行、计划结果的分析;清单的产生和管理;预算和预测;营销资料管理;营销百科全书(关于产品、定价和竞争信息等的知识库);对有需求的客户的跟踪、分销和管理。营销自动化模块与 SFA 模块的不同在于它们提供的功能不同,这些功能的目标也不同。营销自动化模块不局限于提高销售人员活动的自动化程度,其目标是为营销及其相关活动的设计、执行和评估提供详细的框架。在客户生命周期中,这两个模块具有不同的功能,但它们常常是互为补充的。例如,成功的营销活动能很好地了解有需求的客户,为了使得营销活动真正有效,应该及时地将销售机会提供给执行的人,如专业销售人员。

3. 客户服务与支持

客户服务与支持主要包含以下几个方面的功能:
(1) 呼叫中心服务。
(2) 订单与合同的处理状态及执行情况跟踪。
(3) 实时的发票处理。
(4) 提供产品的保修与维修处理。记录客户的维修或保修请求,执行维修和保修过程,记录该过程中所发生的服务费用和备品、备件服务,并在维修服务完成后,开出服务发票。

(5) 记录产品的索赔及退货。

在很多情况下,客户的保持及客户利润的贡献度的提高依赖于优质的服务。客户只需点鼠标或打一个电话就可以转向企业的竞争者。因此,客户服务和支持对很多公司而言是极其重要的。在CRM中,客户服务与支持主要是通过呼叫中心和互联网实现的。CRM系统中有力的客户数据促进多种渠道(如互联网、呼叫中心等)的结合,使销售成为可能,当把客户服务与支持功能同销售、营销功能比较好地结合起来时,就能为企业提供更多的机会,向企业的客户销售更多的产品。客户服务与支持的典型应用包括客户关怀、纠纷、订单追踪、现场服务、问题及其解决方法的数据库、维修行为安排和调度、服务协议和合同等。

4. 商务智能

在企业的信息技术基础设施中,以数据仓库为核心的商务智能可以将大量信息转换成可利用的数据,并允许决策者从企业过去的经验记录中查找适用于当前情况的模式,通过这一方法可使决策者更好地预测未来。商务智能是指利用数据挖掘、知识发现等技术分析和挖掘化的、面向特定领域的、存储于数据仓库内的信息,它可以帮助用户认清发展趋势,获取智能决策支持,得出结论。商务智能的范围包括客户、产品、服务和竞争。在CRM统中,商务智能主要是指客户智能。利用客户智能,可以收集和分析市场、服务和整个企业的各类信息,对客户进行全方位的了解,从而理顺企业资源与客户需求之间的关系。增强客户的满意度和忠诚度,实现获取新客户、支持交叉销售、保持和挽留老客户、发现重点客户,以及支持面向特定客户的个性化服务等目标,提高赢利能力。

(二) CRM 中的相关技术与应用趋势

1. 客户关系管理与数据仓库、数据挖掘技术的深度融合

目前流行的客户关系管理整体解决方案,不但能够完成客户数据采集、业务处理流程化等运营型客户关系管理的管理,而且能够使用数据仓库、数据挖掘等技术,能够进行客户相关数据分析,为营销、销售和服务部门提供辅助决策支持,同时为管理层提供企业全局的辅助决策支持,实现了运营与分析的闭环互动。

一方面,统计、聚类、决策树、神经网络和规则归纳等数据挖掘技术在客户盈利能力分析、客户获取、客户保持、客户细分和交叉营销等方面体现出很大的商业价值,能够帮助企业准确地定位销售活动,并使活动与现有客户和潜在客户的需求、愿望和状态紧密结合。另一方面,客户关系管理分析系统运用联机分析处理(Online Analytical Processing, OLAP)、数据挖掘(Data Mining)等技术从数据仓库中分析和提取相关规律、模型和趋势,让客户信息和知识在整个企业内部得到有效的流转和共享,并进一步转化为企业的战略规划、决策和各业务流程的辅助支持,提高在所有渠道中与客户交互的有效性和针对性,把适合的产品和服务通过适合的渠道在适当的时候提供给合适的客户,从而实现企业利润的最大化。

2. 基于云的客户关系管理服务将得到进一步发展

客户的行为活动及相关社交网络信息最能反映客户的兴趣和需求,掌握这部分信息对企业做好客户关系管理起至关重要的作用。基于云的应用程序非常适合收集这些信息,并且能够将它们转化为有用的情报。基于云的客户关系管理是通过 Internet 为各种规模的企业提供客户关系管理应用程序。客户关系管理可以在不提高市场预算的前提下有效提高商机的增长数量;减少业务人员的工作量,规范销售工作流程,解决销售过程中的撞单、忘单等现象,缩短客户服务时间,提高客户满意度;定期维护核心客户,提高客户忠诚度。

3. 社交型客户关系管理势不可当

随着微博、微信等社会化网络的诞生和流行,越来越多的企业意识到社交客户关系管理已经成为一个不可忽略的手段。从理论上说,准确把握社交网络的脉搏可以促进变革,提高客户忠诚度,并刺激销售,提高服务质量。社交网络为企业提供了快速收集这类数据的能力,其关系管理模式和交互方式与客户关系管理的客户管理方法可以无缝对接,将客户关系管理与社交网络相互连接,形成集销售管理、客户服务、客户反馈和员工合作等于一体的管理模式,带来了传统管理模式和管理理念的新突破。社交网络带给客户关系管理最直接的变化包括化被动为主动、柔化直接销售、关系建立更为可控和可靠,以及效果指标可考量。

三、客户关系管理的分类

客户关系管理按照不同的分类标准有不同的类型,主要有以下三种分类。

(一) 按目标客户分类

并非所有的企业都能执行相似的 CRM 策略,这意味着当同一公司的不同部门或地区实施 CRM,可能有着不同的商务需要。同时,另一个经常出现的因素是技术基础设施。因此,根据客户的行业特征和企业规模来划分目标客户群,是大多数的基本分类方式。在企业应用中,越是高端应用,行业差距越大,客户对专业化的要求也越高,因而,有一些专门的行业解决方案,如银行、电信和大型零售等 CRM 应用解决方案。而对中低端应用,一般采用基于不同应用模型的标准产品来满足不同客户群的需求。基于此,一般将 CRM 分为以下三类:(1) 以全球企业或者大型企业为目标客户的企业级 CRM;(2) 以 200 人以下跨地区经营的企业为目标客户的中端 CRM;(3) 以 200 人以下的企业为目标客户的中小企业 CRM。

在 CRM 应用方面,大型企业与中小企业相比有很大差别。大型企业在业务方面有明显的分工,各业务系统有跨地区的垂直机构,形成了企业纵横交错的庞大而复杂的组织体系,不同业务、不同部门、不同地区间实现信息的交流与共享极其困难,同时,大型企业的业务规模远大于中小企业,致使其信息量巨大;其次,大型企业在业务运作上十分强调严格的流程管理,而中小企业在组织机构方面要轻型简洁很多,业务分工不一定明确,在运作中更具有弹性。因此,大型企业所用的 CRM 软件比中小企业的 CRM 软件要复杂、庞大得多。

(二)按应用集成度分类

CRM 涵盖个客户生命周期,涉及众多的企业业务,如销售、支持服务、市场营销及订单管理等。CRM 既要完成单一业务的处理,又要实现不同业务间的协同;同时,作为企业应用中的一个组成部分,CRM 还要充分考虑与企业的其他应用,如与财务、库存、ERP 和 SCM 等进行集成应用。但是,不同的企业或同一企业处于不同的发展阶段时,对 CRM 的应用有着不同的要求。为了满足不同企业的不同要求,CRM 在集成度方面也有不同的分类。

从应用集成度方面可以将 CRM 分为三类:(1) CRM 专项应用;(2) CRM 整合应用;(3) CRM 企业集成应用。

(三)按功能特点分类

按照 CRM 功能特点,可以分为以三种类型。

1. 操作型 CRM

用于自动集成商业过程,包括对销售自动化、营销自动化,以及客户服务与支持等部分的业务流程进行集成。

2. 合作型 CRM

用于同客户沟通所需手段的集成以及自动化,主要有业务信息系统、联络中心管理和 Web 集成管理。

3. 分析型 CRM

用于对产生的数据进行分析,产生客户职能,为企业的战略、战术提供支持,包括数据仓库和知识仓库建设,以及依托管理信息系统的商业决策分析。

第 2 节　跨境电子商务客户关系管理

跨境电子商务已经成为中国企业拓展海外市场、提升国际品牌形象和价值的重要途径。跨境电子商务的发展作为中国外贸传统经营方式的一种颠覆,对中国外贸产业链的分布具有较大的影响,并在我国已经形成了新的发展模式。跨境电子商务以其自身的市场发展潜力和影响力在全球处于领先地位,但是我国的跨境电子商务品牌的竞争力和顾客满意度还存在着发展瓶颈,因此,应采取措施提升跨境电子商务的品牌竞争力和客户满意度,为我国外贸企业在国际市场中提升竞争力提供有力支持。

一、跨境电子商务客户关系管理的基本流程

客户关系管理是在线客户时代背景下跨境电子商务企业一系列管理活动的集合,是一

个系统性的工程。

(一) 跨境电子商务客户关系的建立

跨境电子商务客户关系的建立主要是指企业通过互联网与客户建立关系,其大体上需要三个环节:客户的识别、选择与开发。首先是识别哪些客户对企业有价值;其次是选择客户环节,企业确定哪些客户对于企业来说可能有价值,也就是说要确定与哪些目标客户建立关系;最后是开发客户环节,即企业如何与客户建立关系,如何吸引客户和开发客户。

(二) 跨境电子商务客户的信息管理

跨境电子商务客户的信息管理是实施客户价值管理的基础。信息是企业经营决策的基础,若要对客户的价值进行管理,就必须充分掌握客户的信息,就必须像了解自己的产品与服务那样了解客户。如果企业对客户的信息掌握不全、不准判断就会有失误,决策就会发生偏差。如果企业无法制定出正确的经营战略和策略,就可能失去好不容易建立起来的跨境电子商务客户关系。

(三) 跨境电子商务客户价值评价

不同的客户给企业带来的价值不同,不同价值的客户也有不同的需求,企业必须根据客户的不同价值分配不同的资源,根据客户的需求来制定经营策略。跨境电子商务客户价值评价主要是指对客户的价值进行定性的、定量的衡量,运用科学的方法和工具衡量客户的现实价值和潜在价值,从而为企业提供决策支持。

跨境电子商务客户价值的评价需要遵守如下原则:

(1) 长期性原则

客户关系管理中客户价值考察的是客户与企业保持关系的时期里对企业所产生的价值流,而不是某一时段或年度对企业利润的贡献。只有注重长期性原则,才能真正反映客户对企业价值的贡献。

(2) 全面性原则

影响客户价值构成因素:客户满意度、客户知名度、客户美誉度等,是客户在消费产品或服务后企业对客户的一种主观评价,因人而异,所以客户价值的测量不能仅仅局限于某一个客户的价值测量,同时又不能忽视客户的差异性。另外,客户价值是由多方面构成的,在评价客户价值时也需要进行。

(3) 整体性原则

构成客户价值的各个因素之间存在着显著差异,同时,各个因素又是相互影响、相互制约的,它们是一个有机的整体,在分析和评价企业客户价值的时候不能把各因素孤立起来。

(4) 客观性原则

客户关系管理中客户价值的考察不能仅仅依赖人为的判断,决策者必须在主观判断的基础上,结合一定的数理计算方法,将定性方法和定量方法结合在一起,这样才能得到更加真实的结果。

（四）跨境电子商务客户分级管理

跨境电子商务客户分级管理是指根据其价值的评价结果对不同价值的客户群实施不同的管理策略。在对客户价值进行评价后，企业要对跨境客户进行分级管理，制定自身的资源分配策略和市场战略，区别对待不同价值的客户。例如，对于有潜力的跨境电子商务普通客户来说，企业可以通过引领、创造、增加其需求的方式，来提高他们的贡献度。

（五）跨境电子商务客户价值的提升

在具体的管理活动中，与跨境电子商务在线客户进行充分的沟通与互动，提高在线客户满意度，最后实现在线客户忠诚，从而为企业创造更大的价值。

（六）跨境电子商务客户关系终止与保留

在线客户价值管理的过程中，有一部分跨境电子商务客户会流失，企业需要分析客户流失的原因，衡量该客户的挽回价值及可能性，实施挽回策略。对于那些没有挽留价值和可能性较小的在线客户，不需要过多关注；对于一些关键的跨境电子商务客户，实施挽回策略可以减少企业的损失。

二、跨境电子商务客户关系管理的功能和目标

（一）跨境电子商务客户关系管理的功能

在线客户时代的来临给企业带来了前所未有的机遇和挑战，互联网上巨大的在线客户资源是未来企业赢得竞争优势的重要资源，对在线客户价值的管理势必成为企业未来的核心任务。在线客户价值的管理对企业的发展主要有如下三个方面的作用。

1. 跨境电子商务客户管理能够给企业创造源源不断的利润

巨大的跨境电子商务客户资源是未来企业价值的源泉，管理好与在线客户的关系将会为企业创造源源不断的利润。通过对客户信息的分析，识别企业值得投资的高价值客户群，并根据这个信息制定相应的策略。企业资源是有限的，管理中有二八原则，即20%的客户为企业带来80%的利润，忠诚、持久而稳定的客户群成为企业最宝贵的资源。企业经营管理活动的关键是争取留住客户，满足在线客户时代背景下客户的个性化需求，和在线客户建立互相信任的、稳定的、双向沟通的互动关系，培养顾客的忠诚度，满足顾客随时变化的需求。

2. 整合跨境电子商务客户资源，为客户提供优质服务

提高客户满意度，吸引和保持更多高质量的客户。《哈佛商业评论》的一项研究报告指出，1个满意的客户会带来8个潜在的生意，其中至少有1笔成交；1个不满意的客户会影响到25个客户的购买意向。争取1位新客户的成本是保住1位老客户的5倍。因此，如何使客户满意并成为忠诚客户是企业盈利的核心问题。在线客户时代，客户的需求更加个性化，

更加多变,企业面临着快速的产品与服务的更新换代,如果跟不上客户的需求,就会失去客户。跨境电子商务客户价值管理就是要对在线客户的信息进行全面的整合,了解他们的需求,它贯穿于企业的各个部门、各个层次的各项管理活动中,从而为客户提供更快速、更周到的优质服务。无论客户采取什么途径和企业联系,企业的各个部门都知道客户寻找的目标、购买习惯、付款偏好和最中意的产品等。客户的信息都在掌握之中,就可以通过区别化地对待不同客户来实现企业利润的最大化。

3. 降低企业的运营成本与客户的交易成本

实施跨境电子商务客户价值管理后,企业将对客户需求和自身进行进一步的了解,从而实现企业资源的整合,企业管理过程的规范化,企业员工客户服务意识增强,企业创新能力的提升。这些将大大提高企业的运作效率,降低企业的运营成本,扩展企业的盈利空间。

(二)跨境电子商务客户关系管理的目标

随着在线客户时代的到来,整个社会已经进入了一个微利时代,企业与客户的距离缩短,客户的行为模式和价值观都发生了很大的转变。越来越多的企业开始对跨境电子商务客户实施价值管理。企业在线客户价值管理的目标与企业的战略目标在总体方向上保持一致,其核心是提高客户的满意度,实现客户忠诚,从而为企业创造更多的利润。

企业的着眼点应该在于优化客户体验,提升客户满意度,以便谋求竞争优势和企业利润的最大化。在与客户建立关系的基础上,不断对其价值进行评估,挖掘具有价值的客户,提高现有客户的满意度,区别对待不同价值的客户,实现企业资源的最优配置。通过对跨境电子商务客户价值的管理,企业不断加强对组织自身及其服务的理解,寻求新的差异化的竞争优势,对产品与服务进行创新,满足客户的个性化需求。企业要创建一种快速响应客户的文化,从而赢取客户的忠诚度和较高的客户挽留率。当然,对于不同的企业在线客户价值管理的目标不同,必须要进行具体分析。企业应当确保在线客户价值管理目标的层次性和可分解性,企业的各个职能部门也要能够从中分解出自己的目标。

三、跨境电子商务客户关系的建立过程

(一)跨境电子商务客户识别

随着企业之间竞争的日趋激烈,消费者在交易过程中掌握更大的主动权,同时消费需求也日益呈现出多样化、复杂化、个性化等趋势。在在线领域,消费者的购买选择决定着企业的命运,在激烈的在线市场竞争中,企业要想求得生存和发展,就要设法尽可能地吸引在线人口,使其成为自己的客户,并尽力与其建立长期的、良好的关系。

客户识别解决的主要问题是帮助企业判断哪些客户是重要的,哪些客户是最有潜力的。在电子商务日益发展的今天,整个电商行业风起云涌,市场瞬息万变,企业需要准确把握客户、了解客户需求并提供客户所需要的产品和服务,这就对在线客户识别的研究提出了更高的要求。

在线领域的客户识别是最近几年兴起的一个概念,它与传统营销理论中的客户细分与

客户选择有着本质区别。客户识别就是通过一系列技术手段，根据大量客户的个性特征、购买记录等建立客户数据库，事先确定出对企业有意义的客户，作为企业客户关系管理的实施对象，从而为企业成功实施客户关系管理提供保障。对于在线领域，互联网以其特有的"交互性"特征能够更好地提供客户识别的条件。简单来说，客户识别的前提是拥有大量客户的信息和数据，而在互联网领域，企业都掌握着大量的客户数据。只有客户基数足够大，才能进行客户识别。在客户基数小的时候，客户管理工作不具规模优势，效益成本比率低。客户关系管理要求以"客户为中心"来构架企业，但并不是每个客户都是上帝，并不是所有的客户都可以给企业带来效益，并不是所有的客户都是企业应该争取或者能够争取的。

与其耗费大量精力和成本追逐每一个客户，不如明智地预先识别客户，定位客户群之后，再以低成本、高效率挖掘高价值、高潜力的优质客户，通过合理的客户发展策略来建立良好的客户关系。

因此，客户识别是指在已经确定好目标市场的情况下，从目标市场的客户群体中识别出对企业有意义的客户，作为企业实施客户关系管理的对象。它是客户关系管理的核心内容之一，直接影响企业是否能成功地实施CRM。

传统的客户识别的指标非常多，如客户经营状况、收入、市场份额、资信信誉度、忠诚度、满意度等。在在线领域，这些指标依然有效。企业应该根据自身的实际情况及企业自身的评判标准来确定识别指标。跨境电子商务客户关系管理系统中的客户识别方法可从定性和定量两个角度进行分析。

（二）跨境电子商务客户选择

在充分做好客户识别的工作之后，企业之所以还要对自己的目标客户进行选择，可以基于如下几方面原因的考虑。

1. 企业的目标客户并不是所有在线客户

在电子商务环境中，不同客户的需求存在差异性。网站本身资源也有局限性，市场中只有一部分客户能成为企业产品或服务的实际购买者，其余则是非客户。因此，在那些不愿意购买或者没有能力购买的非目标客户身上浪费时间、精力和金钱，对企业而言都是不利的。在线客户给企业带来的收益不同，优质在线客户带来大价值，普通客户带来小价值，劣质客户带来负价值，甚至还可能给企业带来风险。企业只有更加精准地寻找到自己的客户，才能更好地生存与发展。

2. 正确选择跨境电子商务客户有助于企业定位

不同的客户群是有差异的，企业如果没有选择客户，就不能为确定的目标客户开发恰当的产品或服务。而且，不同的客户共存于一个企业，也可能会造成企业定位混乱，从而导致客户对企业形象产生模糊不清的印象。相反，如果企业主动选择客户，明确客户定位，就能够让企业树立好的形象。不是所有购买者都是企业的客户，也并不是所有客户都能给企业带来丰厚的利润，成功开发客户、实现客户忠诚的前提是正确选择客户。

互联网世界变化日新月异，新技术与新思想不断冲击着旧有的在线机制。这就需要企业拥有对市场、消费者需求的高度敏感度。在这种形势下,谁能抓住客户,谁的优质客户占比大,谁就能在竞争中取胜。何为优质客户?竞争中如何优选择营销,这是一个与时共进、与世共进的课题。西方经济学最优条件分析法,即互联网领域80%的利润由20%的客户所贡献,这20%的客户即为所说的优质客户。在对客户进行有效识别之后,筛选优质客户就是下一步工作。

(三) 筛选优质客户

基本的筛选标准如下:

1. 潜在"优质在线客户"的主要特征

这里首先需要定义优质在线客户,优质在线客户指客户本身的素质好、对企业贡献大的客户,其为企业带来的长期收入应该超过企业长期吸引、销售和服务该客户所花费的可接受范围内的成本。优质在线客户的条件如下:购买力强,对产品和服务的需求量大;对价格的敏感度较低,付款及时,有良好的企业信誉;客户服务成本的相对比例值较低;忠诚度高,愿意与企业建立长期伙伴关系。

2. 潜在"劣质在线客户"的主要特征

相反,劣质在线客户是指只向企业购买一部分产品或服务,但要求很多,花费企业高额的服务费用;不讲信誉,给企业带来呆账、坏账、死账及诉讼等,给企业带来负效益;让企业做不擅长或不了解的事,分散企业注意力,使企业改变战略方向。

四、跨境电子商务客户开发

(一) 潜在优质客户开发途径分析

1. 第一阶段:进行市场细分,选择目标客户

这一阶段主要通过市场细分,企业对潜在优质客户进一步选择,进而能够满足这些群体某一或某些核心利益。进行市场细分的依据之一,是对企业生产的产品和服务有潜在需求的客户。这类客户有消费企业产品和服务的需要,但其购买欲还未被激发出来,需要企业采取合适的营销策略进行激发。例如,即将步入工作岗位将要毕业离开学校的女学生,对于化妆品公司来说,就是一个合适的潜在客户群体。她们即将投入工作岗位,需要装饰打扮自己,对化妆品有着强烈的潜在需求。进行市场细分的另一个依据是企业敏锐地捕捉客户需求变化的新动向,即客户的新需求,而这类新需求的满足,需要企业开发新的产品和服务。即客户需要什么,企业就提供什么,体现了以客户为导向的营销策略。它的前提是企业具有提供新产品和新服务的技术和实力。

进行市场细分,需要建立在市场调查与研究的基础之上,保证细分市场切实反映相关群体的潜在需求特征和消费购买偏好。通过市场细分,选择在需求上具有较多共性的顾客,把

他们归为同一细分市场内,向他们提供同类的产品或服务。有关客户分类进而筛选出潜在优质客户的方法在前文已经有相关的论述,这里不再赘述。

2. 第二阶段:初步开发

(1) 广告

广告与营业推广一样,应先于其他促销手段进行,对潜在优质客户进行"空中轰炸",及时传递产品服务信息,树立企业形象。从广告效果的影响因素分析,广告的主题定位、广告本身的传播效果及广告之外的营销因素三者综合作用,对广告效果的影响作用是极其复杂的非线性关系。

E-mail 营销就是企业在推广其产品和服务的时候,事先征得顾客的许可之后,通过 E-mail 方式向顾客发送产品和服务信息。由此可见,向潜在优质客户发送广告必须满足三个基本要素:基于用户许可、通过 E-mail 传递信息、信息对用户是有价值的。在线领域可以采用基于用户需求的电子邮件营销策略。

(2) 销售促进,给客户适当性的反馈与回报

如何引起客户对企业产品或服务的关注,是市场细分、确定目标客户之后要进行的工作。通过向潜在优质客户提供有特色的服务,是一种吸引他们的兴趣的有效方法。企业需要主动地采取合适的方法与潜在优质客户进行接触和联系,进而通过各种各样的销售促进手段使他们的潜在需求变为现实需求。和潜在优质客户建立联系的方法,可以举办有特色的讲座、表演会甚至公益性的活动等,邀请他们参加。这些讲座、表演会是事先经过精心策划和准备的,在聘请明星或模特等参与表演的情况下,通常能够带给潜在优质客户通过一般途径所不能得到的惊喜和经历。企业在这些活动中选择合适的时机宣传自己的产品。例如,淘宝网为反馈客户,吸引更多的潜在客户,每年会举办"双十一大促销"活动。节日期间,淘宝商品普遍处于降价打折状态。这种做法能够更好地维系一些老客户,同时可以吸引一些潜在客户和新客户的眼球,为进一步培养优质客户提供了条件。

3. 第三阶段:深度开发

(1) 精细化营销

所谓精细化营销,简而言之就是通过细分市场、细分客户及细分渠道,找到潜在需求明显的客户,并且采用合适的触达渠道引入到合适的卖场或商场,以达到成交的目的。根据精细化营销理论,对于优质客户的开发,可以总结出"三个专"理论。

① 专注卖场挑选:开发潜在优质客户可以从分析产品开始。对于推广活动、卖场、商品进行精挑细选,确保推广的商品拥有足够的竞争力。保证优质商品是开发客户的前提与关键,确定优质商品进而确定优质客户。

② 专人优化文案:在线领域,吸引人注意的往往是一些促销帖子或者文案。针对优质客户要策划个性化的文案,并且进行及时审核和优化调整,在推送给客户时要注意监控效果。

③ 专用推送通道:推送需求使用专用防骚扰渠道,保证不会过度骚扰用户,使用户产生厌恶感。最常见的方法是可以建立相关的客户交流平台或者论坛,以便更好地接触有效

客户。

当然在线领域客户的拓展同样也少不了实体线下对于客户的开发,因此,一些传统的线下开发客户方法也可以作为很好的借鉴。

(2)"一对一营销"

"一对一营销"思想为客户的开发提供了新的方法和手段借鉴。"一对一营销"强调对客户知识和客户情况的更多了解。在"一对一营销"模式下,需要加强与潜在优质客户的积极对话与互动,深入了解潜在优质客户的需求,尤其是个性化的需求,以达到为客户提供定制化的产品和服务的目的。而满足潜在优质客户的个性化需求,为客户提供定制化的产品和服务,也是提高客户忠诚度的一种方法,体现了潜在客户开发过程中的客户关系管理。在信息社会,随着电子技术尤其是网络市场的发展及竞争的加剧,客户有着更大的选择范围,同时也越来越体现出客户消费选择的个性化倾向。在这种情况下,应用"一对一营销",视每个客户的需求都是独特的、唯一的,有必要对每个客户实行"特别对待",通过与潜在优质客户不断深入的联系与沟通,对客户知识进行有目的的学习,从而识别出客户的个性化需求并设法满足。

(3)会员制也是一种有效的客户开发方式

本书的会员更倾向于用"拥有特权的买家"来描述。在这样理解的基础上,会员管理就可以简化为商家可为客户创造提供哪些特权,以及客户获取不同特权的条件是什么,商家需要做的就是如何对特权和条件分别组合优化形成自己的会员体系,然后再予以实行。

商家对于特权的理解可以是物质层面和精神层面两者需求的综合考虑,大家可以基于马斯洛需求原理去做更多的展开,创造出更为丰富的特权体系,而不应该将自己对于会员维护的理解仅局限于商品的打折方面,进而达到客户开发的目的。

(4)加强与潜在优质客户的联系与沟通

培养客户的忠诚度贯穿潜在客户开发的整个过程中,企业要建立与潜在客户沟通的渠道,并保持沟通渠道的畅通,积极获取并处理潜在客户的意见和建议,并鼓励潜在客户表达自己的意见和观点,以做到及时了解潜在客户的想法和要求,不断增进对客户的关怀,培养相互间的感情,提高客户的忠诚度。

目前,在线领域还有很多新兴的对潜在优质客户的开放方式。

① 基于社区 SNS 营销,采用微博、人人网、Facebook 等社交工具吸引人流,通过公共账号的内容更新引导消费潮流。

② 利用 LBS、二维码等技术吸引相关客户群。电子商务企业可以实现与客户线上线下的对接,真正实现 O2O 闭环,如微信、百度地图等。

(二)跨境电子商务客户开发过程中需注意的问题

1. 收获期管理

经过企业持续的营销努力,有部分潜在优质客户会向企业的新客户转化,并可能会进一步依次转化为常客户、老客户和忠诚客户。此时,企业的潜在优质客户开发取得了阶段性成果,应根据客户在忠诚度上所处的阶段采取相应的营销策略,以促进其向更高级别的忠诚度转化。

销售促进手段应该更加丰富化,广告内容的安排应该为营销者当前阶段的营销目标服务,大客户策略、"一对一营销"应能体现出依据客户对企业的营收贡献进行相应的企业资源配置与倾斜,关系营销应该持久进行,以加强与客户之间双赢的、相互依赖的合作关系。

2. 妥善处理客户抱怨

潜在客户开发过程中可能会给潜在客户带来麻烦和不满,客户抱怨与投诉是不可避免的。

积极倾听潜在客户抱怨,真诚接受潜在客户批评,妥善处理潜在客户投诉。客户抱怨与投诉如果处理得当,不仅不会留给客户负面的印象,反而会使客户成为企业的忠诚客户。关于客户抱怨的内容在之后的章节也会重点介绍。

3. 放弃策略

开发潜在客户的过程中,要学会采用放弃策略。在经历了大量的潜在客户开发资源投入并付诸长期的开发努力之后,发现仍然无果而返。尤其是在电商领域,每天需要接触大量的消费者,每个消费者不可能都会成为企业的客户,这就需要采取放弃策略,及时地将一些非潜在客户进行剔除和放弃。

五、跨境电子商务客户的流失与维持

(一) 跨境电子商务客户的特点

与传统贸易模式下的客户相比,跨境电子商务由于在线客户所处的特殊消费环境和具有的特殊消费方式,使其呈现出许多有别于传统客户的新特点,主要体现在如下方面:

1. 跨境电子商务客户进行在线消费不受地域限制和消费时间的影响

随着全球网络覆盖率的不断提高,跨境电子商务客户和网络企业之间实现了互动的"零距离"。伴随电子商务发展而日益发达的物流系统,更使在线客户得到了前所未有的、便捷的消费体验。跨境电子商务客户可以足不出户享受到异地甚至异国的产品和服务,而以往产品因受地域限制而导致的消费时间的滞后性也相应减小。

2. 产品和服务的选择范围更大

由于网络突破了以往消费地域和消费时间的限制,使跨境电子商务客户在同一时间相对于传统客户有机会对更多不同企业的同一产品进行考量。以往由于企业产品信息和客户消费信息的不对称性而导致的客户往往只钟情于同一企业的产品和服务的观念,正在日益淡化。在线客户对产品和服务选择空间更大,从而导致跨境电子商务客户对企业忠诚的时效不断减小,流动性增大,跨境电子商务客户资源的动态变化更加剧烈。

3. 在线购物互动性强

一方面，在线客户与商家互动机会增加。互联网为企业发布产品信息提供了前所未有的高速平台，可以实现企业产品生产和宣传的"零时差"，一些电子商务网站具备的社区特性和社会化商务模式也增加了跨境电子商务客户与商家之间进行互动的机会。另一方面，客户之间相互影响效应更为明显。通过互联网传递网络口碑信息使得商家影响力传播极为迅速，客户也更容易相互影响，快速地聚集成独特的网上团购客户群。

4. 跨境电子商务客户需求具有更强的时效性

在瞬息万变的网络环境中，互联网使得信息更新速度不断加快，在线客户的需求也会随着所接受信息的变化而更容易发生改变，这要求在线服务提供商能够更加快速地做出响应。近年来，国内外购物网站大批量消失，导致这种现象的根本原因就是在一定周期内由于客户流失而成为无人问津的"僵尸站"。

5. 个性化需求强烈

网购市场产品和服务的丰富化、多样化和全球化促使消费者不再惧怕商家的挑战，而制定自己的消费准则。跨境电子商务客户在选择产品和服务时更多取决于个人偏好，客户需求更加多样化和个性化。

跨境电子商务客户新特点的出现，造成客户流失的原因也变得多种多样，如电子商务企业人员的流动、强势的竞争对手的出现、细节的疏忽、诚信问题等。基于此，我们从客户的角度出发，主要从三个大的方面分析客户流失的原因，分别是感知风险、感知价值和电商行业的外部环境。

（二）造成跨境电子商务客户流失的因素

随着市场尤其是网络市场竞争得越发激烈，很多企业已经意识到发展一个新客户所花费的成本远远高于留住一个老客户，老客户成为各大企业极力想维护的重要资源。电子商务作为当前发展的主要方向，其对客户资源的重视程度不言而喻。如何正确了解并及时把握住当前电子商务环境下客户的行为特征及规律，进而争取到更多的客户资源是目前电子商务运营者生存及发展的关键问题之一。

近年来，尽管整个电子商务的水平在不断提高，所创造的价值也在逐年提升，但是，市场总是有限的，网络市场众多的不确定性导致了现阶段电子商务环境下的客户也处于一种不确定的状态，客户流失现象严重且呈恶化趋势。电子商务网站中导致客户流失的因素可分为两类：推力和引力。

推力，主要由导致客户对网站产生不满意的因素组成，包括网站知名度不高、产品价格高、服务水平欠缺、发货的速度缓慢、存在安全隐患等。引力，主要由网站的同行竞争者给予的诱惑组成，包括客户本身的喜好转变、竞争者给予的价格、服务水平、物流等方面的诱惑。通过对这两种力量进行对比分析，可以发现推力所包含的因素是网站本身可以进行控制的，而引力则不然，引力中包含的因素来自竞争者，所以它较多地受竞争者控制。如果网站想留住客户,有效地控制网站客户流失,可以通过控制或改变导致网站客户流失的推力及引力因素的影响力等措施来实现。

(三)跨境电子商务客户的维持

1. 跨境电子商务客户维持原则

一般企业在制定控制客户流失策略时都考虑其策略制定出来的可信性、可靠性及可操作性,对于跨境电子商务网站,这些原则同样适用,但是网站在制定控制客户流失策略的时候还应考虑其本身具有的特性。现结合跨境电子商务网站与一般企业的相似性及差异性,总结出跨境电子商务网站在制定控制客户流失策略时需要考虑的几方面原则。

(1) 实用性

制定任何策略都不是凭空想象的,都必须是能够具体实施操作的,具有实用价值的。任何策略如果不具有实用性,最终也将起不到任何效果。

(2) 时效性

现今由于互联网技术的高速发展,市场相关信息流动量增大且信息逐渐透明化,这一系列原因使得客户的需求也随之越来越高,企业如果不能及时了解客户的需求就可能被客户所抛弃。企业,尤其像跨境电子商务网站这样的依靠互联网经营的企业,必须特别强调实时控制,及时准确地掌握客户动向,对流失客户采用的策略必须能达到立竿见影的效果,否则其控制策略就没有起到应有的作用。

(3) 整体性

目前,企业(包括电子商务企业)制定的大多数控制客户流失的策略都是着眼于短期市场发生的一些变化而采取的临时控制措施。虽然这些策略考虑到时效性,但大多数这样的措施在考虑时由于匆忙,考虑到的因素相对不全面,制定出的策略没有从整体出发。为避免出现相互重叠、矛盾的局面,制定的控制策略相互之间需要整体协调,考虑时效性的同时,对于策略的整体性也需要进行全局考虑。

(4) 针对性

根据模型预测的结果,在对网站流失客户进行分析的时候,要有针对性地进行深入分析,因为影响这些客户流失的因素会各不相同。我们的目标就是要找出关键的因素,并根据所找出的关键因素制定适合的控制其流失的策略。

(5) 安全性

在电子商务环境下,网站中客户的交易都是在互联网上进行操作的,安全问题一直是客户很关心的一个问题。所以,网站对其流失客户进行分析的时候,就必须将一些关系到网站安全及网站可靠性的因素列入考虑范围,这些指标包括支付过程的安全因素、客户隐私信息的保护、安全政策、信用制度及电子商务环境下的法律法规,这些都是通过网络进行交流、沟通和互动的基础。电子商务网站客户流失的受力分析就是指将影响电子商务网站客户流失的所有因素比作作用力,并将这些影响因素归总起来进行分类,上文已经指出这种作用力大体分为两类:一类称为推力,另一类称为引力。电子商务网站客户流失就是由于推力及引力共同作用的合力所影响的结果。

2. 跨境电子商务客户维持策略

在控制和改变这两类因素的影响力时应注意分清主要因素及次要因素,找出那些对客户流失起决定作用的因素,重点考虑区别对待。鉴于此,分别引入拉力及阻力来中和推力及引力,以达到控制减少流失的目的。引入的拉力和阻力,网站在一定程度上能够控制客户流失。为此,将控制网站客户流失的策略分为:拉力策略和阻力策略。

(1) 拉力策略

① 提高网站产品价格的竞争力。产品价格,无论是对于实体企业还是像网站这样的利用互联网经营的企业,都是关乎生死存亡的问题。相对于传统的实体商店而言,网上商店可为客户呈现更为直观的商品及服务,这使得交易和服务可以突破传统的时间和空间限制,客户随时随地能够精心挑选和货比三家,所以网站更应关注产品价格,在制定所售产品价格时必须考虑的因素将更多。追求物美价廉的消费心理使得价格始终是消费者最敏感的因素。如果价格不够诱人将会很快被互联网所淘汰,但过低的价格尽管有些时候有吸引力,从长远来看,利用低价销售将减少网站盈利,使网站后续的产品及服务降低,而且网络上过低的价格将使用户对产品质量产生怀疑,基于此吸引来的客户很容易流失,忠诚度相对较低。因此,网站在实施有效的价格策略之前,必须对市场进行分析,以市场为导向,同时考虑本身网站经营成本,建立合适的价格机制。同时,可以通过明确产品价格优惠权限,通过产品和服务差异化转移网站客户对价格的敏感。

② 巩固网站安全信任机制。与传统零售相比,网络市场是一个开放的市场,用户可以足不出户就购买到所需产品,但在网络提供便捷服务的背后,因为其资金、产品、交易者时空相分,以及需要客户在交易中提供敏感的个人信息和财务信息,增加了交易的风险和不确定性,安全及信任问题一直是网站与用户共同关注的问题。通过对网上交易存在的问题进行调查发现,大部分用户认为目前网上交易存在的最大的问题之一就是网站本身安全性及用户对网站不够信任。目前,对于用户交易过程中隐私保证、安全保证、网站信息是否实事求是等问题,网站可以采取一系列的措施,引进相关技术,确保网络安全,国家也要针对电子商务网站制定相关法律条文,规范网络环境,规范电子商务活动,降低用户网购风险。

③ 增强网站品牌效应。与在传统卖场中购物一样,用户在网购时更多还是购买品牌商品,网站也应意识到产品品牌的重要性,实行品牌经营,树立品牌意识,将品牌建设列入工作范畴。网站品牌的建设更多的是要结合消费者的需求,不能拘泥于理论,才能设计出更为合理的网站结构。事实上,通过数据调查表明,从男女在网站购买品牌商品的类别来看,女性的选择会涉及很多类别,而男性只对体育商品进行品牌消费。男性更多地关注实用型商品。对此,网络营销可以针对男女不同的特点,引导用户消费,在网站中分别设置男性区和女性区,在不同区设置不同的品牌空间,就是一个很好的营销理念。

④ 实行差异化、个性化营销。能够以个人心理愿望为基础挑选和购买商品或服务。现代网站用户往往富于想象力,渴望变化,喜欢创新,有强烈的好奇心,对个性化消费提出了更高的要求。他们所选择的已不再单是商品的实用价值,更要与众不同,充分体现个体的自身价值,这已经成为他们消费的首要标准。在用户对不同领域的创新倾向和行为有

明显差异的情况下,网站想提高整体的水平就必须对客户实行差异化对待,为他们提供个性化服务。必须对不同的客户先进行分析,了解他们的需求,在这基础上电子商务企业可以为他们量身定做个性化的信息和产品及服务工作。如果客户需求量比较大、需求业务种类繁多,电子商务企业就必须能够提供给他们多样化的解决方案,用以满足他们的需求。

⑤ 提高网站服务质量。网站服务是指品质保证、对客户的回复、送货速度、售后维修等与产品相关的服务项目。其中,用户选择网络购物,很大程度上是因为其方便快捷,交易生成后送货的速度显得尤为重要,保证畅通的物流成为提高网站服务质量的一个重要指标。除物流外,售后服务、及时回复用户需求等也是网站必须高度关注的问题。

⑥ 加强网站数据分析功能。目前,多数的网站早期都只是注重建站,并没有添加一些网站数据分析工具进行网站的数据分析。然而,随着网络这一无形事物不断增强的社会和市场的影响力,网站的用户访问量逐渐攀升,访客来源也日渐多样化,一系列网络数据都已经发生根本变化。对网站运营核心数据进行分析,已经成为网站经营过程中不可缺少的工作,它与网站的经营管理及业绩有着很大的关联性。网站利用数据分析工具,通过对网站用户、日常数据、销售数据等行分析,进一步对网站用户进行描述定位,对用户需求进行预测,保证网站的运营工作正常发展。

(2) 阻力策略

电子商务环境下的阻力策略主要是建立网站客户流失壁垒,以提高网站客户流失的成本。这里主要提出了如下两种措施。

① 提高网站客户转移成本,减少机会成本。转移成本,是网站客户及网站本身都需要考虑到的一个问题。作为网站用户,如果轻易地重新转换目标网站,投入的时间、精力以及对原有网站会员来说的一系列优厚政策将会丧失殆尽,网站可以基于此,采取一些会员优惠、积分兑换礼品、售后服务延长等活动来使客户不愿意更换网站。转移成本通常会随着时间而增加,而流失壁垒也将越来越高。

机会成本,同样也是网站客户及网站本身需要考虑到的另一个问题。机会成本可以理解为选择一种方式时所牺牲掉的选择其他所有方式能够带来的益处。用户选择网上购物意味着其放弃了实体商店购物,而在实体商店购物享有各种益处就构成了用户此次网上购物的机会成本,如可以直接接触到产品,清楚地知道产品的质量、提供的一系列优惠活动等。所以,减少用户购物的机会成本也是使流失壁垒增高必须考虑的因素。网站可以为用户提供丰富网站链接、对客户提供更多的关怀,让客户在购前、购中、购后都能感到满意。

② 提高网站客户的心理流失成本。所谓心理成本是情感因素导致的成本感受,比如对未知产品的预期收益和损失,对风险的态度等。心理成本属于一个主观变量,一般难以衡量并且不可比较,所以,不同用户针对同种交易可能表现出不同的流失成本反应。从网站与用户所建立起来的结构性关系看,长期用户更具有价值,这使得用户向竞争者流失的心理成本提高,从而在某种程度上可以限制他们的流失。

第3节　跨境电子商务客户服务内容

跨境电子商务客服的主要服务内容可以归纳为以下几点：对外解答客户咨询、解决售后问题、促进销售等；对内履行管理监控职能。

一、解答客户咨询

与在实体店铺购物不同，在线购物时，客户会对店铺提出大量关于"商品"和"服务"的咨询。

（一）解答关于商品的咨询

纵观目前中国跨境电子商务行业，商品具有如下特点。

1. 商品种类庞杂

从早期的3C、玩具，到后期卖家集中发力的服装、配饰、家居用品等，跨境电子商务涉及的行业不断丰富，基本已经覆盖国内外所有常见的日用消费品。

2. 单个店铺经营的专业品类多

不同于国内电商单个店铺往往只销售一到两个专业品类的特点，在跨境电子商务交易中，国外客户对"店铺"的概念非常薄弱。这是因为早期建立的国外电商平台大多没有"店铺"的概念，而只有松散的"商品链接"，如美国亚马逊。因此，跨境电子商务的店铺同时兼营的商品经常涉及多个行业、种类，这就使客服的工作变得更加复杂。

3. 商品规格上国内外存在巨大的差异

例如，令许多卖家头疼的服装欧洲尺码标准、美国尺码标准，与国内商品存在差异。又如，电器设备的标规问题，欧洲、日本、美国电器商品的电压，都与国内标规不同，即使是诸如电源插头这样一个小细节，各国也都有巨大的差异，中国卖家卖出的电器能适用于澳大利亚的电源插座，但是到了英国就不匹配了。

跨境电子商务商品的特点增加了客服人员在解答客户商品咨询时的难度，而客服人员重要的工作任务就是，当客户提出任何关于商品的问题时，无论多么复杂，都要为客户做出专业的解答，提出可行的解决方案。这对广大中国卖家来讲，是一个不小的挑战。

（二）解答关于服务的咨询

跨境电子商务的另一个特点在于服务实现的复杂性。当面临运输方式，海关申报清关以及商品安全性等问题时，跨境电子商务往往比国内电商需要处理更多更复杂的问题，而当商品到达国外客户手中后，解答商品在使用中遇到的问题，也需要我们的客服人员具备更高的售后服务技巧,这样,客服人员才有可能用较低的售后成本为国外客户妥善地解决问题。很多商品信息在购买页面都可以被读取,但售后牵涉更多的是服务问题且商品售出,客服人员所面临的都是相关商品的一系列服务问题,而且相对于商品咨询,服务问题更是千差万别。商品是稳定、不变的,而服务的标准与内容、差别很大,客服人员在把握时难度更高。

二、解决售后问题

(一)跨境电子商务售后问题产生的原因

跨境电子商务行业有一个非常有趣的特点,即在正常情况下,客户下单之前很少与卖家进行沟通,这就是行业内经常提到的"静默下单"。卖家首先要做的事情是在商品的描述页上使用图片、视频、文字等多种方式充分且明白地说明正在销售的商品特点,以及所能够提供的售前、售后服务。一旦这些内容落实到商品页面上,就成为卖家做出的不可改变、不可撤销的承诺。

在大家所熟悉的国内电商行业中,绝大部分客户在下单前都会与客服人员就"是否有库存""可否提供折扣或赠品"等内容进行多次沟通。而在跨境电子商务行业中,客户往往在下单前不与店铺的客服人员进行任何形式的联系。客户"静默下单",即时付款,对卖家来讲,这不得不说是减少了工作量。

另一方面,在跨境电子商务行业中,当客户联系店铺卖家时,往往是客户在商品、物流运输或者其他服务方面遇到了问题,而这些问题是客户依靠自己的力量无法解决的。绝大部分情况下,一旦客户联系店铺客服人员,就会对售后环节提出疑问与不满。统计数据说明,许多跨境电子商务卖家每天收到的邮件中有将近七成都是关于商品和服务的投诉。也就是说,店铺客服人员在日常工作中处理的最主要问题就是各种售后服务,帮助客户客观地认识问题,稳定他们的情绪,进而控制整个业务谈判的方向。

(二)客服人员解决售后问题所需的知识与技能

1. 客户关系管理的能力

客户关系管理是跨境电子商务客服必须具备的一项素质。

2. 成本核算与规避损失的能力

无论是何种商业模式,客服人员在面对客户的投诉时可以采取多种方案解决,然而这些方案往往会涉及一些售后成本。跨境电子商务不同于国内电商,由于距离远、运输时间长、运输成本高,当服务出现问题时,售后处理的方案往往会比国内电商的处理方式成本高,最常见的例子是牵涉到退换货的问题。而这需要客服人员在多种处理方法中,引导客户选择对卖家而言是成本最低的处理方案。

3. 全面了解店铺商品与各岗位工作流程

如前文中提到的,解决客户的问题时,客服人员首先必须是跨境电子商务的行业专家,必须对诸如商品、采购、物流、通关等各方面的工作流程都有一个全面而正确的认识。只有如此,客服人员才能够准确地发现问题所在,客户遇到的麻烦才能够得到完美的解决。除此之外,客服人员还需要熟悉平台规则,了解店铺后台,把握店铺整体评论、评分以及商品星级评分和评论内容,熟悉公司商品,包括商品的功能、特色、成本、物流及供货期等,了解公司文化和品牌理念以及掌握客服相关问题。

4. 良好的沟通能力

客服人员每天的业务操作都离不开沟通,所以沟通技巧是跨境电子商务客服人员需要具备的重要能力之一。客服人员熟练掌握沟通的技巧,就能使面临的许多问题迎刃而解。良好的沟通可以使交流双方的思想、观念、观点达成一致,让店铺赢得更多的订单,买家也能避免不必要的中、差评出现。同时,客服人员应具备良好的英语听说读写能力,回复邮件进度达到50～100封/天。

三、促进销售

销售与促销往往被认为只是业务销售人员的工作。但实际上,在跨境电子商务领域中,客服人员如果能够充分发挥主观能动性,也能够为企业和团队创造巨大的销售业绩。因此,客服人员需要在与客户的首次以及后续交易中发挥主观能动性,尽可能促进后续交易的稳定进行。

(一) 客服实现再次交易的方法

(1) 卖家对问题的完美解决会使自身在买家心中大大加分,形成客户黏性。很多在店铺下单几十次的老客户,往往是在最初几次交易中遇到过问题的人。而当客服人员完美地解决问题后,客户对卖家的信任会显著增强。特别是当客服人员专业的服务态度能够感动国外的客户时,两者的信任关系迅速增进,这种人与人之间的相互信任可以促使客户稳定下单。

(2) 从大量售前咨询中发掘潜在大客户,促成大额交易。跨境零售电商行业中(特别是在阿里巴巴速卖通平台上)有大量的国外买家主要的目的是寻找合适的中国供应商。无论是售前还是售后的咨询,这种客户更关注的是卖家在商品种类的丰富程度、商品线的开发拓展速度、物流与清关的服务水平和大额订单的折扣力度与供货能力等。一旦发现这种客户,客服人员需要积极跟进,不断地解决客户的所有疑虑,最终促成订单成交。

(3) 巧妙使用邮件群发工具形成客户社群,增加回头客。在跨境电子商务的营销过程中,通过与营销业务人员的配合,客服人员也可以扮演非常重要的营销角色。相对于国内买家,国外零售电商的买家更容易接受"客户俱乐部制"等客户社群方式,因此,有效且精准的营销邮件群发,一方面可以增强客户的黏性,另一方面也可以发放优惠券,促使客户参与店铺的各种促销活动,促进他们回店再次下单。

(二) 客服促进销售所需的知识与品质

(1) 发现潜在大客户的敏锐性。大客户往往是通过零售客户转化而来的,但并不是说所有的零售客户都是店铺的潜在大客户群,这就需要客服人员具有发现潜在大客户的敏锐性。这个技能是无法在短期形成的,但有些常用的技巧可供参考。例如,潜在的大客户会比普通的客户更重视卖家的商品丰富度,商品线的备货供应情况,以及当购买数量提升时,是否能够得到相应的折扣等。

客户注重的是与中国的卖家合作之后,是否能够得到更大的利润空间,以及稳定的商品供应和丰富的商品种类。越是供货稳定,批发折扣力度大,运输方案灵活,具有丰富经验的卖家,越容易博得大客户的青睐。依据这样的思路,客服人员通过与客户的积极沟通交流,对客户进行观察与总结,可逐渐培养发现潜在大客户的敏锐性。

(2) 对成本、物流、市场情况的全面了解。类似于传统外贸中的"询盘—报价"模式,店铺的客服人员在工作中也经常会涉及物流费用、商品成本以及销售利润预算的问题。这就需要客服人员充分掌握本团队所经营商品的状况、运输方式的选择以及各项费用的预算。

持续、定期地与买家沟通,解决买家的顾虑或疑惑,与买家一起研究,提供最安全、稳妥的物流和供应方案,是最终将大额订单敲定的关键。另外,当与买家达成第一次大订单后,卖家后续的客户服务要更加主动。对跨境电子商务的卖家而言,与一位客户达成第一笔大额订单只是后续多次合作的开始,其店铺的客服人员要定期联系过往的客户,为他们提供更加周到的售后服务,同时向他们推荐店铺最新的相关商品。这种回访的模式往往会带来更高的下单率和更加稳定的长期客户。

四、管理监控职能

跨境电子商务由于其跨国交易、订单零碎的属性,往往容易出现日常团队管理混乱的情况。无论是在商品开发、采购、包装、仓储、物流还是在海关清关等环节,跨境电子商务出现问题的概率都比境内电商大。

在某个环节出现问题并不可怕,可怕的是出现问题之后由于涉及环节非常多,责任无法确认到位,导致问题进一步扩大与恶化。如果整个团队工作流程中的缺陷在导致几次问题之后,仍然不能被有效地发现和解决,那么对这个团队来说无异于有了一个长期的定时炸弹。环节上的缺陷随时有可能爆发,并引起更加严重的损失。因此,对任何一个团队来说,团队的管理者都必须建立一套完整的问题发现与问责机制,在问题出现后,及时弥补流程性缺陷。而在跨境电子商务行业中有一个岗位先天就适合充当这一角色——客服。首先需要明确的是,客服人员并不一定直接参与团队的管理中,但是作为每天直接面对所有客户的一个岗位,客服人员需要聆听并解决所有客户提出的问题,客服人员作为广大客户的直接接触者,是团队中最先意识到问题的。因此,客服人员必须充分发挥管理监控职能,定期将遇到的所有客户问题汇总并及时反馈到销售主管、采购主管、仓储物流主管以及总经理等各部门。

实 验
客户差评处理

一、实验目的

学会如何妥善处理客户的差评。

二、实验内容

1. 实验任务

针对客户做出的差评,分析原因提出解决对策,并思考如何引导客户修改差评并撰写具体的回复信息。

2. 实验步骤

(1) 阅读实验素材——如何处理亚马逊差评,了解亚马逊差评处理技巧;

(2) 阅读实验素材——产品背景,登录各产品网页,查看前10~20个差评,从客户与商家自身两个角度分析各差评的原因,看看卖家是怎么回复的;

(3) 选择一个差评,思考并撰写具体的回复信息;

(4) 引导客户修改差评,阅读实验素材——修改差评的电邮模板,参考模板,撰写具体的邮件内容;

(5) 填写实验产出模板。

3. 实验工具及素材

实验素材一:如何处理亚马逊差评

亚马逊平台有两套评价体系:Review 和 Feedback。

Review 是对 Listing 本身的评价,亚马逊用户无论是否购买此产品,都可以对一条 Listing 做出自己的评价。Feedback 是对具体订单而言,只有在购买行为已产生之后买家才可以对已有订单做出评价。

Feedback 是客户对他所购买的产品的这个订单的评价(订单的评价)。它可能包括:产品质量、客服质量、物流速度等一系列的因素。Feedback 体现在对店铺的影响上,是账号表现的一个考核指标,买家只有在进入卖家店铺页面时,才能够看到该店铺的 Feedback 情况。

Review 是只能针对这个产品本身,与客服、物流等其他产品除外的因素无关。Review 是对 Listing 本身而言的,通常展示在产品页面的下方,对 Listing 的曝光、流量、排名和转化率都产生着直接的影响。

对于一个未购买产品的用户,最多只可以对 Listing 做出 Review 评价,而对于一个已购买产品的买家既可以做出针对订单的 Feedback,也可以做出针对 Listing 的 Review。

Feedback 如果是不符合规定的,卖家一般是可以申请移除的,而客人在产品页面留的 Review 一般很难申请移除,只有跟客户沟通,如果是涉及与产品本身无关的方面,卖家也是可以向亚马逊申请移除的。

在亚马逊运营中,无论是 Review 还是 Feedback,差评的影响都是严重的。对于一个有长远眼光的卖家来说，必须非常重视店铺和 Listing 的好评率。

亚马逊 Review 差评怎么处理？

引导客户移除差评：

联系差评客户，主动提出帮他们解决问题。

一旦得到客户回应，再提出，如果客户对提出的解决方案满意，可以请求客户帮忙删除差评。如果买家同意修改或者删除差评，以下是客户的操作步骤：

（1）在前台点击进入 Your Account，如下图所示：

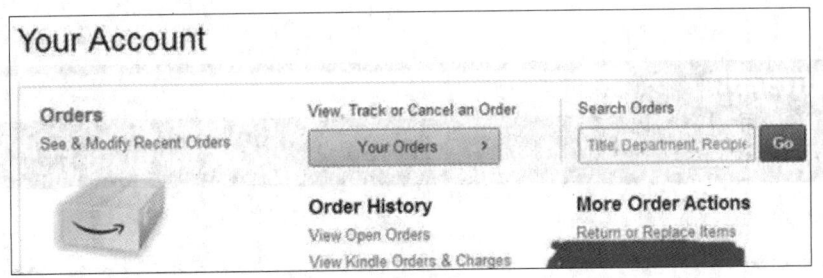

（2）在 Your Account 界面下的 Personalisation 一栏找到 See All My Reviews，点击进入，如下图所示：

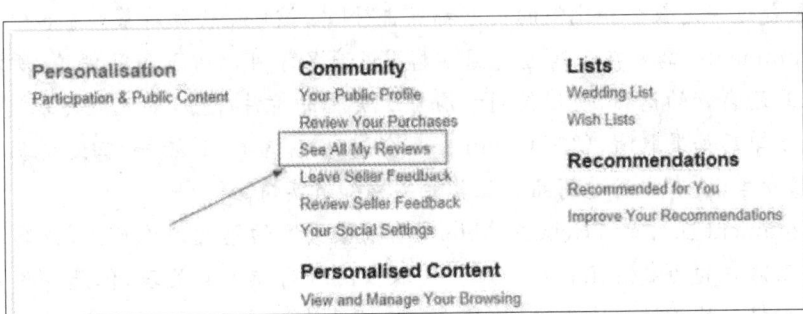

（3）找到对应的订单，下面可以选择 Edit Review 和 Delete Review，如果是删除 Review，可以直接选择 Delete Review，如下图所示：

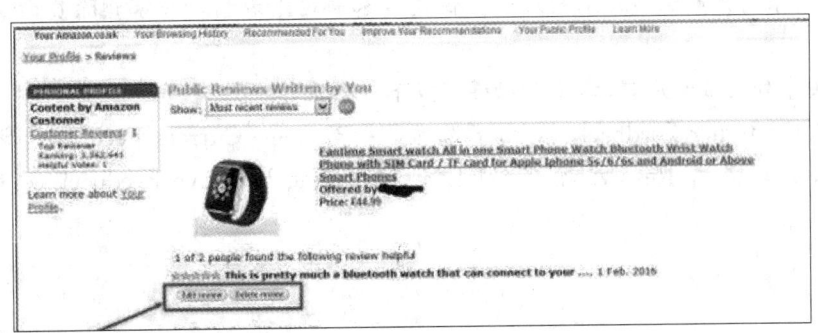

向亚马逊申请移除：

如果是涉及与产品本身无关的方面，卖家也可以向亚马逊申请移除。

向亚马逊申请移除差评的步骤：

（1）在卖家账号后台登录进入您的前台界面，找到您要向亚马逊申请移除的产品详情界面的差评，点击 Report Abuse；

（2）进入之后，在空格处填入产品 ASIN、订单号以及差评的内容，解释为什么要移除此差评的原因，然后点击 Report as inappropriate；

（3）接下来就会出现如下界面，显示已经提交成功。

那么，遇到那些买家的恶意评论该怎么应对呢？

找到该评论，点击评论下方"Was this review helpful to you?"，"No"表示该评论没有任何帮助，如果超过一定数量和比例的买家都点击"No"，该评论会被屏蔽。

留下 Comments，需要在亚马逊美国站购买过商品才可以留下商品评论，所以可以尝试购买一个亚马逊自营的商品，使用信用卡消费 1 美金的卡片即可，如此就可以留 Comments 了！（注意：下单后如果取消，留下 Comments 会消失）。直接在该评论回复说明该评论是不实评论，恶意竞争，没有购买过商品等让其他买家知道实情。

点击 Comment 上方的"Report Abuse"举报该买家的恶意评论行为，亚马逊绩效团队会根据该买家账户的历史情况和买家账户关联情况进行相关的处理，但是评论不一定会被删除。请在举报时尽量详细地描述，并且告知希望删除该差评。

亚马逊 Feedback 差评怎么处理？

联系买家删除：

当买家在"买家评论"发布负面反馈后，可以单独联系买家解决问题。解决买家的问题之后，可以请求对方删除网站上的反馈。但是卖家胁迫或者利诱买家删除负面反馈属于违规行为。

联系买家处理负面反馈，卖家可以遵照以下步骤操作：

（1）在 Customer Feedback 中，向下滚动鼠标至 View Current Feedback，找出您要解决的评论，然后点击 Resolve 按钮，将转至 Resolving Negative Feedback 页面，如下图所示：

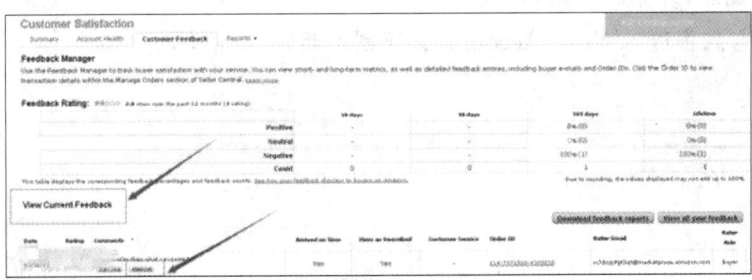

(2) 在出现的 Resolving Negative Feedback 页面，点击黄色的 Contact Customer 按钮，如下图所示：

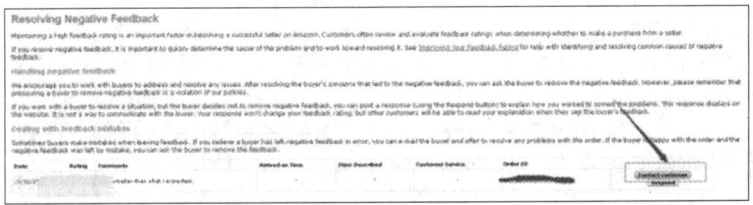

(3) 从下拉菜单里，选择主题，在 Message 区域，键入消息，使用 Add Attachment 按钮，附上收据、支持文件等，点击 Send e-mail，将消息发送给买家，如下图所示：

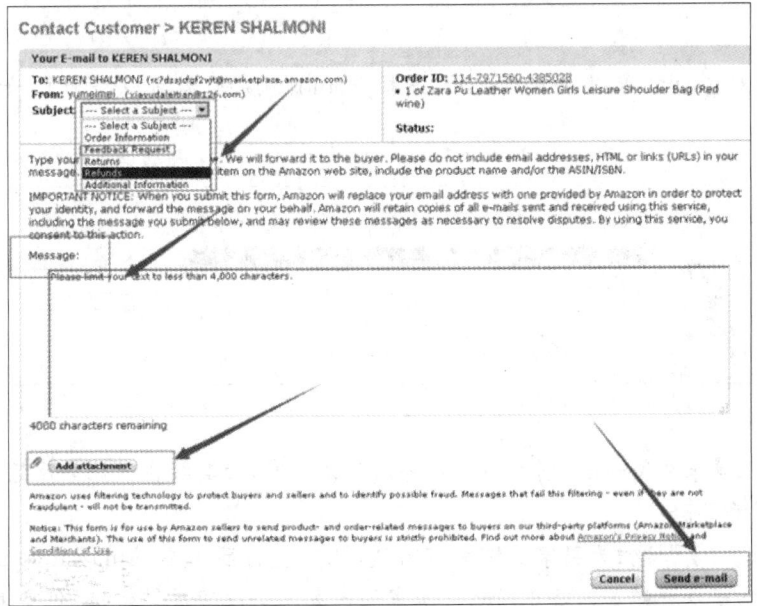

联系买家之后具体又可以分为两种情况：

买家同意删除，具体的步骤如下：

(1) 在前台点击进入 Your Account，如下图所示：

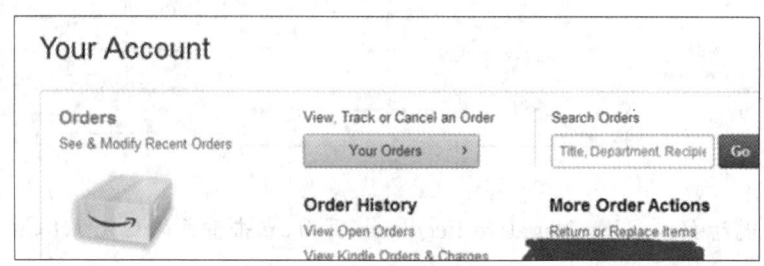

(2) 在 Your Account 界面下的 Personalisation 一栏找到 Seller Feedback Submitted By You，点击进入，如下图所示：

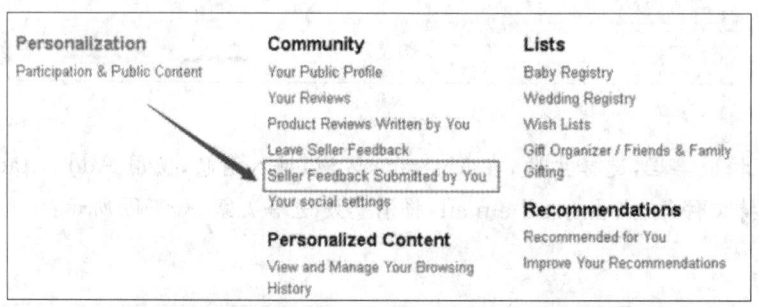

(3) 找到对应的订单，点击进入之后，选择 Remove 按钮，就可以移除了，如下图所示：

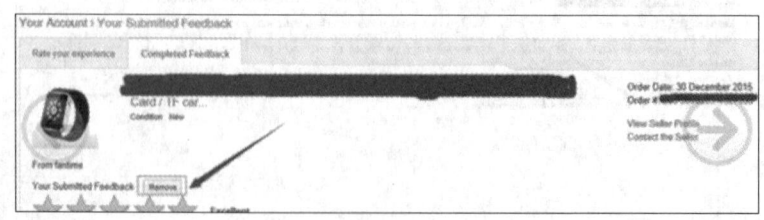

注意：可以请求买家删除反馈，但是不可以利诱买家，使其提供或删除反馈。

买家不同意删除

可以使用"回复"按钮为买家反馈发布回复，此回复将显示在 Amazon.com 网站上。在发布的信息中，可以解释如何改正问题。卖家的回复不会改变反馈评级，但是其他买家在看到买家的反馈时也可以看到卖家的解释。回复负面反馈时，请尽量保持评论简短专业。具体的步骤如下：

（1）在 Customer Feedback 中，向下滚动鼠标至 View Current Feedback，找出要回复的评论，然后点击 Respond，如下图所示：

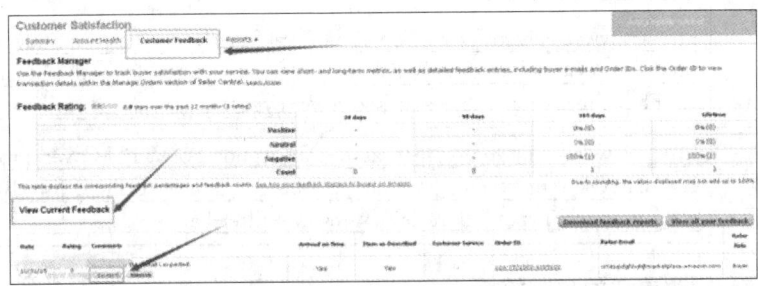

（2）输入回复，然后点击 Submit，如下图所示：

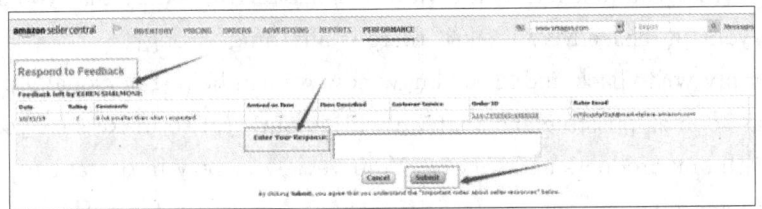

注意：提交回复之后，可以删除，但是不能进行编辑。同样，如果买家删除了反馈，卖家的回复也会相应被删除。

联系亚马逊删除：

出现这些情况 Amazon 会自动删除卖家的 Feedback：

评论有色情和暴力的语句；

评论含有邮箱或者手机号等。

实验素材二：产品背景

请登录产品网页查看具体产品信息与客户评论信息。

序号	产品	网址
1	数据线	https://www.amazon.com/dp/B01N75EALQ？aaxitk＝5DmsoRmDj3J3fNzQbmnjcQ&pd_rd_i＝B01N75EALQ&pf_rd_p＝3fade48a-e699-4c96-bf08-bb772ac0e242&hsa_cr_id＝8712582590801&sb-ci-n＝asinImage&sb-ci-v＝https％3A％2F％2Fimages-na.ssl-images-amazon.com％2Fimages％2FI％2F31nfhs0iTEL.jpg&sb-ci-a＝B01N75EALQ
2	宠物	https://www.amazon.com/Seresto-collar-large-month-prevention/product-reviews/B00B8CG602/ref＝cm_cr_dp_d_hist_1？ie＝UTF8&filterByStar＝one_star&reviewerType=all_reviews#reviews-filter-bar

续表

序号	产品	网 址
3	书籍	https://www.amazon.com/Stillhouse-Lake-Rachel-Caine/product-reviews/1477848665/ref=cm_cr_dp_d_hist_1?ie=UTF8&filterByStar=one_star&reviewerType=all_reviews#reviews-filter-bar
4	饼干	https://www.amazon.com/Pop-Tarts-Breakfast-Toaster-Pastries-Strawberry-Flavored/product_reviews/B00U45YWSW/ref=cm_cr_dp_d_hist_1?ie=UTF8&filterByStar=one_star&reviewerType=all_reviews#reviews-filter-bar
5	手机壳	https://www.amazon.com/Matone-Absorption-Soft-TPU-Cover/product-reviews/B01L1F1OV6/ref=cm_cr_dp_d_hist_1?ie=UTF8&filterByStar=one_star&reviewerType=all_reviews#reviews-filter-bar

实验素材三:修改差评的电邮模板

邮件主题:How can we help?

邮件内容:

Hello *|buyer_name|*,

We noticed that you just left us a review. We are terribly sorry that you are not 100% satisfied with your purchase.May I ask if there is anything wrong?

Please simply write back and let us know how we can help. I personally promise that I will respond as soon as possible and that we will do our best to make sure you are 5 out 5 stars happy with our products and service. Your review is very important to us. Hope you can understand and give us a chance to do it right and make up for you :)

Thank you again for your understanding and continuous support. Have a good day!

Support Team

4. **实验产出**

产品	差评截图	回复内容	邮件内容	你得思考
数据线				
宠物				
书籍				
饼干				
手机壳				

思考题

1. 跨境电子商务客户关系管理的流程是什么?
2. 如何维持跨境电子商务客户?
3. 跨境电子商务客服的工作职责有哪些?

第 9 章
跨境电子商务法规与政策

 本章学习概要

1. 电子商务法律法规的概念、特点、现状及基本原则。
2. 跨境电子商务贸易、运输、监管等方面的相关法律法规。
3. 跨境电子商务知识产权保护与消费者权益保护。
4. 我国对于跨境电子商务的相关政策扶持。

第 1 节 电子商务法律法规概述

一、电子商务法的概念、现状与特征

电子商务法是调整电子商务关系的法律,自 1997 年 7 月美国政府正式发布"全球电子商务政策框架"以来,在全球范围内掀起了电子商务的热潮。电子商务日益成为 21 世纪经济活动的核心,也是未来推动经济增长的关键动力。然而,电子商务是以不受国界限制的互联网为运行平台的,要想这一快捷的贸易方式更好地为全社会服务,需要为它制订必要的政策法规,使它更驯服、更安全。电子商务法是随着计算机通信技术在商事领域广泛而综合地应用,所兴起的一个法律领域。作为一种商事规范体系,它是电子商务活动实践的产物。

(一) 电子商务法的概念

电子商务法是指调整电子商务活动中所产生的社会关系的法律规范的总称,电子商务法是一个新兴的综合法律领域。电子商务法还可细分为电子商务交易法和电子商务安全法等分支。电子商务交易法主要是指规范平等主体的公民通过互联网进行交易的商业行为的法律规范的总称,它属于私法范畴。而电子商务安全法是指关于电子商务信息系统安全的法律规范的总称。电子商务法应该是公法和私法融合的产物。虽然我国现在还没有关于电子商务的专项立法,但是随着电子商务活动的广泛开展,现有法律已不能适应电子商务规范化的需要。再者,在国际电子商务立法浪潮的冲击下,我国的电子商务法必将出台,并且会随着电子商务的发展而不断充实和完善。

（二）电子商务法的发展现状

近年来，世界上已有许多国家和国际组织，制定了为数不少调整电子商务活动的法律规范，形成了许多电子商务法律文件。中国真正开始制定电子商务的法律法规是从2003年开始的，但是前期做了很多基础性的工作。

(1) 1994年起我国已经颁布了一系列的关于电子交易方面的局部法律规范。关于网络支付方面，有1994年中国人民银行颁布的《中国人民银行关于改变电子联行业务处理方式的通知》；关于数据传输方面，有国家海关总署于1999年颁布的《海关舱单电子数据传输管理办法》；关于网络管理方面，有国务院1997年颁布的《计算机信息网络国际互联网管理暂行规定》及1998年颁布的关于上述规定的《实施办法》、公安部1997年颁布的《计算机信息网络国际互联网安全保护管理办法》。

(2) 1999年3月全国人民代表大会常务委员会通过的《合同法》已经注意到了电子交易迅速发展对法律规范所提出的要求，《合同法》专门对数据电文做出了数条规定，规定了运营电子交易所必须重视的数个重要问题，扩展了传统观念上的"书面形式"，将"数据电文"收编入内。在刑法方面，《刑法》285条、286条、287条对破坏作为网络交易基础设施的计算机系统或者利用计算机网络系统进行犯罪的行为做出了处罚规定。

(3) 2004年8月28日，第十届全国人民代表大会常务委员会第十一次会议通过了《中华人民共和国电子签名法》。这是中国在电子商务领域通过的第一个法律法规。

(4) 2005年1月8号，国务院办公厅《关于加快电子商务发展的若干意见》发布。该《意见》提出了8条25点具体的意见，特别指出发展电子商务是国家的战略决策的高度。

(5) 2005年4月1日，《中华人民共和国电子签名法》正式实施。《电子签名法》共分5章36条，重点解决了以下五个方面的问题：一是确立了电子签名的法律效力；二是规范了电子签名的行为；三是明确了认证机构的法律地位及认证程序，并给认证机构设置了市场准入条件和行政许可的程序；四是规定了电子签名的安全保障措施；五是明确了认证机构行政许可的实施主体是国务院信息产业主管部门。

(6) 2005年4月，信息产业部发布《电子认证服务管理办法》。它是与《电子签名法》配套同步实施的法规，对我国电子认证服务业的规范发展有重要意义。2015年4月24日第十二届全国人民代表大会常务委员会第十四次会议对《电子签名法》进行了修正。

(7) 2005年10月，中国人民银行发布《电子支付指引（第一号）》，对电子支付业务的申请、电子支付指令的发起和接收、安全控制、差错与责任做了详细规定。目前，央行正在研究制定《电子支付指引（第二号）》将明确网上支付责任划分。

(8) 2006年2月，国务院办公厅转发了国家网络与信息安全协调小组《关于网络信任体系建设的若干意见》，提出了建设以"身份认证、授权管理和责任认定"为主要内容的网络信任体系的基本构想。

(9) 2007年3月，商务部发布《关于网上交易的指导意见（暂行）》。该《意见》首次对网上交易以及交易的买、卖方进行了界定，同时还提醒用户，网上交易当事人在使用网上交易之前要尽可能地多了解对方的真实身份，防范交易风险。

(10) 2007年12月，商务部发布《商务部关于促进电子商务规范发展的意见》，该《意见》

从规范电子商务信息传播行为、电子商务交易行为、电子支付行为、电子商务商品配送行为等四个方面提出了电子商务规范发展的意见。

(11) 2009年4月2日,商务部发布《电子商务服务规范》和《电子商务模式规范》,针对电子商务 B2B、B2C、C2C 模式的特点,规定了各模式中网络交易方、网络交易平台提供商、网络支付平台提供商和网络交易辅助服务提供商的行为服务规范。

(12) 2010年5月31日,国家工商行政管理总局发布《网络商品交易及有关服务行为管理暂行办法》。该《办法》就维护网络商品交易秩序,规范网络商品交易及有关服务行为,保护消费者和经营者的合法权益,促进网络经济持续健康发展提出了指导意见。

(13) 2010年6月14日,中国人民银行颁布了《非金融机构支付服务管理办法》,目的是为促进支付服务市场健康发展,规范非金融机构支付服务行为,防范支付风险,保护当事人的合法权益。《办法》明确规定,从事支付业务的非金融机构须取得由央行颁发的《支付业务许可证》,方能从事第三方支付业务。

(14) 2010年6月24日,商务部发布《关于促进网络购物健康发展的指导意见》。该《意见》就完善服务与管理体制,健全法律与标准体系,改善交易环境,培育市场主体,拓宽网络购物领域,规范交易行为,推进网络购物发展,满足消费者需要提出了指导意见。

(15) 2010年10月27日,商务部颁布《电子商务示范企业创建规范(试行)》对面向消费者的专业网购平台、面向企业间交易的专业电子商务平台以及传统企业电子商务应用平台等电子商务企业类型明确了示范标准和动态管理制度;2011年4月12日,商务部发布了《第三方电子商务交易平台服务规范》,目的为规范第三方电子商务交易平台的经营活动,保护企业和消费者合法权益,营造公平、诚信的交易环境,保障交易安全,促进电子商务的快速发展。

(16) 2012年2月6日,国家发展改革委、财政部、商务部、人民银行、海关总署、国家税务总局、国家工商总局和国家质检总局等8个部委和机构联合发布《关于促进电子商务健康快速发展有关工作的通知》(以下简称《通知》),旨在贯彻落实《国民经济和社会发展"十二五"规划纲要》关于积极发展电子商务的任务,深入开展国家电子商务示范城市创建工作。

(17) 2012年3月11日,为增强我国电子商务平台的对外贸易功能,提高我国企业利用电子商务开展对外贸易的能力和水平,《商务部关于利用电子商务平台开展对外贸易的若干意见》发布,明确要推动解决电子商务平台开展对外贸易过程中的通关、退税、融资、信保等政策性问题。支持电子商务平台增强外贸功能,鼓励企业利用电子商务开展对外贸易,有利于促进内外贸融合,提高我国商务事业整体发展水平,夯实我国贸易大国的地位。

(18) 2013年4月15日,《国家发展和改革委员会办公厅、财政部办公厅、农业部办公厅、商务部办公厅、中国人民银行办公厅等13部门关于进一步促进电子商务健康快速发展有关工作的通知》发布。该《通知》提出了14项工作要求:统筹推进电子商务发展环境建设;推动电子商务企业会计档案电子化试点工作;推进商贸流通领域电子商务创新发展;完善跨境贸易电子商务通关服务;加快网络(电子)发票推广与应用;深入推进电子商务可信交易环境建设工作;建立完善电子商务产品质量安全监督机制;推动移动电子商务支付创新发展;完善电子商务快递服务制度;推进电子商务标准化工作;促进农业电子商务发展;促进林业电子商务发展;促进旅游电子商务发展;各地区加快支持电子商务发展环境建设。

(19) 2013年8月21日,为加快我国跨境电子商务发展,支持跨境电子商务零售出口,国务院办公厅转发商务部、国家发展改革委、财政部、人民银行、海关总署、国家税务总局、国家工商总局、国家质检总局、国家外汇局等部门和机构发布的《关于实施支持跨境电子商务零售出口有关政策的意见》明确发展跨境电子商务对于扩大国际市场份额、拓展外贸营销网络、转变外贸发展方式具有重要而深远的意义。

(20) 2013年10月31日,为进一步促进各地电子商务应用,推动我国电子商务均衡发展,《商务部关于促进电子商务应用的实施意见》发布,进一步明确了促进电子商务发展的工作目标和工作原则,并落实了电子商务发展的重点任务和保障措施。

(21) 2014年2月16日,国家工商总局发布《网络交易管理办法》《办法》要求,网络商品经营者销售商品,消费者有权自收到商品之日起七日内退货,且无须说明理由;鲜活易腐、定做等商品除外。名人明星、网络"大V"等在为产品进行推广活动并因此取得酬劳时,应当如实披露其性质等。

(22) 2014年3月15日,由全国人大修订的新版《消费者权益保护法》(简称"新消法")正式实施。该次修法主要从四方面完善消费者权益保护制度,如强化经营者义务、规范网络购物等新的消费方式建立消费公益诉讼制度等,新消法规定,经营者采用网络、电视、电话、邮购等方式销售商品,除了特殊情况,消费者有权自收到商品之日起七日内退货,且无须说明理由。但消费者需要为"反悔"埋单,承担退货运费。新消法明确规定,经营者及其工作人员对收集的消费者个人信息必须严格保密,不得泄露、出售或者非法向他人提供。经营者未经消费者同意或者请求,或者消费者明确表示拒绝的,不得向其发送商业性信息。

(23) 2014年12月24日,为了促进网络零售的健康发展,保护依托第三方平台网络零售活动中各主体的合法权益,维护公共利益,加强公共信息服务,商务部发布《网络零售第三方平台交易规则制定程序规定(试行)》,自2015年4月1日起施行。

(24) 2015年5月7日,国务院印发《关于大力发展电子商务加快培育经济动力的意见》,提出到2020年,基本建成统一开放、竞争有序、诚信守法、安全可靠的电子商务大市场。在支持政策上,《意见》要求为电商企业合理降税减负,逐步将旅游电商、生活服务类电商等相关行业纳入"营改增"范围。

(25) 2016年3月24日,为营造公平竞争的市场环境,促进跨境电子商务零售进口健康发展,财政部、海关总署联合发布《关于跨境电子商务零售进口税收政策的通知》,对跨境电子商务零售(企业对消费者,即B2C)进口税收政策进行调整。即从4月8日开始,跨境商品不再征收行邮税,而是按货物征收关税和进口环节增值税及消费税(消费税主要针对不含护肤品的化妆品),原来的50元免税额度被取消。

(26) 2016年6月27日,《民法总则(草案)》交全国人大常委会第二十一次会议审议,待通过之后颁布实施。其中,对网络虚拟财产、数据信息等新型民事权利客体做出规定,意味着网络虚拟财产、数据信息将正式成为权利。

(27) 2016年6月28日,《移动互联网应用程序信息服务管理规定》由国家互联网信息办公室发布。这是为了加强对移动互联网应用程序(App)信息服务的规范管理,促进行业健康有序发展,保护公民、法人和其他组织的合法权益而制定的法规。《规定》提出,移动互联网应用程序提供者应当严格落实信息安全管理责任,依法履行"六项义务":一是按照"后台实名、前台自愿"的原则,对注册用户进行真实身份信息认证;二是建立健全用户信息安全保护机制;三是建立健全信息内容审核管理机制,对发布违法、违规信息内容的,视情节采取警示、限制功能、暂停更新、关闭账号等处置措施;四是依法保障用户知情权和选择权;五是尊重和保护知识产权,不得制作、发布侵犯他人知识产权的应用程序;六是记录用户日志信息,并保存60日。

(三)电子商务法的特点

1. 国际性

电子商务已发展为一种世界性的经济活动,它的法律框架自然不应只局限在一国(地区)范围内,而应得到国际社会的认可和遵守。电子商务法最终要以适应全世界的要求为特征,自然而然地,国际性就成了电子商务法的特征之一。

2. 技术性

电子商务是现代高科技的产物,它需要通过互联网来进行,规范这种行为的电子商务法必然要适应这种特点。所以,有关电子商务的法律规范也必须以技术性为其主要特点。在电子商务中,许多法律规范都是直接或间接地由技术规范演变而成的。比如,一些国家将运用公开密钥体系生成的数字签名规定为安全的电子签名。

3. 安全性

计算机网络的技术性和开放性也使得它具有极大的脆弱性。计算机及网络技术的发展使各行各业对计算机信息系统具有极强的依赖性,与此同时,计算机黑客和计算机病毒的侵入或攻击有可能给商家乃至整个社会造成极大的损失。电子商务法通过对电子商务安全性问题进行规范,有效地预防和打击各种计算机犯罪,切实保证电子商务的安全运行。所以,安全性是电子商务法的又一特征。

4. 开放性

必须以开放的态度对待任何技术手段与信息媒介,设立开放型的规范,让所有有利于电子商务发展的设想和技巧都能容纳进来。在电子商务立法中,大量使用开放型条款和功能等同性条款,其目的就是为了开拓社会各方面的资源,以促进科学技术及其社会应用的广泛发展。它具体表现在电子商务法的基本定义的开放、基本制度的开放,以及电子商务法律结构的开放等方面。

5. 复合性

电子商务交易关系的复合性来源于其技术手段上的复杂性和依赖性,它表现在当事人通常必须在第三方的协助下,完成交易活动。每一笔电子商务交易的进行都必须以多重法律关系的存在为前提,这是传统口头或纸面条件下所没有的。它要求多方位的法律调整,以及多学科知识的应用。

6. 程序性

电子商务法中有许多程序性规范,主要解决交易的形式问题,一般不直接涉及交易的具体内容。在电子商务中以数据信息作为交易内容的法律问题复杂多样,目前有许多不同的专门的法律规范予以调整。

二、电子商务法的基本原则

(一) 意思自治原则

允许当事人以协议方式订立他们之间的交易规则,是交易法的基本属性。电子商务主体有权决定自己是否进行交易、和谁交易以及如何进行交易,这完全体现了电子商务主体的意思自治。任何单位和个人利用强迫、利诱等手段进行违背当事人真实意思的交易活动,都是无效的。

(二) 证据平等原则

电子签名和文件应当与书面签名和书面文件具有同等的法律地位,电子商务的电子文件包括电子商务合同以及电子商务中流转的电子单据。在电子商务中,贸易合同、提单、保险单、发票等书面文件将被储存于计算机内的相应的电子文件所代替,这些电子文件就应当是证据法中的电子证据。各国法律中都逐渐加入有关电子证据的规定,使电子证据取得与传统书面证据同样的法律地位。

(三) 中立原则

电子商务法的基本目标是要在电子商务活动中建立公平的交易规则,这是商法的交易安全原则在电子商务法上的必然反映。而要达到交易和参与各方利益的平衡,实现公平的目标,就有必要做到如下几点:技术中立、媒介中立、实施中立、同等保护。

(四) 保护消费者的正当权益

电子商务活动新的特点要求对消费者的权益进行更为有力的保护,所以电子商务法必须为电子商务建立适当的保护消费者权益的规定,还必须协调制定国际规则,让消费者可以明确对某一贸易如何操作以及所使用的消费者权益保护法。

(五) 安全性原则

维护电子商务活动的安全成为电子商务法的主要任务之一,电子商务法也应该以维护电子商务的安全为基本原则。电子商务以其高效、快捷的特性在各种商务交易形式中脱颖而出,具有强大的生命力,而这种高效、快捷的交易工具必须以安全为前提,它不仅需要技术上的安全措施,同时,也离不开法律上的安全规范。

第2节 跨境电子商务贸易与运输法律法规

一、规范对外贸易主体、贸易规范、贸易监管的一般性法律

跨境电子商务的参与者很多具有贸易主体的地位,对跨境 B2B 电商而言,仍然适用于货物贸易的情形。在这个方面,我国出台的最重要的法律基础是《对外贸易法》。在修订后的《对外贸易法》中,规范了贸易参与者、货物进出口、贸易秩序、知识产权、法律责任等。从根本上确立了贸易参与者的备案登记,对货物进出口的许可管理和监管,保护知识产权等措施。与此同时,针对贸易参与者的登记问题,又出台了《对外贸易经营者备案登记办法》,规范了登记需要递交的材料和审核细节。针对货物进出口环节,我国还具体制定了《货物进出口管理条例》,规定了对禁止进出口、限制进出口、自由进出口等的管理措施。

二、贸易合同方面的法律

跨境电子商务的合约除了电子合同的属性外,还具有贸易合同的性质。当前,国际上比较重要的公约是《联合国国际货物销售合同公约》,该公约实际规范的是一般贸易形态的商业主体之间,非个人使用、非消费行为的货物销售合同订立。该公约具体规范了合同订立行为、货物销售、卖方义务、货物相符(含货物检验行为等)、买方义务、卖方补救措施、风险转移、救济措施、宣布合同无效的效果等。同时,也需要参照我国《合同法》进行规范。我国《合同法》不仅规范了销售合同,而且也对商事代理方面的合同行为提出了专门的条款,对运输过程中的一些问题也做了规定。

三、知识产权方面的法律和规范

跨境电子商务活动中交易的商品需要遵守知识产权有关规范,主要涉及商品的专利、商标、著作权等问题的规范,我国相继出台了《专利法》《商标法》和《著作权法》。我国已经加入或批准了《保护工业产权巴黎公约》及《商标国际注册的马德里协定》,在加入 WTO 之后同时也受到了《与贸易有关的知识产权协定》(TRIPS)的约束。这些法律及国际公约详细规定了知识产权的性质、实施程序和争议解决机制。

四、跨境运输方面的法律法规

跨境电子商务交易活动后期会涉及较多的跨境物流、运输问题,涉及海洋运输、航空运输方面的法律,主要应参照《海商法》《航空法》和《货物运输代理业管理规定》。这些法律法规对承运人的责任、交货提货、保险等事项做了具体规定,同时也对国际贸易中的货物运输代理行

为做了规范,理清了代理人作为承运人的责任。这部分的法律规范同时还需要与我国的《合同法》进行参照,解决代理合同当中委托人、代理人、第三人之间的责任划分问题。货运代理的代理人身份和独立经营人身份/合同当事人的双重身份也需要参照《合同法》进行规范。

第3节　跨境电子商务监管法律法规

跨境电子商务活动仍然需要受到跨境贸易监管部门的监管,主要涉及通关、商检、外汇、税收方面的法律法规。

一、通关方面的法律法规

跨境电子商务所涉及的货物/物品需要经过海关的查验,我国出台了《海关法》,并通过《海关企业分类管理办法》《海关行政处罚条例》进一步细化。《海关法》涉及海关的监管职责,对进出境运输工具、货物、物品的查验,以及关税等内容。《海关企业分类管理办法》对海关管理企业实行分类管理,对信用较高的企业采用便利通关措施,对信用较低的企业采取更严密的监管措施。同时,在通关环节,加强了"知识产权的海关保护",出台了《知识产权海关保护条例》及其实施办法。针对目前空运快件、个人物品邮件增多的情况,也出台了一些专门的管理办法,如《快件监管办法》及海关总署公告2010年第43号《关于调整进出境个人邮递物品管理措施有关事宜》等。

二、商检方面的法律法规

跨境电子商务所交易的较多货物都需要通过商检的检验环节,目前的依据主要是《商检法》,涉及商品检验检疫方面的进口、出口的检验以及监督管理职责。同时,依据《商检法》出台了《商品检验法实施条例》,对商检法各个部分拟定了细则。另外,我国还出台了一些针对邮递和快件的检验检疫细则,如《进出境邮寄物检疫管理办法》和《出入境快件检验检疫管理办法》等。

三、外汇管理的有关规定

跨境电子商务主要涉及向外汇管理部门、金融机构的结汇问题,当前的规范主要有《外汇管理条例》等。《外汇管理条例》中所涉及的经常项目售汇、结汇条文会直接影响到跨境电子商务的部分支付问题。

四、税收方面的法律法规

跨境电子商务进出口环节可能会面临征税问题,该类法律法规主要有《进出口关税条例》,以及涉及退税阶段的各类规章制度。《进出口关税条例》在《海关法》和国务院制定的《进出口关税税则》的基础上具体规定关税征收的规定和细则,包括货物关税税率设置和适用、完税价格确定、进出口货物关税的征收、进境货物的进口税征收等。针对新出现的跨境电子商务企业的征税和退税问题,税务总局也出台了一系列文件。

在跨境电子商务活动中,货物都需要通过海关、商检,经营参与者需要进行收汇和结汇,在通关过程中还会遇到税收问题。因此,跨境电子商务的法律需要考虑和参照已有的此类法律内容。

第4节　跨境电子商务知识产权保护

一、跨境电子商务知识产权概述

(一) 跨境电子商务涉及知识产权概况

跨境电子商务作为利用电子数据处理技术进行贸易活动的电子化商务运作模式,其核心是数据信息,而这些数据信息的内容大多是一连串的文字、图形、声音、影像、计算机程序等作品,这些客体都涉及知识产权。

在跨境电子商务活动中,知识产权已成为传递品牌信赖的标识,买家主要通过专利、商标、版权识别消费产品的信息、可靠度,并进行比较。在无法目睹货物的情况下,绝大多数买家只能通过知识产权辨别在万里之外的商家的信誉和商品的品质。因此,知识产权(特别是商标)在跨境电子商务营销活动中就显得特别重要,知识产权的价值分量相应增加。在跨境电子商务平台上,知识产权的价值突显出来,拥有知识产权的产品销售火爆,不含知识产权(如商标、专利技术)的产品点击率低,无人问津。

从目前的情况来看,跨境电子商务行业的市场秩序比较混乱,侵犯知识产权、贩卖假冒伪劣产品等违法行为时有发生,境外消费投诉众多,劣币驱逐良币现象严重,境内卖家集体知识产权形象不佳,严重影响境外买家对境内产品的信任。一方面,境内部分假冒伪劣产品及违反知识产权的产品通过快递出口这种方式逃避国家监管,进入国际市场,影响境内商品的国际形象;另一方面,境内企业对知识产权,特别是国际知识产权及相关法律重视及了解度不够,在知识产权纠纷中往往是失利方。在跨境电子商务活动中,境内中小卖家知识产权意识和能力不足,电子商务的知识产权风险往往成为其面临的主要风险因素。境内只有一些大公司有财力进行知识产权保护的投入,更多中小企业无意识、无动力、无能力做跨境电子商务知识产权能力沉淀和风险防范工作,纠纷及败诉越多,越影响境内卖家的集体形象,影响买家对境内产品的信赖和忠诚度。换言之,知识产权问题很可能影响平台和卖家在国际市场中的信誉和形象,成为跨境电子商务可持续发展的障碍。

(二) 知识产权侵权问题主要方面

1. 商标权侵权

跨境电子商务平台中,商标权保护的问题最为突出,也最需要解决。商标权遭遇侵权主要有以下几种情形:网络销售侵犯注册商标专用权的商品,在相同或类似商品上使用与他人注册商标相同或者近似的商标,商标被注册为域名,商标被使用于企业名称等。这几种情形有时候并不是单独出现的,可能会同时发生。随着电子商务的不断发展,商标侵权行为将越来越多地以综合化和新类型化的形式出现,这将给商标保护带来一定的困难。在电子商务平台上,既有网络店家销售假货的问题,也有使用侵权商标、标志、图案的问题,还有使用侵权网店名称、网店标志等问题。

2. 著作权侵权

在跨境电子商务中,通常要将享有著作权的作品进行数字化,如将文字、图像、音乐等转换为计算机可读的数字信息,以进行网络信息传输。将数字化的作品上传到网络后,由于网络的无国界性,任何人都可以在任何地点、任何时间通过网络下载得到该作品。除了已下载以外,侵权行为人还可以通过公告板、电子邮件等传播、交换、转载有著作权的作品,并在网上牟利,这显然侵犯了著作权人的网络传播权,使著作权人的利益受到损失。具体表现为:网络店家在第三方电子商务平台中销售未经授权的出版物,在网店中使用未经授权的广告描述、广告语与原创性广告图片、产品图片等。

3. 专利权侵权和假冒专利

在跨境电子商务中,涉及专利侵权的行为类型主要是销售专利产品或者使用其专利方法。与版权和商标侵权的易判断性不同,专利权保护缺乏像著作权中信息网络传播权那样详细而清晰的规范,加上专利权权属的判定是非常专业的,而第三方电子商务平台仅仅掌握产品的信息,而无法掌握产品的实物,因此,交易平台与第三方电商很难对相关权属做出判断,也无法清晰界定自己的责任范围。

二、跨境电子商务知识产权保护面临的问题与建议

(一) 跨境电子商务知识产权保护面临的问题

1. 各方侵权认识不足

一是消费者辨别能力低,因为食品安全等问题,我们对境外产品信任度高,对境外高品质商品的需求量大,但境外产品也存在侵犯知识产权问题,也有假冒伪劣商品,对此类风险,消费者普遍认识不足;二是商家知识产权保护观念淡薄,尊重他人知识产权、维护自身合法权益的意识和能力普遍缺乏,跨境电子商务多为邮件小包,价值较低,即使关境查货,侵权商

品也只能予以收缴,无法适用罚款等其他制裁措施,商家侵权成本低廉,使得商家对侵权重视不足。

2. 海关对侵权行为认定困难

跨境电子商务这种新型业务形态有别于传统的进口货物,呈现出境内、境外两头复杂的特点。即商品境外来源复杂,进货渠道多,有些来源于境外品牌工厂,有些来源于境外折扣店,有些来源于境外买手等;境内收货渠道复杂,且多为个人消费,无规律可言。此外,商品入境时品牌众多,与其他进口渠道相比,涉及的商品品牌将大幅增多,且商品种类也较丰富,而执法人员对相关品牌认识不足,难以确认是否有侵权行为。这些特点都会给知识产权确权带来一定困难,确权的数量、难度也会大大增加。

3. 侵权责任划分困难

跨境电子商务是指交易主体(企业或个人)以数据电文形式,通过互联网(含移动互联网)等电子技术,开展跨境交易的一种国际(地区间)商业活动。跨境电子商务涉及境内外电商平台、商家、支付、报关、仓储、物流等一系列企业,而电商平台又可分为自营型电子商务平台、第三方电子商务平台,主体多元,形式多样,结构复杂。在所有类型的平台中,第三方平台涵盖的知识产权客体极为广泛,成为知识产权侵权纠纷的重灾区。而在第三方商务平台纠纷案件中,争议最大、最缺乏法律规范规制的就是第三方电子商务平台的责任问题,如审查义务、归责原则等。从一般的电子商务到跨境电子商务的知识产权保护责任划分问题一直争议不断,责任难以划分。

4. 国际(地区间)争端解决困难

一是司法管辖权认定困难。跨境电子商务的支撑载体是互联网,就网络空间中的活动者来说,他们处于不同的国家或地区,几乎任何一次网上活动都是跨国家(地区)的,很难判断侵权行为发生的具体地点和确切范围,司法管辖区域的界限变得模糊、难以确定。二是立法差异较大。在跨境电子商务中,还没有国际组织统一的立法指导,各国(地区)根据实际需要制定了不同的标准,我国有关立法在知识产权的保护方面还存在很多分歧。三是维权困难。跨境电子商务涉及大部分的中小电商企业甚至是个人卖家,部分商家缺少对境外法律法规的认知,且跨国家(地区)诉讼费用高昂,在出现涉及侵权问题时,维权困难。

(二)跨境电子商务知识产权保护的建议

1. 完善我国现有跨境电子商务知识产权法律体系

将跨境电子商务活动纳入法律管制的范畴,制定专门的电子商务操作规范性准则,强调电子商务中知识产权的法律保护,使合法与非法行为有一个明确的界限,减少新形势下新种类知识产权权利不稳定或处于游离状态的情形。

2. 建立健全跨境电子商务行业自律机制和信用体系

在跨境电子商务知识产权保护相关法律法规不健全的情况下，海关、工商等政府机关可以协助建立起适应时代要求的跨境电子商务行业协会，制定跨境电子商务知识产权保护自律规范和内部监督机制。同时，依托海关监管和行业协会自律，通过建立电子商务认证中心、社会信用评价体系等，建立和健全跨境电子商务信用体系和信用管理机制。通过行业自律和信用管理打击侵犯知识产权和销售假冒伪劣产品等行为。

3. 完善海关监管体系

一是尽快出台海关跨境电子商务知识产权保护监管制度和标准作业程序，尽量减少需要一线关员主观认定的操作程序，降低执法难度和执法风险。二是探索跨境电子商务知识产权保护监管的风险分析和后续稽查制度。一方面，要加强前期信息收集工作，将跨境电子商务平台上的商品种类、品牌、价格等纳入情报搜集范围。对重点商品的来源地、商标、包装图案进行风险分析比对，确认监管重点。另一方面，将后续稽查制度纳入监管工作，尽快出台跨境电子商务的稽查办法，加强对跨境网购商品后续流向的监管，弥补查验放行阶段的监管漏洞。

4. 借助电商平台进行数据监控和管理

一是海关执法单位加强与电商平台沟通和数据对接，对商品信息流进行合理监控管理，要求跨境电子商务运营者提供相关授权证明或采购单据等内容，切实加强货物来源渠道的管理，保留必要的货物来源证明材料。二是发挥跨境电子商务平台的管理职责，强化事前审查、事中监控、事后处理等一系列控制制度。

5. 加强国际（地区间）合作

一是我国商务、海关等部门积极参与跨境电子商务知识产权保护规则、条约的研究和制定，包括跨境电子商务侵犯知识产权行为的认定、产生纠纷的解决办法、产品的监管和溯源机制等，建立跨境电子商务国际（地区间）合作机制，为境内企业开展跨境电子商务创造必要条件。二是积极利用WTO等相关组织的标准和协商体系，帮助境内企业处理如PayPal冻结中国商家账户等跨境电子商务贸易纠纷。

6. 强化人才培养

知识产权保护问题涉及贸易、法律等方面的专业问题，特别是涉外的知识产权的纠纷和诉讼都有很强的专业性。国家和企业应共同努力，大力培养知识产权专业人才，并给他们充足的空间与资源，发挥其在知识产权战略中的核心作用，造就一支包括各类专业人才和管理人才在内的知识产权人才队伍。相关监管部门更要加大培养既精通知识产权保护管理，又了解跨境电子商务特性的业务专家，更好地为跨境电子商务知识产权保护做出贡献。

第5节 跨境电子商务消费者权益保护

一、网络消费者具有的权利及保护原则

我国已进入消费需求持续增长、消费结构加快升级、消费拉动经济作用明显增强的重要阶段。以传统消费提质升级、新兴消费蓬勃兴起为主要内容的新消费,以及其催生的相关产业发展、科技创新、基础设施建设和公共服务等领域的新投资新供给,蕴藏着巨大发展潜力和空间。电子商务在带给我们便捷、丰富的消费商品和服务的同时,传统交易下所产生的纠纷及风险并没有随着高科技的发展而消失,相反,网络的虚拟性、流动性、隐匿性及无国界性对交易安全及消费者权益的保护提出了更多的挑战,引发了不少的问题,增加了消费者遭受损害的机会。在跨境电子商务交易中,境内关于消费者保护的一些规定如七天无理由退货很难实现,影响消费者的购物体验,所以境外品牌商在做跨境电子商务时,也在尽可能参照国内商家对消费者的服务标准来保护消费者权益。但问题是按照现行的规定,消费者享受免邮税购买的货物被退回是无法再次销售的,否则涉嫌走私。因此,跨境电子商务的消费者权益保护成为跨境电子商务方面立法面临的新问题。

(一) 网络消费者具有的权利

在现实生活中,消费者享有诸如知情权、人格尊严权等相关权利,且受法律认可并且保护。网络消费者所具有的权利主要包括以下几个方面:

1. 消费者的知情权

知情权是消费者的一项权利。我国《消费者权益保护法》第8条规定:"消费者享有知悉其购买、使用的商品或者接受的服务的真实情况的权利。消费者有权根据商品或服务的不同情况,要求经营者提供商品的价格、产地、生产者、用途、性能、规格登记、主要成分、生产日期、有效日期、检验合格证明、使用方法说明、售后服务的内容、规格、费用等有关电子商务理论与真实情况。"但是,消费者知情权的实现是与传统交易方式中的一系列环节相配套的。在传统的交易方式中,消费者可以直接面对经营者,充分了解经营者的服务和商品的功用;而在电子商务领域,由于消费者通过网上宣传了解商品信息,通过数据电文与经营者进行远程通信联系,通过网络订货,通过电子银行结算,由配送机构送货上门。消费者看不到商品,完全依据经营者提供的信息进行选择和判断,无法掌握商品真实可靠的信息。因此,消费者的知情权更加重要,在电子商务领域经营者负有提供信息使消费者知情的义务。

2. 人身安全权

消费者的人身安全权,就是指明消费者在网上所购买的物品不会对自己的生命和健康构成威胁。在传统商务模式中,对消费安全权的定义是经营者必须保证所提供的商品或服

务不存在危及人身及财产安全的缺陷,对可能危及人身、财产安全的商品和服务,应当向消费者做真实的说明和明确警告,并标明正确使用产品或接受服务的方法及防止危害产生的方法。现在网络商店所提供的商品种类越来越多样化,消费者所选购的范围也越来越广,这就要求网络商品的提供者对产品的安全性有足够的保障。与传统的消费者一样,从网上购买产品的消费者也应有获得质量合格的产品的权利。质量不合格的产品也许就会给消费者的人身带来损害,如从网上购买的食品过期或变质,就很可能伤害消费者的人身健康;网上买来的家用电器缺乏安全保障,一旦出事也会给消费者带来人身伤害。给消费者的生命和健康带来损害,就是侵犯了消费者的人身安全权,违反了我国《消费者权益保护法》和《民法通则》的相关规定,会令消费者丧失对网上购物的信心。

3. 财产安全权

消费者的财产安全权,是指消费者的财产不受侵害的权利。通过网络银行支付货款对消费者的财产安全权有一定的威胁。由于国际互联网本身是个开放的系统,而网络银行的经营实际上是变资金流动为网上信息的传递,这些在开放系统上传递的信息很容易成为众多网络"黑客"的攻击目标。目前,有些消费者不敢通过网络上传自己的信用卡账号等关键信息,也是基于这个原因,就是担心自己的财产受到侵害,这同时也严重制约了网络银行的业务发展。交易安全问题又是电子商务中的基础问题。由于传统商务方法已经无法保障交易安全,以法律来保障消费者进行电子支付过程中的财产,在我国目前尚有困难。因此,目前主要只是从技术上来保证消费者信用卡的密码不会被泄露,但如果网络运行达不到规定的要求,就要承担赔偿责任。

4. 网上隐私权

网上隐私权是指公民在网上享有的私人生活安宁与私人信息依法受到保护,不被他人非法侵犯、知悉、搜集、利用和公开的一种人格权,也指禁止在网上泄露某些个人信息,包括事实、图像等。传统消费活动中,消费者无须披露个人信息,经营者也不便整理利用有限的信息,因而隐私权保护不属于消费者权益保护中的突出问题。但在网络环境下,在经营者预先设置的表格中填上个人信息是申请电子邮件、购买商品、访问一些专业网站等许多网络活动的前提条件。追求商业利益最大化的网上经营者往往利用计算机惊人的整理和分类信息的能力,对消费者的个人信息资料进行收集整理并运用于以营利为目的的经营活动中,从而使消费者在不知情的情况下将自己的身份、家庭情况、兴趣爱好、信用状况、医疗记录、职业记录、上网习惯、网络活动踪迹等个人信息暴露于外,侵犯了消费者对其个人隐私享有的隐瞒、支配、维护、利用权。

5. 公平交易权

《消费者权益保护法》第10条规定了消费者的公平交易,即获得质量、价格、计量等公平交易条件。从消费活动的全过程看,消费者购买商品或者接受服务,往往由于多种因素的影响而处于弱者地位,因此,更需要突出强调其公平交易权,以便从法律上给予特别保护。在市场交易中,经营者如果违背自愿、平等、公平、诚实信用的原则进行交易,则侵犯了消费者的公平交易权。在进行电子商务交易时,不能因购物空间的改变和特殊而随意采用欺诈性价格或隐瞒商品及服务的真实品质。电子商务中消费者仅能根据网上的商品信息自行判断性价比是否适当,但由于信息不对称等容易导致消费者受虚假信息蒙蔽而发生不公平交易。

6. 消费者的索赔权

当消费者享有的法定权利被侵犯时,就会在此基础上派生出索赔权,又称损害赔偿权或求偿权,即法律赋予消费者有利益受损时享有的一种救济权。由于网络媒体不受时间和地域限制,其传输信息的速度非常快,涉及面十分广,有关部门要对其进行有效监管难度非常大。当侵权行为发生后,消费者往往因为无法得知经营者的真实身份,或经营者处于异地导致过高的诉讼成本,以及举证困难、法律适用不确定等原因,而放弃索赔权。因此,当网上消费纠纷产生后,有关部门在处理时要坚持举证责任倒置的原则,即由经营者承担举证责任。为了减轻消费者的负担,降低投诉成本,可以考虑建立一个统一的全国性网上投诉中心和全国联网的"经济户口"数据库。这样,当消费者因自己的合法权益遭到侵犯时,可以通过网络快速、经济地向主管部门投诉。主管部门在接到投诉后,应及时进行调查取证,在适当的期限内进行处理,并将处理的结果反馈给消费者,从而达到维护消费者合法权益的目的。

7. 消费者自由退换货的权利

消费者能否退换货涉及其与经营者之间权利义务的平衡问题。一方面,让消费者享有在一定期限内的商品退换货保证,既是经营者的一种销售手段,也是消费者应有的权利。然而,在电子商务环境下,由于网络交易的特殊性,消费者没有机会检验商品,从而做出错误购买决定的可能性较大。另一方面,经营者的权益也可能受到消费者退换货的影响。《消费者权益保护法》及相关法律法规所规定的消费者退换货的权利在数字化商品面前就遭遇了尴尬。数字化商品一般包括音乐 CD、影视 DVD、软件、电子书籍等,这些都是通过线上传递的方式交易,并且消费者在购买这些数字化商品前,大多有浏览其内容或使用试用版本的机会。但是,若根据传统的消费者保护原则,消费者在通过线上传递的方式购买了数字化商品之后,又提出退货的要求,则很可能产生对商家不公平的情形。因为商家无法判断消费者在退还商品之前,是否已经保留了复制品,而消费者保存复制品的可能性又非常大。此外,与电子商务中消费者退换货的权利相关的问题还很多。例如,在商品送货上门之后,相应的配送费用应由谁来承担;如果是因为网上的商品信息不够充分,致使消费者在收到货物后发现与所宣传的不完全符合或存在没有揭示过的新特点,能否视为欺诈或假冒伪劣等而适用三倍返还价款的处罚;如果由于商品本身的特性导致无法达成共同的网络认识,消费者购买或使用后才发现,双方又无退换货的约定和法律法规依据,消费者能否提出退货的要求,是否会被视为违约等。因此,传统的《消费者权益保护法》中关于退换货的规定,在电子商务中是一个需要重新审视的问题。

8. 消费者选择权

网上购物过程中,网站一般都订有格式条款,其内容由商家事先制定,给消费者提供的只是"同意"或"不同意"的按钮。这些格式条款由于内容早已确定,没有体现另一方的意思表示。常见的对消费者不公平的格式条款主要有以下几种类型:① 经营者减轻或免除自己的责任;② 加重消费者的责任;③ 规定消费者在所购买的商品存在瑕疵时,只能要求更换,不得解除合同或减少价款,也不得要求赔偿损失;④ 规定因系统故障、第三人行为(如网络黑客)等因素产生的风险由消费者负担;⑤ 经营者约定有利于自己的纠纷解决方式等。总之,这些格式条款的使用剥夺或限制了消费者的合同自由,消费者面对"霸王条款",因为不了解相关知识,无暇细看或者即使发现问题也无法修改格式条款等情形,面临不利的境地。

另外,一些经营者采用强制链接、浏览等方式导致消费者选择权受损。经营者为了开展业务,往往与多个网站建立友好链接,这本来是为消费者提供的方便之举,但是一些不法经营者却将这种友好链接设定为强制链接,消费者只要上了一个网站,就必须进入其他相关网站浏览。更甚的是,个别网站还强行修改消费者的浏览器设置,将其网站设为主页,使消费者每次上网必须先浏览其产品。

(二) 网上消费者权益保护的基本原则

1. 同等水平保护原则

电子商务与传统商务模式在很多方面存在差别,通过网络这种特殊介质进行交易的消费者应当遵循同等水平保护原则,即消费者在网络交易中获得的保护应不低于在传统交易领域获得的保护。从理论上讲,所有消费者都是平等的,那么国家对电子商务中消费者权利遭受侵害时所提供的保护水平也应该是一致的,因此,实行同等水平保护准则是很有必要的。2000 年,欧盟在《电子商务指令》中也对"同等水平保护原则"予以确认,即不降低欧盟各项立法所确立的关于公共健康和消费者权益的保护水平。在电子商务领域,同等水平保护原则可归纳为两种含义:一是对于既有立法和规则可以调整的网络消费问题,应当在既有立法和规则的框架下予以适用;二是对于网络消费者权益保护中出现的新问题,应当明确同等水平保护并非适用同一规则,应当针对这一领域构建新的法律规则。

2. 特别保护原则

消费者的特别保护原则是消费者权益保护法的一项重要原则。它是指国家给予经济上处于弱者地位的消费者特别保护的原则。对于消费者来说,有关商品和服务的交易条件是由生产经营者事先规定的,消费者只能处于单纯地表示接受合同内容的被动地位,而无讨价还价、参与合同内容形成的权利,合同双方当事人的平等地位缺乏实质性保障。由于网络消费与传统的消费环境不同,在网购中消费者的合法权益更容易受到侵害,所以网购中的消费者合法权益更应该得到特别保护。同时,由于电子商务交易主体的多样性,不仅有买卖双方,而且还包括网络交易平台提供者、金融机构以及快递物流公司等,这些主体为买卖合同的达成提供了交易平台、付款渠道以及商品的运输,使网购主体复杂化的同时也产生了更加复杂的网购纠纷。消费者难以依靠自己的力量寻找和追究侵害消费者权利的具体责任者,一般民事诉讼费用高昂、消耗时间,也使受害的消费者只能默认亏损,而无法采用诉讼的救济手段。因此,网络消费者的弱势地位也要求对其予以特别保护。

3. 综合辅助保护原则

网络经济的特殊性决定了对电子商务中消费者权益的保护不能局限于单一的模式,纯粹的法律保护不能充分保护消费者的权益。对网络交易中消费者权益的保护,需要在法律保护之外采取综合的辅助保护模式,强化消费者组织及社会公益团体的作用,形成政府监管、行业自律与消费者自我保护相结合的保护体系。在综合辅助保护原则下,消费者的自我保护不可或缺。消费者应当具备理性消费意识,在处理纠纷时应当理性维权。消费者自我保护意识的提升是其维护自身利益的首要保障,具体而言,应当包含自我控制和自我选择两个方面内容。自我控制是指消费者应当加强网络技术知识的积累,适当运用网络软件和技术手段对网络交易环境进行清扫,确保个人信息及账户的安全。自我选择是要求消费者知悉经营者的经营策略及营销陷阱,使自己不被蒙蔽或受到欺诈,能够实现自主选择。另外,在产生纠纷时,消费者应当采取理性维权的方式,在不激化矛盾的前提下妥善处理纠纷,达到预定目标。综合辅助保护原则构建了行业自律、政府管理和消费者自我保护"三位一体"的保护模式。如果能够切实贯彻这一原则,将会极大地促进电子商务的发展和网络消费者权益的保护。

二、国内外网上消费者权益保护的立法现状

(一) 国内网上消费者权益保护立法现状

随着科技的发展、社会的进步,我国关于电子商务、网上消费的立法工作和保护政策也有了一定的进展。在我国,对电子商务中消费者权益的法律保护的相关法律规范主要有《民法通则》《合同法》《消费者权益保护法》《产品质量法》《计算机信息网络国际联网安全保护管理办法》《电子签名法》等,其内容一般比较简单、散乱,可操作性不强,远远不能适应电子商务迅速发展所要求的对消费者权益保护的迫切需要。《消费者权益保护法》虽然为电子商务领域的消费者权益保护提供了基本的法律规则,但是尚有不足之处,不能完全适应电子商务迅速发展的现实需要。

1.《消费权益保护法》

2013年10月新修改的《消费者权益保护法》中,虽然第44条对网络消费进行了明文规定,但也不尽完善。目前,我国并没有出台专门针对网络消费者权益保护的立法,《消费者权益保护法》仍然是保护网购消费者合法权益的主要法律依据。为依法制止侵害消费者权益行为,保护消费者的合法权益,2015年年初,国家工商行政管理总局公布了《侵害消费者权益行为处罚办法》。

2.《合同法》中的有关规定

网络消费中买卖双方通过网络的方式达成合同,要受到《合同法》的规制。在网购中,一般卖方提供的都是格式合同条款,即一方为了能够重复使用而预先确立的,规定双方当事人

之间的权利义务关系的条款,买方只有同意受该条款约束合同才能得以确立。大多数格式条款都是不利于消费者权益保护的,因此,《合同法》第 40 条规定:提供格式条款的一方免除其责任,加重对方责任,排除对方主要权利的,该条款无效。

3.《产品质量法》和《广告法》的相关规定

网购最吸引消费者的地方在于价格远远低于实体店,但这种低价销售的商品大多数情况下存在质量瑕疵,而卖家也通常通过虚假宣传等手段来销售其商品,这就需要《产品质量法》和《广告法》的相关规定进行规制。2015 年 4 月 24 日,第十二届全国人民代表大会常务委员会第十四次会议修订了《中华人民共和国广告法》。2016 年 3 月 17 日,国家工商行政管理总局第 85 号令公布《流通领域商品质量监督管理办法》,其中,第二章第十七条规定,销售者采用网络、电视、电话、邮购等方式销售商品的,消费者有权自收到商品之日起七日内退货。第五章附则特别指出,该《办法》所称的销售包括销售者通过实体店、网络、电视、电话、邮购、直销等方式提供商品。

4.《中华人民共和国电子商务法(草案)》

第三节对消费者权益保护的相关规定,明确指出电子商务经营主体应当全面、真实、准确地披露商品或者服务信息,保障消费者知情权和选择权,并对消费者损害赔偿进行了详细的规范。

此外,还有其他规范性法律文件。

(二) 国外网上消费者权益保护的立法现状

从与网络消费规范的相关性角度来说,国际组织和国外其他国家的立法大致可以分为三类:一是指导性原则方面的立法,旨在构建电子商务的政策法律环境,成为网上消费活动规范的基础。例如,1996 年 12 月,联合国国际贸易法委员会通过了《电子商务示范法》,此法案是第一个适用于世界范围的电子商务统一法规,为消除全球电子商务中所遇到的法律冲突、解决各国电子商务在立法中出现的一些新的冲突与规则的不统一做出了贡献。还有 1997 年美国的《全球电子商务纲要》,号召各国要着眼于全球商务的便利化。二是网上消费所涉环节的具体立法,主要集中于电子合同、电子支付、数据保护、电子签章及认证等领域,这些法律法规成为消费者权益保护的具体制度建设中的重要组成部分。如 2001 年的《电子签章示范法》,对电子签名的可靠性问题做了更为具体的界定,迅速掀起了电子签名在各国国内立法的高潮。三是规范网上消费活动的专门立法,重点在于消费者权益保护和消费行为的调整,这是网上消费活动规范的核心内容。美国的电子商务起步早、发展快,在世界上一直处于领先地位,而且在电子商务发展政策的制定中,始终将保护电子商务中的消费者权益作为其重要成部分。例如,美国网络隐私权保护方面的很多成文法,如《信息自由法》《电子通信隐私法》《儿童在线隐私保护法》《2011 年个人数据隐私和安全法案》等。还有,如《统一电子交易法》《诚实借贷法》《联邦电子资金划拨法》规定了一系列的信息披露制度,对消费者的知情权提供了保障。

三、跨境电子商务中消费者权益保护存在的问题

相对于传统交易,跨境电子商务具有交易主体虚拟化、交易过程无纸化、支付手段电子化、交易空间国际化等特点,这些特点使经营者与消费者之间的力量对比更加悬殊,网络消费者的知情权、自主选择权、公平交易权、安全权等更容易遭到网络经营者的侵犯。我国现阶段跨境电子商务中对消费者权益保护面临的问题主要表现在以下方面:

(一)网络消费欺诈

网络消费欺诈是指经营者以非法占有为目的,在网络上实施的、利用虚构的商品和服务信息或者其他不正当手段骗取消费者财物的行为。需要强调的一点是,该概念中的经营者包含了真实的经营者和假冒经营者身份的欺诈行为人。因为在网络环境下,若销售者对其身份信息披露不全或虚构身份信息,购买者则很难辨认或无法判断销售者的真实身份。

(二)网络虚假广告

网络虚假广告是指经营者为达到引诱消费者购买商品或接受服务的目的而发布的关于其商品或服务的不真实信息,如夸大产品性能和功效、虚假价格、虚假服务承诺等。网上广告因其特殊性,给相关部门的审查和监管带来了一定难度。而网络广告是网络消费者购物的重要依据,消费者的购物决定在很大程度上根据广告文字和图像判断而做出。消费者很难判别广告信息的真实性、可靠性,其知情权和公平交易权难以得到保障。

(三)网络支付安全

网络交易是一种非即时清结交易,通常由消费者通过信用卡或其他支付手段付款,经营者收到货款后才发货或提供服务,这区别于生活中即时清结的消费交易。网络的开放性增加了消费者财产遭受侵害的风险,消费者在使用电子货币支付货款时可能承担以下风险:网上支付信息被厂商或银行收集后无意或有意泄露给第三者,甚至冒用;不法分子盗窃或非法破解账号密码导致电子货币被盗、丢失;消费者未经授权使用信用卡造成损失;信用卡欺诈;支付系统被非法入侵或病毒攻击等。

(四)消费者损害赔偿权难以实现

损害赔偿权实际是法律赋予消费者在利益受损时享有的一种救济权。网络的特性和相关法律的缺失使网络经营者和消费者之间产生大量的纠纷。当消费者得知自己的权益受到侵害后,由于不能得知经营者的具体信息和网上商店经营者容易变动等原因,造成消费者不便寻求救济。而电子交易取证举证困难、过高的诉讼成本、法院管辖权的不确定,也容易使消费者放弃主张损害赔偿权。网络与电子商务的发展速度越来越快,如何更好地保障网络交易的发展,保护网络消费者的合法权益,保证网络消费者在遭受侵权后迅速、方便地寻求救济,成为立法面临的新问题。

(五)消费者的知情权难以保障

在传统交易过程中,消费者通过实地看货、了解情况、验货试用、讨价还价、进行交易、实地收货等方式获得商品或服务的具体信息,以此来保障自己的知情权。而电子商务交易过程则使消费者了解商品或服务的过程虚拟化,消费者往往不能真实感触商品的实际情况,只能通过经营者的描述来了解商品的信息,这就容易导致经营者故意夸大产品性能和功效,提供虚假价格,实施虚假服务承诺。这种方式容易使消费者遭受经营者的欺骗而不知情,消费者的知情权得不到保障。

(六)买卖双方地位不平等

在电子商务交易过程中,电子商务经营者往往为了节约时间和流程,为消费者提供格式合同。这些格式合同的大多数交易条款或服务条款都是经营者事先拟定好的,往往是经营者利用优越的经济地位制定的有利于自己而不利于消费者的霸王条款,诸如免责条款、失权条款、法院管辖条款等,都是将合同上的风险、费用的负担等尽可能地转移到消费者身上。这些条款没有给消费者讨价还价的余地,消费者只有选择"同意"按钮后才能继续下一步。当消费者点击"同意"后,如果在交易后产生了纠纷,商家就会以此来对抗消费者的投诉,使消费者处于很不利的地位。

(七)消费者的隐私权保护问题

我国现行《消费者权益保护法》中没有关于保护消费者隐私权的规定,这是因为在传统交易方式中,消费者的隐私权受到侵害的情况并不常见。由于电子商务交易的特殊性,消费者在进行电子交易的过程中往往要填写个人资料,如姓名、性别、年龄、住址、电话号码、身份证号等,但是一些网站服务方并未遵守其承诺,保护消费者的隐私,反而常常泄露消费者的信息,用来牟取利益,消费者的隐私权极易受到侵害。电子商务经营者通过电子商务交易得知消费者邮箱地址往往向消费者的邮箱大量发送广告信息,造成数量巨大的垃圾邮件,甚至使消费者的邮箱遭到病毒侵袭,影响消费者的正常生活,同时也侵害了消费者网络通信权。

四、加强跨境电子商务消费者权益保护的对策建议

(一)完善我国现有的消费者权益保护法律制度

我国《消费者权益保护法》虽然为电子商务领域的消费者权益保护提供了基本的法律规则,但尚有不足之处,不能完全适应电子商务尤其是跨境电子商务迅速发展的现实。政府制定的法律框架应着眼于保护消费者免受欺诈销售之苦,保护个人隐私、鼓励曝光、支持商业交易和促进解决纠纷。

(1)明确消费者的权利和经营者的义务。首先应当完善电子商务领域的消费者权利:① 知情权的完善;② 公平交易权的完善;③ 求偿权的完善;④ 隐私权的确立。其次应完善

电子商务中网络服务经营者的义务：① 一般义务，网络服务经营者首先要履行的法律义务就是遵从国家的各项规定；② 特别义务，包括提供详细的商品信息的义务，商品质量保障及售后服务的义务，保护电子商务消费者个人数据的义务。

（2）确定跨境电子商务运行模式和规范。这样可以使整个交易流程规范化、简易化，减少不必要的中间环节，让消费者能清晰明了地掌握物品和资金的流向。

（3）建立市场准入机制。在鼓励电子商务发展的前提下，以立法的形式规范电子商务行为，明确电子商务网站的市场准入资格、市场经营行为、组成方式等，使电子商务网站具备"经营主体资格"，符合《消费者权益保护法》中的被投诉对象的条件。

（4）明确电子支付细则。在我国电子商务领域，尤其是电子支付方面的立法，还存在很大的空白地带。通过细化电子支付立法，保障消费者电子支付的合法性和安全性。

（5）提高互联网信息披露的真实性和完整性。充分借鉴发达国家对互联网信息管理的先进立法经验，禁止虚假网络广告，对电子商务信息披露的范围、披露方式、责任人（单位）做出明确的要求，确保提供给消费者的是对称的、清晰的、全面的交易条件。

（6）限制不公平的格式合同、霸王条款。这是为了给消费者创造公平的交易环境。

（二）加强对消费者隐私权的保护

网络技术的出现使得对个人隐私侵犯变得容易，而且后果严重。在网络隐私权的法律保护上，应规定经营者在使用消费者的个人信息时，应取得消费者的许可或法定授权，并对法定授权使用的目的、范围，使用的机关、程序和内容等做出明确且可操作的规范。如德国1997年通过的《信息与通信服务法案》规定，同意服务供应人可以为提供电信服务目的而收集、处理或使用个人资料，但要求应先将其收集处理或使用的方式范围、地点与目的告知服务使用人。若要做其他使用，则必须符合法律的规定，或经服务使用人的同意，而且服务使用人有撤销其同意的权利。在达成必要的目的后，所收集的资料应立即删除。1999年2月，欧盟部长会议提出的《信息高速公路上个人数据收集、处理过程中个人权利保护指南》也规定：要采取适当的步骤和技术保护消费者的个人隐私权，特别要保证数据的统一性和保密性，以及网络和基于网络提供的服务的物理和逻辑上的安全；在消费者申请或开始使用服务时，要告知其使用互联网可能会带来对个人隐私权的危害；告知消费者可合法使用的降低风险的技术方法；仅为必要的准确、特定和合法的目的收集、处理和存储消费者的个人数据；对适当地使用数据负有责任，必须向消费者明确个人权利保护措施；在消费者开始使用服务或访问网络服务经营者的各个站点时，告知其所采集、处理、存储的信息内容、方式、目的及使用期限等。

（三）建立消费者保护组织和行业自律组织

与现实交易相比，网上交易更具有难以用行政手段控制的特点，因此更需要社会力量的参与。在这方面主要有行业自律和消费者自律两种组织力量。行业自律要求提供网上交易服务的商家和从事网上交易的经营者，特别是同行业的经营者，采取切实可行的行为，制定业内一些交易规则，从消费者的利益出发，设计交易规则，自觉平衡商家与消费者之间的利益，对业内坑害消费者利益的行为进行惩处。消费者自律组织在我国即消费者保护协会，它既可以接受消费者的投诉,也可以代表消费者与商家谈判或者交涉,参与制定某些格式条款,维护合同内容的公平、合理。在网络环境下,消费者保护协会可以继续发挥其应有的作用。

(四)完善安全保护措施和机制

网上交易安全是消费者普遍关心的一个热点问题。消费者往往希望能简单、快捷地完成交易,但又担心自己的经济利益因操作不当或黑客入侵而遭受损失。因此,我们必须采取行之有效的措施发现交易系统隐患,防范黑客的侵入;要逐步建立健全以信息安全、网络安全为目标,加密技术、认证技术为核心,安全电子交易制度为基础的,具有自主知识产权的电子商务安全保障体系;要建立一个专门、全国性的认证体系,权威、公正地开展电子商务认证工作,确认从事电子商务活动的企业身份的合法性、真实性和准确性。在电子商务中,采用一定的加密技术和措施,确认交易用户的身份和授权,可以保证数据传输的真实性和保密性。考虑到电子商务已经打破传统的地域限制,成为国际性的贸易手段,我们必须注意建立的核心密码技术标准应与国际标准兼容,并必须经国家密码管理机关审核和批准方可使用。

(五)拓宽纠纷解决渠道

由于大多数消费者希望快捷、方便,更愿意采取电子商务的形式消费,因此,效率、成本和便利性应成为电子商务中争议解决方式的首要价值因素。自治、行政、司法多种解决纠纷的途径应开拓工作新思路,创建网上在线解决纠纷的机制。互联网是争议产生的源头,也应让其成为争议解决的地方。

(六)消费者自我保护意识的引导

在信息化社会,消费者应增加对计算机网络技术了解,及时采取技术措施,如防火墙技术、加密技术、认证技术、防病毒软件来保障交易工具的安全。在进行电子交易时,注意识别网站合法的备案标识,选择信用度高的电子商家进行交易,交易过程中保存必要的交易记录,索要并认真保管购物发票纸证,交易中提高安全警惕性,让居心不良的经营者无机可乘。

(七)构建电子商务信用体系,加强网上交易的监督

需要建立一个涵盖电子商家的基本信息、产品信息、交易情况、信用情况的权威数据库,在各个电子商务网站做链接,对每次的交易做信用评价,供消费者检索查询,让消费者进行监督。同时,行政管理部门对经营者的投诉反馈记录也存在此数据库中。

第6节 我国对跨境电子商务的政策支持

一、对跨境零售的支持

对于中国跨境电子商务的发展,中国政府一直积极推动和扶持,2013年,商务部公布了

六项支持跨境电子商务零售的政策,并且出台了《国务院办公厅转发商务部等部门关于实施支持跨境电子商务零售出口有关政策意见的通知》。该通知为扶持中国跨境电子商务提出了六项具体措施:(1)建立电子商务出口新型海关监管模式并进行专项统计,主要用以解决目前零售出口无法办理海关监管统计的问题;(2)建立电子商务出口检验监管模式,主要用以解决电子商务出口无法办理检验检疫的问题;(3)支持企业正常收结汇,主要用以解决企业目前办理出口收汇存在困难的问题;(4)鼓励银行机构和支付机构为跨境电子商务提供支付服务,主要用以解决支付服务配套环节比较薄弱的问题;(5)实施适应电子商务出口的税收政策,主要用以解决电子商务出口企业无法办理出口退税的问题;(6)建立电子商务出口信用体系,主要用以解决信用体系和市场秩序有待改善的问题。

2014年3月,国家税务总局下发了《关于外贸综合服务企业出口货物退(免)税有关问题的公告》,解决外贸综合服务平台退税不畅的问题;2014年6月,央行下发关于贯彻落实《国务院办公厅关于支持外贸稳定增长的若干意见》,进一步优化了外贸结构,改善了外贸环境,为广大外贸人提供了更强有力的保障。

2015年,中国政府发布《关于大力发展电子商务加快培育经济新动力的意见》和《关于加快培育外贸竞争新优势的若干意见》;同年6月10日,国务院召开常务会议,部署跨境电子商务的发展格局,推动开放性经济转型,会议指出用"互联网+外贸"实现优进优出,扩大消费,推动中国外贸经济转型。

2018年11月21日,国务院常务会议召开,决定延续和完善跨境电子商务零售进口政策并扩大适用范围,扩大开放,更大激发消费潜力。会议决定:"一、从明年1月1日起,延续实施跨境电子商务零售进口现行监管政策,对跨境电子商务零售进口商品不执行首次进口许可批件、注册或备案要求,而按个人自用进境物品监管;二、将政策适用范围从之前的杭州等15个城市,再扩大到北京、沈阳、南京、武汉、西安、厦门等22个新设跨境电子商务综合试验区的城市。非试点城市的直购进口业务可参照执行相关监管政策;三、在对跨境电子商务零售进口清单内商品实行限额内零关税、进口环节增值税和消费税按法定应纳税额70%征收基础上,进一步扩大享受优惠政策的商品范围,新增群众需求量大的63个税目商品。提高享受税收优惠政策的商品限额上限,将单次交易限值由目前的2 000元提高至5 000元,将年度交易限值由目前的每人每年2万元提高至2.6万元,今后随居民收入提高相机调增;四、按照国际通行做法,支持跨境电子商务出口,研究完善相关出口退税等政策;五、按照包容审慎监管原则,依法加强跨境电子商务企业、平台和支付、物流服务商等责任落实,强化商品质量安全监测和风险防控,维护公平竞争市场秩序,保障消费者权益。"

商品清单的调整,将部分近年来消费需求比较旺盛的商品纳入清单商品范围,增加了葡萄汽酒、麦芽酿造的啤酒、健身器材等63个税目商品;根据税则税目调整情况,对前两批清单进行了技术性调整和更新,调整后的清单共1 321个税目。

2019年3月5日,第十三届全国人民代表大会第二次会议在人民大会堂举行开幕会,李克强总理作政府工作报告。其中,李克强总理指出,将改革完善跨境电子商务等新业态扶持政策;推动服务贸易创新发展,引导加工贸易转型升级、向中西部转移,发挥好综合保税区作用;优化进口结构,积极扩大进口,办好第二届中国国际进口博览会;加快提升通关便利化水平。

二、对于海关、商检和财税的指导意见

作为与跨境电子商务具有高关联度的海关,国家政策要求"优化配套的海关监管措施"。传统的外贸都是大额订单模式,但是跨境电子商务的模式是小额和多批次。显然,过去针对一般贸易的大货监管模式是无法适应跨境电子商务的,因此,海关总署在 2014 年增列了"9610""1210"等监管方式代码,并通过海关总署第 56 号公告《关于跨境贸易电子商务进出境货物、物品有关监管事宜的公告》明确了跨境电子商务进出境货物、物品的监管流程。有了监管方式代码和监管流程指导,各跨境电子商务试点城市的海关可以制定具体的操作流程,从而将海关总署的政策落实下去。对于商检,国务院要求"完善检验检疫监管政策措施",于是 2013 年 11 月,国家质量监督检验检疫总局出台了《关于电子商务零售出口的指导意见》。针对出口,财政部和国家税务总局在 2013 年 12 月下发了《关于跨境电子商务零售出口税收政策的通知》,明确了出口跨境电子商务企业享受出口退税或免税的条件。在该政策下,大部分电商企业受制于增值税发票等因素,依旧无法享受退税。2015 年 5 月,国家质量监督检验检疫总局发了《关于进一步发挥检验检疫职能作用促进跨境电子商务发展的意见》,对于财税,国务院要求"明确规范进出口税收政策"。

财政部、国家税务总局、商务部、海关总署联合发文明确,2018 年 10 月 1 日起,对跨境电子商务综合试验区电商出口企业出口未取得有效进货凭证的货物,同时符合下列条件的,试行增值税、消费税免税政策。第一,电子商务出口企业在综试区注册,并在注册地跨境电子商务线上综合服务平台登记出口日期、货物名称、计量单位、数量、单价、金额;第二,出口货物通过综试区所在地海关办理电子商务出口申报手续;第三,出口货物不属于财政部和税务总局根据国务院决定明确取消出口退(免)税的货物。

《通知》明确,海关总署定期将电子商务出口商品申报清单电子信息传输给国家税务总局。各综试区税务机关根据国家税务总局清分的出口商品申报清单电子信息,加强出口货物免税管理。《通知》指出,具体免税管理办法由省级税务部门和财政、商务部门制定。各综试区建设领导小组办公室和商务主管部门应统筹推进部门之间的沟通协作和相关政策落实,加快建立电子商务出口统计监测体系,促进跨境电子商务健康、快速发展。

思考题

1. 我国给予跨境电子商务哪些政策扶持?
2. 跨境电子商务知识产权保护面临着哪些问题?应该如何改善?
3. 如何加强跨境电子商务消费者权益保护?

参考文献

[1] 邱如英,李庆丽,许玉侦,李兰兰.大数据视角下的跨境电子商务[M].广州:南方日报出版社,2018.
[2] 黄海滨.电子商务概论[M].上海:上海财经大学出版社,2006.
[3] 冯晓宁.国际电子商务实务精讲(第二版)[M].北京:中国海关出版社,2016.
[4] 朱秋城.跨境电子商务 3.0 时代[M].北京:中国海关出版社,2016.
[5] 鄂立彬.跨境电子商务供应链管理[M].北京:对外经济贸易大学出版社,2017.
[6] 邓志新,赵秀娟,金路欣,谭立静.跨境电子商务理论、操作与实务[M].北京:人民邮电出版社,2018.
[7] 马述忠.跨境电子商务理论与实务[M].杭州:浙江大学出版社,2018.
[8] 柯丽敏,洪方仁.跨境电子商务理论与实务[M].北京:中国海关出版社,2016.
[9] 井然哲.跨境电子商务运营与案例[M].北京:电子工业出版社,2016.
[10] 韩小蕊.跨境电子商务[M].北京:机械工业出版社,2018.
[11] 常广庶.跨境电子商务理论与实务[M].北京:机械工业出版社,2017.
[12] 全国电子商务职业教育教学指导委员会跨境电子商务人才培养指南开发项目组.跨境电子商务人才培养指南[M].北京:高等教育出版社,2018.
[14] 冀芳,张夏恒.跨境电子商务物流模式创新与发展趋势[J].中国流通经济,2015(6):14-20.
[15] 赵旭明,杨晓涵.跨境电子商务发展对我国对外贸易模式转型影响分析[J].商业经济研究,2016(8):75.
[16] 王星,郑淑蓉.我国进口跨境电子商务运营模式比较[J].商业经济研究,2017(13):56-57.
[17] 肖荆."互联网+"视角下的出口供应链渠道优化升级[J].价格月刊,2018(10):67-70.
[18] 王汉荣,徐臞.跨境电子商务平台的社群形成机理及作用[J].商业经济研究,2016(24)69-70.